山东省泰山学者、孔子研究院特聘专家温海明教授项目

中华优秀传统文化

大家谈

第一辑

温海明 朱薇 主编

国家出版基金项目
NATIONAL PUBLICATION FOUNDATION

中国儒学的现代转化

中华优秀传统文化大家谈 —第一辑—

温海明 赵薇 主编

颜炳罡 著

中国儒学以人为本，追求天人合一、经世致用，是开放、包容、创新的文化系统。继承与发展是当代中国儒学面临的主要问题。实现由小众到大众、由知到行、由伦理规范向信仰、由区域性向全球性的创造性转化与创新性发展，将是中国儒学发展的必由之路。

山东城市出版传媒集团·济南出版社

图书在版编目(CIP)数据

中国儒学的现代转化/颜炳罡著. —济南:
济南出版社,2020.1
(中华优秀传统文化大家谈/温海明,赵薇主编. 第一辑)
ISBN 978 - 7 - 5488 - 3845 - 6

Ⅰ.①中… Ⅱ.①颜… Ⅲ.①儒学—研究
Ⅳ.①B222.05

中国版本图书馆 CIP 数据核字(2019)第 276729 号

图书策划　杨　峰
出 版 人　崔　刚
责任编辑　丁洪玉
装帧设计　侯文英

出版发行　济南出版社
地　　址　山东省济南市二环南路 1 号(250002)
编辑热线　0531 - 82803191
发行热线　0531 - 86131728　86922073　86131701
印　　刷　山东临沂新华印刷物流集团有限责任公司
版　　次　2020 年 1 月第 1 版
印　　次　2020 年 3 月第 1 次印刷
成品尺寸　170mm×240mm　16 开
印　　张　13.5
字　　数　216 千字
印　　数　1—3000 册
定　　价　39.00 元

出版前言

　　"文化是一个国家、一个民族的灵魂。文化兴国运兴,文化强民族强。"党的十九大报告强调,中国特色社会主义文化源自中华民族五千多年文明历史所孕育的中华优秀传统文化,要加强对中华优秀传统文化的研究阐释与普及教育。中共中央办公厅、国务院办公厅印发的《关于实施中华优秀传统文化传承发展工程的意见》,明确要求加强中华文化研究阐释工作,深入研究阐释中华文化的历史渊源、发展脉络、基本走向,着力构建有中国底蕴、中国特色的思想体系、学术体系和话语体系。深入研究和阐发中华优秀传统文化,彰显中华文化魅力,坚定文化自信,成为摆在每一个从事文化研究和出版传播者面前的重要课题。

　　当前,对中华优秀传统文化的研究阐释正形成一股全国热潮,涌现出一大批有影响力的专家学者。他们从不同视角深研中国传统文化,汲取精华,关照现实,展望未来,取得丰硕研究成果。系统地挖掘整理他们的研究成果,集中展示他们的学术观点,有助于推动中华优秀传统文化研究的纵深发展。

　　为此,我们精心策划了《中华优秀传统文化大家谈》项目,搭建中华优秀传统文化研究平台,集中介绍国内名家学者关于中华优秀传统文化研究的核心思想、观点,较为系统、全面地反映当前中国传统文化研究尤其是儒学研究的整体状况和发展趋势,以期推动学术交流,服务学术创新,同时使广大读者能够了解、感受、领略中华优秀传统文化的深邃内涵和精神魅力。名为"大家谈",意在汇聚名家、大家,选取的作品均为当代中华传统文化研究的名家名作;同时也有"众人谈"之意,意在百家争鸣,繁荣学术研究。

却顾所来径,苍苍横翠微。项目从策划到出版,皆赖专家学者们的学术热情与鼎力支持。对此,我们深为感佩,并衷心感谢! 同时也希望更多学界大家加入我们的行列,使更多高水平、高质量的研究成果能够与广大读者见面。

《中华优秀传统文化大家谈》项目组

2019 年 12 月

目录

上篇　中国传统文化的创造性转化与当代价值研究

论传统文化的继承与创新 / 3

中国文化特征及其"转化创新"的方式 / 14

全球化语境下的儒家文明 / 28

儒学与人类文明相处之道 / 30

"文明冲突"与化解之道 / 44

中国儒学的现代转化 / 47

当代儒学创造性转化的四种方式与路径 / 57

泛化与界域

　　——论当代新儒家的定性与定位 / 73

"儒学与当代社会双向互动"刍议 / 84

儒家思想与当代环境意识 / 94

下篇　孔子思想及其影响

孔子在中国文化史上的地位及其成因

　　——兼评"去圣化"倾向 / 103

孔教运动的由来及其评价 / 129

孔子"道"的形上学意义及精神价值 / 144

孔子的"德治主义"与政治文明 / 158

论孔子的仁礼合一说 / 173

正义何以保证？
　　——从孔子、墨子、孟子、荀子谈起／185

儒家：爱的艺术／194

儒学与人格养成／196

儒学·灵根·圣贤人格
　　——兼与刘泽华先生商榷／204

上篇

中国传统文化的创造性转化与当代价值研究

论传统文化的继承与创新

一

近代以来，中国传统文化面临着西方文化的严峻挑战，在中西文化的交流碰撞中，中国传统文化暴露了它的严重不足。先进的中国人由是而踏上了学习西方、批判自我的艰难历程。从魏源首次提出"师夷制夷"的口号，到洋务派练海军、办船政乃至康梁所倡导的君主立宪，直到辛亥革命所追求的民主建国，这一过程实质上是先进的中国人不断认同西方、否定自我的过程，也是他们融摄西方文化，更新和改造中国文化的过程。这一过程的双向互动终于导致了反传统主义者和文化保守主义者的大论争。

然而，无论是以陈独秀、胡适为代表的反传统主义者，还是以辜鸿铭、杜亚泉为代表的文化保守主义者，实质上都是"传统神话"的信奉者。陈、胡等人把中国近代以来落后、失败的原因最后推之于传统文化，认为它是中国社会之所以不能前进的总根源，是国人学习西方收效甚微且使西方良性文化在中国不断变质的总根源，乃至是辛亥革命后，封建复辟顽症不时复发、民主不上轨道的总根源。当然陈、胡等人对传统文化的指责并非全无根据，但将这一切全部归之于传统文化，我们认为是过分强调了传统文化的作用，实质上是一种"传统神话"。而辜鸿铭、杜亚泉等人认为传统文化，尤其是传统道德是中国之所以为中国的本质，是国家生死存亡的关键所系。它不仅可以救中国，而且可以救人类免于毁灭，更是一种"传统神话"。

无论是陈、胡，还是辜、杜，都神化了传统文化的作用，将传统文化的社会功能抬到了一个不适当的位置，他们都未能解决人与传统文化的关系，未能解决传统文化的继承与创新关系。陈、胡等人偏重于对传统文化的批判和清理，不屑于谈及传统文化的继承和创新问题；而辜、杜等人对传统文化只有守成而无继承，更无创新可言。二者对传统文化的理论价值和未来走向都缺乏客观的了解和正确的估价。如何看待在现实生活中依然产生影响的传统文化，如何最大限度地发挥其积极作用而克服其消极影响？质言之，如何继承和创新传统文化，是当代学人必须正视的重大问题。

当代学人为解决这一历史课题付出了大量的心血，进行了可贵的探索，提出了一些富有见地的观点。这里仅述其中较有代表性的几种：

（一）批判继承。这是一种最为流行的继承方法，但由于批判的标准不同，继承的对象互异，从而使人们对这一方法有着不同的理解。不过一般所说的批判继承是指："将古代封建统治阶级的一切腐朽的东西和古代优秀的人民文化即多少带有民主性和革命性的东西区别开来"，"剔除其封建性的糟粕，吸收其民主性的精华"，以达到古为今用的目的。①

（二）抽象继承。50 年代，冯友兰先生首发此意。他认为中国哲学史中的一些哲学命题有抽象意义和具体意义两层，其具体意义不需要继承，而其抽象意义则可以继承。②

（三）选择继承。20 世纪 30 年代中期，王新命、何炳松、萨孟武等十教授联名发表的《中国本位的文化建设宣言》对这一观点作了论述。他们认为要以现代眼光，批判过去，把握现在，规划未来，对中国文化应"存其所当存，去其所当去"③。

（四）宏观继承。成中英先生为这一观点的倡导者。他将儒家伦理分为宏观伦理和微观伦理两种，认为前者可以继承，后者应加以摧毁。所谓宏观伦理"是蕴含在某一伦理体系的形上学之生活观和宇宙观，它拥有高度的创生性和进步性，是现代社会发展的动源"。微观伦理"只是为具体特定的行为所设定的准则和规范，它反映特殊的学说和特殊集团的道德习俗"，

---

① 毛泽东选集［M］. 第二卷，北京：人民出版社，1944：668.
② 冯友兰. 中国哲学遗产的继承问题［N］. 光明日报. 1957－01－08.
③ 王新命等. 中国本位文化的建设宣言［J］. 文化建设. 1935（1）.

它是现代社会发展的阻力。①

（五）现代解释。这一论点是近年来由汤一介先生提出的。他认为儒学的现代化就是"对儒学固有内容作现代解释"，"使其有可能适应现代社会要求的部分得以发展"。②

（六）批判地继承和创造地转化，又称批判地继承和创造地发展。美国天普大学教授傅伟勋先生和台湾学者韦政通先生是这一观点的有力宣传者。这一观点要求突破传统儒家思想框架，经由批判地继承（继往）而去创造地发展儒家思想。③

（七）良知坎陷说。这一思想是由当代新儒家的著名代表牟宗三先生提出的。他认为中国文化有道统而无学统，有治道而无政道。中国文化意欲开出新的时期，实现自身的现代化，"道德理性"即良知必须通过自我坎陷或曰自我否定，转而为知性，才能开出民主与科学即政统和学统。④

上述七种观点代表了当代学人对传统文化继承与创新问题的思考，从某种意义上说，它们均含藏着一定的哲学智慧，对于推动传统文化为现代社会服务和向新的形态过渡都起到了一定的作用，而且某些观点还存在着逻辑上的联系和功能上的互补。批判继承、抽象继承、选择继承、宏观继承侧重于传统文化的继承言；而创造转化、现代解释、自我坎陷则侧重于传统文化的创新说。当然，没有继承就谈不上创新，而创新则是对继承的升华和发展，是继承的进一步展开。

尽管上述七种见解都有其学术价值和应用价值，但亦都存在需要进一步完善之处。"批判继承"作为一科学命题虽能为不同学术观点的人所接受，但它仍需进一步规定，以免理解时发生偏颇。在理想的继承法发现之前，"选择继承"在具体应用中不失为一种权宜之计，然而在选择标准未确立以前而贸然选择并不十分可靠。"宏观继承"考虑到了传统伦理思想的现实运作，但使宏观和微观两撅并不科学。须知宏观和微观是相互依存、相互转化的，是不能截然分开的。因而宏观继承即使在学理上说得通，亦需

① 成中英. 文化·伦理与管理［M］. 贵阳：贵州人民出版社，1991：177.

② 汤一介. 儒学能否现代化？［J］. 书林. 1990（3）.

③ 傅伟勋. 批判的继承与创造的发展［M］；韦政通. 儒家与现代中国［M］. 东大图书有限公司. 1984：176—181.

④ 牟宗三. 政道与治道［M］. 台湾学生书局. 1983：5—60.

在名言上作以调整。"抽象继承"在20世纪50年代，无疑是石破天惊之语，至今，仍发人深思。但将抽象与具体分开，理论上难以自圆，一进入实际操作，则马上就暴露出它的不足：一是有些命题的抽象意义和具体意义难以截然分开，二是有些命题从具体意义到抽象意义都不能继承。"现代解释"说发现了中国传统文化某些理论的发展途径，在今天乃至未来，儒家乃至传统文化的某些范畴、命题的确可以注入现代精神，用现代的思想加以诠释。但仅仅停留在解释阶段，尚无法实现儒学、传统文化结构上的调整和实质上的变革，而没有这种变革，儒学乃至传统文化的现代化就不能真正实现。"创造转化说"固然深刻、高明，但如何创造转化，傅、韦诸人并没有进行系统的论证，离实际操作尚有一定的距离。"良知坎陷说"是当代最富有挑战性的理论假设，它立足于中国文化自身的变革以求中国文化的发展，视传统文化的现代发展为其自身的内在要求和必然趋向。但在我们看来，由道德理性之自我坎陷开出民主与科学的设计，只有逻辑上的和理论上的可能，而不具备因果上的必然和现实上的必然。因而这种设计亦难免流于理想而不切实际。当然，上述七种论点代表了当代学者对儒学的关注，体现了当代传统文化研究的水平和传统文化转换的动向，是富有价值的。

二

我们认为，"批判继承"仍然是指导传统文化研究的正确原则。不过这一原则在具体的贯彻过程中既要防止那种只批判而无继承，或只讲继承而不注意分析、批判的偏颇，又要根据时代的发展，将这一原则具体化，使之由一般的原则转换为一些可具体操作的手段。就前者言，我们必须充分认识到：批判只是前提，是手段，继承才是目的，批判是为了更好地继承，批判与继承是有机的统一。就后者言，在具体操作中，我们应当把这一原则分成不同层面全面剖开，使之外化为一系列可具体操作的程序。在我们看来，这一程序主要分为如下几个方面：（一）客观理解或曰客观了解；（二）逻辑地分析与鉴别；（三）创造性地转换。这就是说客观地理解是传统文化继承与创新的前提，逻辑地分析和鉴别是传统文化继承与创新的必要环节，重新整合传统文化的结构和因时转换传统文化的内在精神，则是其继承与创新的重要方式。

客观理解是我们研究传统文化的前提。我们对传统文化的继承与创新应当首先建立在对它的客观理解的基础上。所谓客观理解就是如实地反映、认识传统文化的本来面目，使研究者的心灵与前人的心灵能够展开交流和融合。这种理解是传统文化继承与创新的基础，只有立于这一基础上，才能真正沟通我们与传统文化的联系，才能克服由于时代的间距所造成的我们与前人的历史落差，我们才能与前人真正沟通起来。从某种意义上说，没有这一理解就没有资格谈传统文化的继承与创新。那么，究竟怎样才能实现对传统文化的客观理解呢？

对于这一问题，古今中外的思想家们争讼不已。在西方，远在古希腊、罗马时代，学者们就把如何正确理解文意作为重要的学术研究课题。4世纪的德国哲学家施莱尔马赫等人认为：研究者只有经过批评的解释以恢复本文产生的历史背景，揭示出原作者的心理特征，完全忘却自我，跨时代地将自己的心态转换为原作者的心态，才能重现原作品的原意，客观地理解本文。在他们看来，理解者与原作者的时代间距是导致误解的根本原因，因而客观的理解就是对这一历史间距的超越和克服，就是对历史原貌的还原。而伽德默尔等人则认为，研究者完全忘却自我个性是不可能的，任何研究者在进入理解之前注定要受到"前识""先见"或"前理解"的左右。这种前识或先见不仅不是理解的屏障，反而是理解的前提，它使理解真正成为可能。赫尔施干脆认为那种跨越时代间距去恢复原作品原意的努力是根本不可能的。这种观点认为历史的间距并不是理解的障碍，因为原作品的真正意义并不在于作者的原意或最初读者对它的解说，而其真正意义的发现随着时代的发展永远不会结束，它是一无限展开的过程。他们甚至认为历史的间距可以过滤我们理解中的成见，原作品只有经过一段历史间隔，理解者摆脱了与原作者的情绪纠葛，才能进入客观理解。

上述两种见解，截然相反。前者，力图消除时间距离，跨时代地达到对本文的客观理解，后者，则力图借助于时代的间距，以发现本文的真正意义。前者强调忘却自我的个性，强调心理转换和移情作用，带有明显的历史还原主义的倾向；而后者由于过分强调"前识""先见"和"前理解"，则染上了某种程度的历史相对主义和主观主义的色彩。

在中国，如何实现传统文化的客观理解问题虽然没有像西方那样给予系统讨论，但类似于西方那样的争论和倾向则是存在的。如今文经学和古文经学之争、汉学与宋学之争、义理与词章之争等等，都带有上述倾向。就训诂学、音韵学、文字学、考据学这些理解的方式和手段的研究而言，中国并不逊于西方。这里仅以古文经学和今文经学之争作一说明。我们知道古文经学和今文经学的学者们都试图借助训诂学、音韵学、文字学、考据学等方式去发现前人思想的原意或微言大义。古文经学家们认为：语言文字是义、音、形三者的统一。段玉裁说："圣人之制字，有义而后有音，有音而后有形。"（《广雅疏证·序》）因而他们认为研究圣人的经典最重要的是理解经典的原意，而要搞通古经的原意就必须搞通文字的声音和形体构造。故而他们常常以声释义，以形释义，以义释义。为了弄清古经的原意，他们十分重视名物考证，并认为考证的材料愈接近经典产生的历史情境就愈有说服力，故有以经解经之说。以经解经的实质，就是试图消除作者与读者由于时代的间距所导致的误读，是对后人的一切理解皆表示怀疑的体现。这与西方古典解释学的历史还原主义有某种类似之处。今文经学家们虽然对儒家的经典也作了大量的注疏，但他们反对泥于注疏，认为名物训诂是"玩物丧志"，主张发明微言大义。可以说他们的目的并不是去恢复古经的原意，而是去领悟其中的思想精神，以光大之。在他们看来，对古经的精神意义的探求是一个永远敞开的、永不可穷尽的历史过程，不同时代的人对它会有不同的理解，乃至会发现新的意蕴，这就是所谓的"与时俱进"。故而康有为可以从《尚书》《礼记》等儒家经典中发现具有近代意义的民主、共和、平等、博爱等东西。可见，今文经学与现代解释学的历史相对主义有某些相似之处。

应当指出，施莱尔马赫等古典解释学家及中国古文经学大师们力图恢复历史原貌，发现前人本文原意的努力是十分可贵的。他们坚持了历史客观性原则，承认了历史文化本文原意的存在，并力图从历史背景、心理转换、移情、文物考证等诸多角度对原意进行探索，以求达到正确的理解。但他们相对忽视了理解者主体因素在理解中的作用，他们忘记了人们只能近真地描述和理解历史，而事实界的历史则一去不复，永不再现。伽德默尔、赫尔施等现代解释学家和中国今文经学者们看到了理解者的知识结构在理解中的作用，认为不同时代的人对原作品的历史意义会有不同的理解和发现。这种认为理解本身就是一种创造，强调理解者的知识结构在理解中的作用的思想，无疑具有合理之处。但是他们相对忽视了历史的客观性，极易滑向历史相对主义和主观主义。

我们认为，历史有由古今人们的实践活动所构成的事实界历史和由不同时代的史学家所描述的文字界的历史。传统思想文化有先秦诸子、两汉经学家、魏晋玄学家、隋唐佛学家、宋明儒学家等的学术活动所构成的历史，也有历代学者和今人对前人的记述、研究和理解的历史。虽然孔子、墨子、老子、庄子、孟子、二程、朱熹、王阳明、王夫之、颜元等人不能复生，即使复生也不能重现其活动的原貌，但是后人对他们的活动和思想的近真描述和原意的探究则是可能的。由于历史的发展，我们与以前思想家的距离会愈来愈远，与他们的生活方式、语言文字、思维习惯等方面的差异也会愈来愈大，这无疑增加了我们对他们思想的理解的困难。然而，也正是由于历史的发展，我们才能从更高的层面去俯视历史的变迁，在更准确的历史坐标中去确立前人思想的意义。再者，历代学者研究成果的积累乃至地下文物的不断出现，又使我们的客观理解成为可能。如《孙膑兵法》的出现，就止息了长期以来《孙膑兵法》有无之争；帛书《易经》的出现，使我们更多地了解到秦汉时代的易学原貌，等等。这些都有力地证明时代的间距并非全然是理解的障碍。

为了实现对传统文化的客观理解，我们认为对前人的历史背景、前人的语言系统乃至个体心理、性格特征的了解是需要的。当然我们不能奢望研究者完全忘却自我，将自己的心态转换为孔子的心态、孟子的心态、老子的心态、朱熹的心态……但理解者设身处地地为以往思想家的生活背景着想，沿着其思维的路向重新加以思维，并不是多余的。

当然，我们并不反对研究者在进入其研究之前应有"前识"或"前理解"的主张。众所周知，一个白痴或一个没有受到系统教育的人对任何文化传统的客观理解都是难以想象的。不过，这种"前识"或"先见"应该是一个人的整体知识结构或潜在的解析和辨析能力，而不是含有某种情绪的"偏见"。那种为预设的先天框架去寻找历史证据，为结论去寻找材料的方法是不足取的。作为传统文化的研究者，他不仅应具备现代意识，而且应具备中国历史知识，尤其应具备儒、释、道等传统思想文化的知识以及古代文学家、训诂学、音韵学等知识。所谓"前识"或"先见"归根到底是这些知识与现代意识的综合物。这种"前识"或"先见"才是我们客观理解传统思想文化的真正前提。如果将"前识"仅仅理解为主观成见或不加限定的知识背景，就难免滑向历史相对主义。

总之，客观理解是继承和创新传统文化的前提和基础。为了实现客观理解，我们必须克服历史的客观主义和主观主义的片面性，在古典解释学和现代解释学之间，在中国古文经学与今文经学之间取以中道，并对他们所谓的"心理转换""移情""主客和谐"以及"先见""前识"做出全新的解释，赋予其新的意蕴。

三

客观理解是一种理性活动，尚不是一种明达的批判活动。它对传统文化具有说明意义、解释意义，尚不具备逻辑的辨析意义。逻辑辨析就是在客观理解的基础上，以现代的价值观念，对传统文化进行批判、过滤、分析和鉴别。我们认为逻辑的辨析主要分为两方面，一是结构解析，一是意义解析。

先说结构解析。传统文化是一博大精深、延绵数千年之久的庞大的文化系统，结构解析要求我们根据传统文化自身结构将其全部打开，在时空的坐标中确立每一因子的意义。具体说，主要分如下几层：

其一，视整个传统文化为一客观对象剖析之，以探究其内在结构及其联系。在我们看来，传统文化主要由三个相互作用、相互联系的系统构成：一是物化形态的文化系统，二是制度形态的文化系统，三是精神形态的文化系统。物化形态文化系统是人们征服自然和改造自然的物质成果的总和，它包括作为劳动对象而存在的自然界，人们的生产和生活资料及其文娱活动场所，等等。制度形态文化是指人们为协调不同集团、不同阶层的利益而制定的一系列典章制度，如法律制度、政治制度、经济制度、教育制度，等等。精神形态文化是指人们一切精神成果的总和，其中包括人们的风俗习惯、社会心态、群体意向、思想体系，等等。物化形态的文化决定和制约了制度形态及精神形态的文化，但制度形态和精神形态的文化也给予物化形态的文化以深刻的影响。随着历史的变迁，物化形态的文化绝大部分与时俱逝，个别的遗存则化为文物古迹；制度形态的文化则被更高级、更完善的制度所取代；精神形态的文化随着社会的变迁也必然发生变异，但它一经产生就很难从整全的意义说它完全消失或死亡，有些东西反而历久而弥新，对现代社会仍然产生不同程度的影响。我们这里所说的传统文化的继承与创新主要是指精神形态文化的继承与创新。

其二，以传统精神文化为对象解析之。近几年来，学者对此做了大量的努力，提出了许多良好的见解。传统文化（意指传统精神文化）是以儒家文化为主体，儒、释、道三种文化相互渗透、相互作用的统一体。儒、释、道三种文化都是境界形态的文化，亦即主观形态的文化，而不是客观形态的文化。它们皆以主观境界为起点，又以这种境界为归宿，忽略了主观东西的客观化、规范化、程式化。这一忽略正是中国文化没有形成近代民主与科学的精神因素。当然，这并不意味着中国文化原始精神有问题，而只是说中国文化在后来的发展中，在政治等诸因素的制约下，片面地向主观形态发展了。在先秦、墨家文化中不乏追求超越主观成见的客观"法仪"的思想，在名家及后期墨家文化中也讨论了思维的客观性原则和规范性原则，在原始儒家思想中也含有某种意义的民主种子或倾向。然而这些东西在其后的历史中，非但未能进一步得到发展，反而因被扭曲而萎缩了。这是中国文化内在结构的一大缺陷。

其三，结构解析亦可就某一特定文化系统、某一思想家的思想体系甚或这一思想体系的某些命题和范畴而解析之。张岱年先生指出："每一哲学体系包含很多的命题，包含很多的概念范畴。这些命题之间有一定的逻辑联系，这些概念范畴之间有一定的层次。命题与命题的联系，概念与概念的层次，总起来，也可以称为这个哲学体系的逻辑结构。"又说："中国古代哲学著作没有形式的系统，在形式上，层次是不够显明的；但在实际上却是有其内在的层次。"[①] 张先生的这段文字精辟地论述了哲学体系的逻辑

① 张岱年. 中国哲学史方法论发凡 [M]. 北京：中华书局，2003：62.

结构，为结构解析的现实性和必要性作了有力的说明。当然，结构的解析的目的并非以某种先天的偏见或已有的思维框架，对前人的思想体系任意涂抹，而是为了弄清传统文化中前人思想体系中的内在运行机制，以便发现其优势与不足，最终寻求出调整结构和转换机制的有效途径，为传统文化的继承和创新服务。

再说意义解析。意义解析是相对于结构解析而言的，它是一内在的、深层的解析。其目的在于从中寻求出传统文化结构调整和内在机制转换的阻力和动力，以便避开阻力，利用动力，促使传统文化向现代过渡。众所周知，任何以语言符号记录和保存下来的传统文化，都是原意、文字意和精神意的综合体。所谓原意就是作者最初试图借助语言符号所要表现的真实意图，文字意就是语言符号所展现出的作者的思想和意义，精神意就是潜存于文字意之中可以引申、发挥的意义。如《易经》中的乾之六爻辞，作者的原意是以此来告诉人们在占筮活动中遇到不同的爻会出现不同的结果。其文字意则表达了龙的潜、现、跃、飞的变动过程，然而这里无疑含有事物发展由幽到显，由盛及衰的某种规律性。这就是可转化、引申的精神意义。

意义解析又是对意义的鉴别，在传统文化中，许多思想命题、范畴的意蕴是错综复杂的综合体，其中既有民主性的精华，也有封建性的糟粕。意义解析将使二者区别开来，以实现继承传统文化的民主性精华，抛弃封建性糟粕之目的。如孔子的"孝"就是精华和糟粕并存的综合体。孔子的孝主要有三层意义：一是"无违"，就是对父母绝对的顺从；二是"敬而能养"，只有衣食之奉养而无人格之尊敬不是孝，养只是孝的前提，敬才是孝的本质；三是"三年无改父之道"。在这三层意义中，第一层和第三层均是与现代观念相悖的，是不足法的，而第二层即"敬而能养"的思想则是其思想的精华，是古典人道观念在孝中的体现。随着社会的进步，虽然赡养父母的责任愈来愈多地为社会所代替，但对父母的尊敬和关心应进一步得到发扬。意义的解析就是要在这些错综复杂的意蕴之中，发掘其有利于现代社会的东西，转换和引申其内在精神。

结构解析和意义解析是相互联系、相互补充的。结构解析是形式的，意义解析是内容的，结构解析是为了探究传统文化的内在结构和运行机制，意义解析是为了弄清传统文化的思想含义，二者同样是继承和创新传统文化不可缺少的环节。

但无论是结构解析，还是意义解析，都应以客观理解为前提，达不到客观理解或不能客观理解，对传统文化的任何解析都存在被主观扭曲的危险。解析的过程应当是客观理解的过程，或者说是对客观理解的深化。结构解析和意义解析进一步为传统文化的继承与创新奠定了基础。

我们今日所处的时代是文化整合的时代，融摄西学，重新整合中国文化是当代学人的庄严使命。今日之整合就是使中国文化彻底脱胎换骨，蜕变为一种全新的形态。因而传统文化的继承与创新不是复兴，更不是恢复，而是再造。如同以往中国文化的每一次整合都意味着新的飞跃一样，这次整合的意义更深远，规模更宏大，任务更艰巨，为此，我们必须付出更大的努力。

（原载于《哲学研究》1992 年第 9 期）

中国文化特征及其"转化创新"的方式

中国文化在近代以来不断向现代形态过渡的过程就是创造性转化和创新性发展（以下简称转化创新）过程，这一过程永远在路上，在"既济"而"未济"之中。我们认为，中国文化"转化创新"应当充分考虑中国文化的本质特征及其延展的理路。根据中国文化的本质特点，顺应中国文化传统内在延展理路，中国传统文化才能不断与时俱进、推陈出新，永葆中国文化的青春与活力。因而厘清中国文化的本质特点及其内在理路，讲好中国故事，进而探寻其转化创新发展的方式，是时代赋予当代学人的义不容辞的责任。

一、 何谓中国文化

中国文化是中华民族的根与魂，是中华民族独特的精神标志与精神血脉，是人民的精神家园。那么中国文化的内涵是什么呢？文化与文明是一个近义词，有些学者甚至将其当作同义词使用，著名文化人类学家爱德华·泰勒指出："文化或文明，就其广泛的民族学意义上说，是包括全部的知识、信仰、艺术、道德、法律、风俗以及作为社会成员的人所掌握和接受的任何其他的才能与习惯的复合体。"[1]

在英语世界里，文化与文明不是一个词，但这两个词的意义的确相近或者说部分意义交叉、重叠。我们将 Culture 翻译为文化，而将 Civilization 翻译为文明。Culture 源于拉丁文，有耕种、修整的意义，代表着人的教养、

---

① [英] 爱德华·泰勒. 原始文化 [M]. 连树声，译. 桂林：广西师范大学出版社，2005：1.

修养或文雅。Civilization 是指人类在文化、技术、科学上所达到的发达状态。两词作为同义词使用时，Civilization 偏重用于物质方面的表达，Culture 偏重用于精神层面的表达。

在汉语世界里，先出现文，后有文化。《说文解字》："文，错画也，象交文。"文的本意是交错画成的花纹。所谓"五色成文而不乱"（《礼记·乐记》），文指有条有理，如木纹、水纹、石纹，等等。在孔子那里，文的含义非常丰富，既指礼乐典章、文献知识，又指一个人的修养。"文王既没，文不在兹乎？"（《论语·子罕》）这里文是指礼乐典章。"博学于文"（《论语·雍也》），"子以四教：文、行、忠、信"（《论语·述而》），这里文是指历史文献方面的知识。"质胜文则野，文胜质则史，文质彬彬，然后君子。"（《论语·雍也》）这里的文是指一个人的自我修养。

"化"通常与"变"联系在一起，称之为"变化"。在古代，变与化不同。"化而裁之之谓变"（《易传·系辞上》），化是过程，变是结果。化是渐变、量变，而变才是质变，是化之极，潜移暗化或潜移默化，化是不知不觉之中自然发生的。《黄帝内经》认为"物生谓之化，物极谓之变"，即事物由小到大的生长过程就是化，融化，如冰块一点一点地消融，可以说冰化了，但不能说冰变了。但变与化有时又可互用，《庄子·逍遥游》："北冥有鱼，其名为鲲。鲲之大，不知几千里也；化而为鸟，其名为鹏。"这里的化是指事物形态或性质的改变，由鱼化鸟，《庄子》将"化"视为"变"了。教化、文化之化都不是质变，而是渐变，潜移默化最能表达"化"的意义。《易·象传上·贲》："分刚上而文柔，故小利有攸往，天文也。文明以止，人文也。观乎天文，以察时变；观乎人文，以化成天下。"天文就是天道自然运行的规律与条理，人文就是人间社会运转的规律与法则。"观乎人文，以化成天下"，又称人文化成。"文化"是"人文化成"的浓缩。

"文"与"化"合在一起，在西汉时期已经出现了。《说苑·指武》有"圣人之治天下也，先文德而后武力。凡武之兴，为不服也。文化不改，然后加诛"。文化是以文德化之。每一个人先天就是质朴而无文，自然人就是没有经过礼义教化的人，"文化"就是以人文教化之、以文德教化之、以礼义教化之，使人由自然人转化为社会人、道德人、有教养的人。人格教育、养成是文化的原始意涵，然而随着历史的发展，文化的含义不断扩展，形成了今天意义上的文化。

梁漱溟先生认为,文化"不过是那一民族的生活样法罢了"①。梁先生提示了文化的本质意涵。从内容的角度讲,文化是一个民族生活的种种方面,其中包括精神生活:如宗教、哲学、科学、艺术等;社会生活:如家族、朋友、社会、国家、世界之间的生活等;物质生活:如饮食、起居,种种享用,人类对于自然界求生存等等。②梁先生对文化的认识相当深刻,至今仍然闪烁着理性、睿智的光芒。他以生活方式界定文化,从生活的内容指陈文化,独树一帜,既让文化触手可及,便于理解,也直透文化的核心。1926 年,胡适在《我们对西洋近代文明的态度》一文中,对文化做出界定,且对文化与文明做了区分。他说:"文明(Civilization)是一个民族应付他的环境的总成绩。""文化(Culture)是一种文明所形成的生活的方式。"③胡适对文明与文化的理解不如梁先生讲得深刻,但他对文化与文明关系的解释令人耳目一新。文明是一个民族应付环境的总成绩,而文化是一种文明所形成的生活的方式。显然,这种对文化与文明既相互关联又相互区别的界定有着自己的意义。

20 世纪末期,美国亨廷顿教授抛出了一个重要观点,即文明冲突论。"文明和文化都指人类整体生活方式,文明不过是文化的扩大",两者都涉及价值观、规范、制度及思考方式。④又说"不同人民最重要的区别,不在意识形态、政治、经济而在于文化"。"人民以族谱、宗教、语言、历史、价值观和制度自我界定,他们和文化团体认同,包括族群、族裔、宗教团体、民族及最广义解释的文明定位。"⑤文化与文明密切相关,这是所有学者的共识,民族精神、信仰、价值观等是文化的重要组成部分,同样是海内外学者的共识。

文化有狭义与广义之分,狭义的文化是指人们的信仰、宗教、道德、价值观、思考方式、礼义规范、文学、艺术、科学等由人创造的一切精神

① 梁漱溟. 梁漱溟全集 [M]. 第 1 卷. 济南:山东人民出版社,1989:352.
② 梁漱溟. 梁漱溟全集 [M]. 第 1 卷. 济南:山东人民出版社,1989:339.
③ 陈崧. "五四"前后东西文化问题论战文选 [M]. 北京:中国社会科学出版社,1985:647.
④ [美] 杭廷顿. 文明冲突与世界秩序的重建 [M]. 黄美裕,译. 台北:台湾联经出版社,1998:35.
⑤ [美] 杭廷顿. 文明冲突与世界秩序的重建 [M]. 黄美裕,译. 台北:台湾联经出版社,1998:6.

性的存在物；广义的文化是指人化的自然或自然的人化，凡通过人的活动进行人为加工、留下人类活动印迹的、有正面意义的存在物都是文化，包括物质文化、制度文化、精神文化以及行为文化。文明是指文化所达到的程度、状态或展示的方式，反过来，文明程度决定了文化的高度。文化与文明一同发生，共同进步，携手而进。

中国文化广义上说，可分为四个方面：一是物质文化，二是制度文化，三是规范性文化，四是精神文化，如信仰、价值观、思考方式、道德、文学、艺术、哲学、宗教等。从狭义上讲，文化是指精神文化。

就精神层面讲中国文化，从横的角度讲就是"三教九流"（赵彦卫《云麓漫钞》）。所谓"三教"指儒、释、道三教，"九流"指在中国历史上，尤其是春秋战国时代出现的九大思想流派，儒家、墨家、道家、法家、名家、阴阳家、纵横家、农家、杂家等为九流，若加上小说家就称"十家"，历史上有"九流十家"之说。先秦时期存在的"九流十家"或已消亡，或经汉武帝"罢黜百家，推明孔氏"，墨、名、阴阳、法等不少思想、理念已经融入儒家的思想体系之中，大多不能独立成"家"了。从纵的角度说，中国文化有春秋战国时期的诸子学、两汉经学、魏晋南北朝玄学、隋唐儒释道并立、宋明理学，等等。两汉以下，中国文化的基本格局是儒释道三教并行不悖，儒家是中华文化的主体，是中华文化的基础，也是中华文化的根源所在。习总书记指出，传统文化的特点："一是儒家思想和中国历史上存在的其他学说既对立又统一，既相互竞争又相互借鉴，虽然儒家思想长期居于主导地位，但始终和其他学说处于和而不同的局面之中。二是儒家思想和中国历史上存在的其他学说都是与时迁移、应物变化的，都是顺应中国社会发展和时代前进的要求而不断发展更新的，因而具有长久的生命力。三是儒家思想和中国历史上存在的其他学说都坚持经世致用原则，注重发挥文以化人的教化功能，把对个人、社会的教化同对国家的治理结合起来，达到相辅相成、相互促进的目的。"①

在儒释道三教中，儒家文化是中国文化、中国哲学的主流，也是中国

---

① 习近平. 在纪念孔子诞辰 2565 周年国际学术研讨会暨国际儒学联合会第五届会员大会开幕会上的讲话［N］. 人民日报，2014-09-15.

文化的基础，是中国文化之所以为中国文化之所在，故而孝悌忠信礼义廉耻是中华文明的基因，是决定中国文化的最基本因素。

二、 中国文化的本质特征

站在世界文化的角度，中国文化是最富有根源意义的文化系统，是世界四大文明古国中唯一延续至今且依然保持旺盛生命力的文明形态，无论是汤因比的二十六种文明模式说，还是亨廷顿所谓七大文明或八大文明类型，中国文明都是最重要、最古老的文明形态之一。从世界文化的意义上讲，"中国人在其整个历史上保持着同一种族和同一文化"，"中国文明的特点是统一和连续"。① 这里的同一种族是指以汉民族为主体的中华民族，这里的同一文化是指以汉语为母体、以儒家文化为骨干，以佛、道为两翼，以诸子百家为支脉，涵融藏、满、蒙、回、苗、纳西等各民族文化综合而成的文化系统。古代文明如美索不达米亚文明、埃及文明、印度文明等，或消亡，或为其他文明形式取代，或在蛮族的入侵下文化的创始者不再具有主体意义。中国文明虽然饱经患难，屡挫屡起，经历多次朝代更迭乃至不同民族统治，仍然延续且历久弥新。

中国文化一向关注人，教人做天地间一完人②，是中国文化的一大特征。中国文化重人事是相对于西方文化而言的，西方文化源头之一的希腊重自然，中国文化重人事；西方文化重物，中国文化重人；西方文化重知性，中国文化重德性；西方文化重智慧，中国文化重德慧。由于中国文化重人事，古代的思想家大都是政治家、伦理学家；西方文化重自然，西方文化源头处的思想家大都是自然科学家。当然，这并不是说，西方只见物不见人，也不是说中国文化只见人不见物；更不能说中国文化只重人事，不关心自然，也不是说西方文化只重自然，不重人事；更不意味着中国文化只有德性，不言知性或西方文化只有知性而不言德性。人与物，自然与人事，德性与知性，德慧与智慧等等，是一切文化共同面对的问题，但如

---

① [美] 斯塔夫里阿诺斯. 全球通史 [M]. 董书慧等，译. 北京：北京大学出版社，2005：155.
② 钱穆. 人生十论 [M]. 北京：生活·读书·新知三联书店，2009：54.

何处理与看待这些问题，中西文化是不同的。中国文化无论是六艺之教，诸子百家，还是儒释道三教，关注的重心是人的问题，是人的本性问题，是人如何成就为理想人格的问题。无论是成圣成贤，还是成佛，成真人，都是人围绕着人而展开的。不少学者指出，中国文化重视人与人之间的关系，西方文化重视人与自然的关系，印度与中东文化重视人与神的关系，虽然有些笼统，但这个说法是有根据的。如果进一步讲，中国文化重视人、重人事，往往将自然拟人化，甚至山有情，水含笑，自然也是人。天是父亲，地是母亲，宇宙就是大家庭。"感时花溅泪，恨别鸟惊心。"（杜甫《春望》）"我见青山多妩媚，料青山见我应如是。"（辛弃疾《贺新郎》）这里的青山、花与鸟，都是"人"，都有人的情感。西方文化重物，往往将人"物化"，法国哲学家拉美特里写过《人是机器》一书，斯宾塞直接运用生物进化论说明社会变动规律。而中国古代的哲人则用人的德性说明物。今年适逢鸡年，"鸡有五德"这一典故广为流传。依《韩诗外传》的说法，五德即文、武、勇、仁、信。五德本来是人之德，鸡有五德实际上是将人的德性赋予鸡或者将鸡拟人化了。

中国文化认为，宇宙间的一切事物都是有机、有序的整体，整体性思维是中华文化的第二个特征。中华文化重视天人合一，西方文化强调天人二分。从中西创世纪的传说中就可窥见这种差异。中国有"盘古开天地"的古老神话。盘古从天地中来，劈开天地后，最终将自己全部化为天地万物，复归于天地，这是最原始、最基本的天人合一。而《旧约》中的创世纪，耶和华神虚空中创造天地万物与人，神与天地万物是创造者与被创造者的关系，神有天地万物及人间的生杀予夺之权，是最后、最高的主宰。西方文化中的耶和华神不与天地万物为一，而中华文化的盘古与天地万物浑然一体，人与天地万物"夫大人者，与天地合其德，与日月合其明，与四时合其序，与鬼神合其吉凶"（《易传·文言》）。到董仲舒的"天人一类""人副天数""天人感应"，直到宋明理学家的"天即人""人即天"等等，都是天人合一整体性思维方式的不同表达。中国古代贤哲告诉人们，天与人都是有机统一的整体，整个世界不是断裂的，而是连续的；不是孤立的，而是相互联系的：是一个有机整体。

西方文化的哲学基础是原子论，中国文化的哲学基础是元气论。古希腊哲学家德谟克利特认为世界上的一切事物都是由运动着的原子构成的，原子有大小、形状的不同，没有质的差异，这一理论对西方文化的发展产生了深刻的影响。元气论是中国哲学的古老学说，儒家、道家等都对元气论有很好的发挥。元气论是说世界上的一切事物都是由气构成的，气聚为物，气散物消。原子是独立的个体，故西方文化崇尚个体自由；气是连续、连绵不断的存在物，彼此之间很难分开，故而中国文化崇尚人与人之间的有机联系，重群体。中国文化认为宇宙本身就是一个有机联系的整体，天、地、人被称为"三才"，三才之间相互联结，密不可分。中国文化重视家庭，古人常说天下一家，宇宙也是一个大家庭。天为父，地为母，万物都是天地生出的子女。北宋哲学家张载在这个意义上提出一个重要的观念——民胞物与。万物都是人类的伙伴。"天下一家""四海之内皆兄弟"这些耳熟能详的话语正是建立在元气论基础上的。

中医与西医的差异最能反映中西文化的差异。中医将人身看作一个整体，部分中有整体，整体中含部分。足是人体的部分，但中医认为足反映人身全部信息；耳是人身的部分，但同样存有人之全体的信息，故有足疗、耳针之说。西医明显是头疼医头，脚疼医脚，部分坏了想办法换掉。这说明，中国文化由整体出发去看待每一个部分，部分也是整体，重综合；西方文化由部分出发看整体，整体亦部分，重分析。原子思维重个体，元气思维重有机、连续与统一。

中国文化贵"和"，西方文化贵"争"。和是中华文化的灵魂，"和为贵"是中国人处理人与自然、人与人、身与心、家与家、国与家之间的基本方式。先哲有言："和实生物，同则不继。"（《国语·郑语》）"礼之用，和为贵。"（《论语·学而》）中国古代先哲认为，和是万物生发的重要前提，也是处理一切问题的方式和方法，"和而不流""和而不同"是中国做人处世的基本原则。在中国古人看来，大自然的发育流行，千差万别的事物都有自己本质的规定性，让每一个事物保持自己的本性且得到充分成长，这就是"太和"。保持太和，对人类社会才最为有利。中国所说的"中和""太和"不仅仅停留在口头上或文字里，而且将其落实到生活中，处处强调和。中国人主张为人要谦和，在家庭中，中国人主张"家和万事兴"；与人相处，要和和气气；邻里之间，应和睦相处；在生意场上，中国人强调"和气生财"；遇见困难，中国人主张和衷共济等。中华文化重和、贵和，中国人主张谦让、礼让，从而互助共赢，而不是倡导鱼死网破的"零和游戏"。

西方文化崇尚竞争。古希腊文明是西方文化的重要源头，奥林匹克精神是西方文化的典型体现。奥林匹克精神就是竞争、拼搏精神，不断挑战自我，"更快、更高、更强"是奥林匹克精神的精华。这种精神深入到西方文化的方方面面，成为西方文化的重要特征。古希腊哲学家赫拉克利特（Heraclitus），比孔子略晚，崇尚斗争，认为世界为斗争所支配，甚至认为斗争是万物产生的根源。由此，赫拉克利特认为"战争是万有之父与万有之王"。如果没有对立与斗争，世界就会消亡——停滞或毁灭。对立和矛盾统一起来才能产生和谐。基督教是西方文化的基础，基督教由于没有中国文化中"和而不同"的理念，所以中世纪时期，欧洲设有大量的宗教裁判所，对异教徒实行残酷的惩罚，直至肉体消灭。一方面崇尚斗争，另一方面又缺少对其他信仰的包容，在西方世界就发生了一场又一场的宗教战争，如十多次以消灭异教徒为目的的十字军东征，给人类带来了无穷的灾难。在中国文化系统里，因信仰不同而发生战争是不可想象的，而"一团和气"则反映了中国文化不同信仰之间的彼此包容。

中国文化的另一特征强调"变化日新""生生不息""与时偕行"。"苟日新，日日新，又日新"，语出《大学》，但是《大学》是对商代开国之君商汤浴盘铭文的引用，可见，日新是中华文化古老的观念。"日新之谓盛德，生生之谓易"（《易传·系辞上》）。先哲将"日新"理解为宇宙最大的德行，而这种德行体现在自然法则上就是"生生"，生生就是新的事物不断产生、不断涌现，这种"生生"叫作"易"，"易"就是变易。中华文化崇尚的"和"是动态的和，不是静态的、一成不变的和。此时此地和了，彼时彼地未必和；此时不和，彼时未必不和，世界是变化的，生生不息的，一切皆变，无物常住，因而此时和，不能保证永远和，只有与时偕行，因时制宜，因地制宜，"兵无常势，水无常形"（《孙子兵法·虚实》），才能真正实现和。先哲要求我们：既要有以不变应万变的定力，又要有以变应变的智慧，才能"致中和"，各项事业才能兴旺发达。

诚然，中国文化的特征并不限于如上所列几点，我们还能找出若干。中国文明之所以是世界四大古老文明唯一未中绝的文明，原因在于上述特征中。如果将这些特征概括起来，用现代观念表达就是：开放、包容、创新。中华民族本身就是一个开放的系统，东西南北不同区域、不同文化背景的族群都可以融入中华民族这个大家庭。中国文化更是一个开放的系统，春秋战国时代，诸子蜂起，百家并作，是中国文化的第一次自我开放、自我裂变与调整。至汉代，董仲舒以儒为主，包容百家，让中国文化走向统一。魏晋以来，佛学传入，中国文化走向了学习佛学、超越佛学的文化再造工程。宋明理学是以儒为主，融佛教、道教为一炉，实现儒学在宋明时代的新发展。近代以来，欧风美雨席卷中华，先进的中国人不辞千辛万苦，到西方去寻找救国救民之道，力图融合西学，兴我中华。由于中华文化是开放的系统，而不是封闭的体系，中国人善于学习，取人之长，补己之短。中国文化是学习型文化，西方文化是教导型文化。中国文化重学习，所到之处兴"学堂"，西方强调文化尤其是宗教输出，西方人所到之处建"教堂"。中国文化随着历史的每一步延展愈加丰富与完善，每一步都是一次自我理论创新，也是一次升华。

唯其开放，才能包容；唯其包容，才有创新。中国文化从来不是排他性文化，而是贵和文化，"道并行而不相悖，万物并育而不相害"，是中国文化的重要法则。在这一法则的指导下，中国文化没有宗教的冲突与战争，相反，儒释道三教相互尊重与同情，长期以来保持"一团和气"。中国文化在开放、包容、创新的过程中，克服艰难险阻，一路走来，走到21世纪的今天，会继续走下去，而且越走越好。

三、 中国文化 "转化创新" 的方式

创造性转化与创新性发展是中国文化在不同的时空境遇下，回应时代挑战，不断走向新生的重要方式。孔子面对夏商周以来的礼乐文化传统的崩坏局面，以仁为核心、以礼为表征建立起的思想体系就是对夏商周三代以来礼乐文化传统的创造性转化与创新性发展；董仲舒以儒为主，综赅百家，提出"三统""三正"理论同样是对春秋战国以来以诸子并作、百家争鸣为特征的诸子学的创造性转化与创新性发展；魏晋玄学、宋明理学、明末清初实学思源乃至当代大儒牟宗三提出的"本内圣之学以解决新外王"

的"良知自我坎陷"说无不是对中国既有文化传统的创造性转化与创新性发展。从某种意义上说，"转化创新"是中国文化传承与发展的本质特征，是中国文化生生不息，不断由过去走向未来的重要方式。

千百年来，不少学者将文化传承视为其历史使命。面对佛学的挑战，正统的儒家文化长期萎靡不振，唐代大儒韩愈以强烈的文化使命意识，明确提出要传尧、舜、禹、汤、文、武、周公、孔子、孟子相传之道。宋代哲学家张载更是以"为天地立心，为生民立命，为往圣继绝学，为万世开太平"（《张子语录·中》）作为为学的宗旨。正是由于韩愈、张载等学者，以舍我其谁的道义担当和任重道远的弘毅精神，主动担当起传承中国文化的历史使命，才让中国义化绵延不绝，传承不已。

不过，我们应当看到，无论是韩愈，还是张载，其心灵都是哲学家的心灵，其心态都是文化精英的心态，这种心态显然是将自己高高凌驾于普通大众之上，使自己成为传承"绝学"使命悲壮的独行侠。历代知识精英这种"舍我其谁"的担当意识固然令人起敬，但担当圣道的历代知识精英为什么没有走出继了绝、绝了继的历史循环？如何才能走出这一历史循环？这是在全球化的背景下，面对21世纪的文化挑战，这是新的时空境遇下，对中国文化转化创新的新要求。

1. 文化传承与道的延续由知识精英的担当转化为大众的共同责任。

《中庸》记载，子曰："道不远人。人之为道而远人，不可以为道。"道盈天壤，无所不在，无时不在，人皆有道，道就在我们的日常生活里。子夏有言："贤贤易色，事父母能竭其力，事君能致其身，与朋友交言而有信。虽曰未学，吾必谓之学矣。"（《论语·学而》）"贤贤易色"是夫妇之道，也是夫妇之学；"竭其力"是侍奉父母之道，也是侍奉父母之学；"致其身"是事君之道，也是事君之学；"言而有信"，是交友之道，也是交友之学。人间的一切道德实践活动无不是在行道，履道，为道，道何尝远人？此道何尝失传，何尝"绝"呢？近代以来，尤其是五四以来，激进的知识分子激烈地批判、否定传统文化，许多人以愤激之语，发震天之响，可以使道隐而不彰，但无法毁道、绝道。

文化不应是少数知识精英孤芳自赏的奢侈品，而是普通大众的生存方式、生活方式。以文化人，以文育人，以文成人，这是文化本身的意义。

以文化人，是自化，还是他化？以文育人，是自育，还是他育？换言之，谁化谁育？化谁育谁？我们的回答是：凡是人，皆须化；凡是人，皆须育；凡是人，皆须成。孔子讲"为仁由己"（《论语·颜渊》），更多地强调人的自化、自育、自成，孟子要求"先知觉后知，先觉觉后觉"，由先知先觉者去化、去育、去成后知后觉者，更多地强调他化、他育、他成。既强调自我迁善改过，自我转化，自我培育，自我养成，又强调他化、他育、他成，是中华文化在理想人格成长问题上的特点。作为知识分子，尤其是人文知识分子，既有自化、自育、自成的天职，也有化他、育他、成他的历史使命和责任担当。作为普通大众同样可以自育、自化、自成，也有化他、育他、成他之责任，普通百姓只要懂得入孝出悌，父慈子孝，言忠信，行笃敬，恪尽职守，待人友善，他就是君子，就是圣贤，就是在自化自育；当他以身示范，传承家风、家教，并以之教育子女，他就是在推行教化，就是在履行化他、育他、成他的文化使命。中国文化的发展已经到了这样一个时刻：她要求精英知识分子由孤绝地"为往圣继绝学"自觉地向"为往圣开新学"转化，中国文化的薪火相传，世代相守，推陈出新的历史使命，人人要担当，个个有责任，"斯文中国"才能再现，"文化自觉"才不是少数知识精英的自觉，而是全民族的文化觉醒；"文化自信"也不仅是少数知识精英的自信，而是中华民族的自信，这样中国文化复兴才能真正到来。这就要求我们创造性地铺就一条由学术神圣殿堂通往百姓日常生活的道路。

2. 融古铸新，因时转换，创造性地实现中国文化跨时空转换与发展。

中华文化源远流长，历经几千年之发展，有古今之异，传统之所以为传统，顾名思义，就是传之成统。传之成统，统之不断，中国文化就会由过去流传到现在，由现在通到未来。

传统文化之所以能由过去传到现代，由现代传至未来，是因为传统文化具有超空间、跨越时代的意义。研究传统文化并不是要求当代人穿越时空回到古代去，而是让古人及其思想穿越时空来到今天，即古为今用。冯友兰先生的"抽象继承法"不失为由传统向现代转换、贯通古今的有效手段与方式。的确，今天我们不必再去追问"学而时习之"在孔子时代具体学的、习的是什么，是射箭、驾牛车或者马车，还是《诗》，或是《乐》，等等，当代社会不必人人皆学，也不必追求孔子时代所学、所习的具体内容，但"学而时习之"告诉人们，无论学什么都需要习，要"学而时习之"，其抽象意义至今没有过时。其实传统思想的许多命题、观念都会因时转换，如"己欲立而立人，己欲达而达人"（《论语·雍也》）；"己所不欲，勿施于人"（《论语·颜渊》）；"仁者爱人，有礼者敬人"（《孟子·离娄下》）；"先义而后利者荣，先利而后义者辱"（《荀子·荣辱》）等，这些思想对古代人有意义，对现代人也有意义，对未来人还会有意义。"学而不思则罔，思而不学则殆"（《论语·为政》）；"知之为知之，不知为不知"（《论语·为政》）等，这些思想本身就是超越时空的、普遍的、永恒的。

对待文化传统，大家都知道"取其精华，去其糟粕"，但怎么"取其精华，去其糟粕"，大都语焉不详。因时转化就是取其精华，淘汰其糟粕的方法之一。时代发展与人们的精神需要是最好的过滤器，传统文化哪些是精华，哪些是糟粕，时代发展和人们的精神需要会交出答案，这是最直接的因时转换。对社会的价值观，如孝、悌、忠、信、礼、义、廉、耻，等等，立足于时代的需要，既要正本清源，又要做出合乎当代社会需要的诠解，如忠与孝，本身没有问题，但两汉以下，专制帝王赋予忠、孝过多的意义，即五四以来激进知识分子批判的愚忠愚孝，去"愚"字，还原忠孝之真身，做出合乎现代生活的解读，毫无疑问是中国文化重要的价值支撑。在这个意义上，因时转换就是融古铸新，融古铸新是中国文化转化创新的重要方式。

3. 以中为主，消西健中，实现中国文化的"传承创新"和臻于至善。

近代以来，中国面对"三千年未遇之强敌"，同时也遭遇着数千年未有之变局，积弱积贫的中国，内忧外患，列强环伺，有瓜分豆剖迫在眉睫之感。怎样才能救亡图存，如何才能避免亡国、亡种、亡教的滔天大祸，思想家们讨论着、探索着，由是展开了中西之争，古今之辩。

近代以来，中国文化与西方文化在国人心目中的地位存在着此消彼长之关系。反省中国文化，由感到物质层面的器物不如人，至制度层面的体制不如人，到精神层面的文化不如人，直到胡适让国人死心塌地承认，"样样不如人"，因而彻底否定传统，彻底砸烂旧中国，才能期待一个新世界、新中国。向西方学习，由学习西方的坚船利炮（洋务运动），到学习西方的民主体制（维新运动、辛亥革命只是方式不同，没有本质的区别），到全盘西化（新文化运动）。近代以来，思想家们围着"中国怎么办"的论争都可以归结为中国文化与西方文化关系的讨论，即使是彻底否定中国文化和全盘西化这种极端论调同样也是围绕着如何处理中西文化关系展开的。还有其他论点，诸如"中主西辅""中本西末""中体西用""中西互为体用""西体中用"等等。不过，"体用"原来是指形而下的器物而言的，"体"指向器物的形质，而"用"是指此形质自具的妙用。宋明理学家以体用说明思想，提出"体用一源，显微无间"之说；现代大儒熊十力先生"体用不二"深得体用关系之精髓。体用是一而非二，中学与西学是二而非一，以体用来论证中国文化与西方文化的关系，严复曾敬告人们："合之则两亡。"他引用裴可桴的话说："有牛之体，则有负重之用；有马之体，则有致远之用。未闻以牛为体，以马为用者也。""故中学有中学之体用，西学有西学之体用，分之则并立，合之则两亡。"①

中国文化与西方文化问题不是体用关系，而是相互欣赏、相互借鉴、相互学习的关系。如果一定要套在体用框架内思考，那么也只能说中国文化是体，西方文化也是体；中国文化是用，西方文化也是用。如果以人类文化为体，中国文化、西方文化、印度文化、中东文化、非洲文化、南美洲文化等等无不为用，无不是人类文化这一本体所显发的妙"用"。就中国文化而言，其自身就是文化主体，对非中国文化的"他者"而言，中国文化又是客体；立足于西方文化、印度文化、非洲文化、俄罗斯文化等莫不如是，如是观，才是不同文明、不同文化的平等观。

中国文化是一个生命有机体，是不断成长的文化系统，自我以外的人类一切文化都是这一有机生命体成长的营养品。中国文化这一生命有机体的成长不能仅仅吸取西方文化、印度文化，只要有益于自身健康成长者皆可融会之、消化之、吸收之，以增强中国文化的体质，促进中国文化的发展。人类文化、文明样式千姿百态，各有胜长，一部人类文明史就是相互学习、相互吸收的历史，努力消化、吸收其他文化，以中为主，融西化西，实现中国文化的充量发展。

转化创新必须依据自身特点，否则任何转化创新都不会成功。中国文

---

① 严复. 与外交报主人论教育书；中国哲学史资料选辑 [M]. 北京：中华书局，1959：412.

化的特点具体说来有百条千条，但总括起来不外为"极高明而道中庸"或者说道不离人伦日用。"极高明而道中庸"是说高明、高深的思想，高到极致就是平常的道理，反过来，极为平常的道理又何尝不是最高明之道？神圣与凡俗之间是相通的，不是二分的。翻开《论语》《孟子》，没有故弄玄虚，也不故作高深，更不会拒人千里。反观时下的中国，学者们的学术著作数以万计，但这些学术著作与百姓无关，与百姓生活无关。不少学者久已习惯于钻入象牙塔，孤芳自赏，感叹着曲高和寡，而对百姓饥渴的精神世界，只好找些"心灵鸡汤"去应付。当学术话语不再理会百姓生活的时候，百姓自然也就不再关心学术了。

中国文化之道不离人伦日用，道就在人伦日用之中。人伦日用即生活，生活即人伦日用。离开人伦日用就没有生活，离开生活就不是人伦日用。修身是用，齐家是用，治国是用，平天下还是用，修、齐、治、平无不是生活，无不是用。"用"必须落实为百姓之用，大众之用，而不仅仅是精英知识分子在象牙塔里孤芳自赏的那种"无用之用"的千秋"大用"。面对全球化大潮，中国文化要薪火相传，代代相守，更要与时俱进，推陈出新。在"人伦日用"之中，发挥大众创造力，与时俱进，推陈出新，转化创新，实现中国文化的全面复兴，再建"斯文中国"。

文化是一个民族的生活方式，中华文化就是中华民族的生活方式。中华民族每一分子都是中华文化的传承者，都是民族精神的体现者。传承与转化创新中国文化，践行民族精神与社会主义核心价值观是中华民族每一分子的历史使命。如果说"为往圣继绝学"是少数知识精英的历史担当的话，那么21世纪"为往圣开新学"就是中华民族每一分子都应尽的责任，中国文化只有落实于民众的生活方式，道的传承由少数知识精英的自我担当转化为全民参与，才是真正的文化自信与文化自觉。

（原载于《社会科学战线》2017 年第 8 期）

全球化语境下的儒家文明

21 世纪人类面对的最大焦虑是自我身份认同与全球一体化、同质化的冲突与张力所带来的困惑。面对全球化不可逆之时代大潮，生活于浩瀚宇宙、一个淡蓝色球体上的人们都会问：我是谁？我、你、他有什么不同？

习近平同志在纪念孔子诞辰 2565 周年大会上指出："文明特别是思想文化是一个国家、一个民族的灵魂。无论哪一个国家、哪一个民族，如果不珍惜自己的思想文化，丢掉了思想文化这个灵魂，这个国家、这个民族是立不起来的。"中华文明的思想文化是中华民族的独特标志，是中华民族的灵魂，是中国人之所以成为中国人的内在根据。

儒家文明是中华文明的主体，是中华文明最基本的存在形式，孝悌忠信礼义廉耻是儒家文明的核心价值观，同样是中华民族每一个成员所恪守的价值标准。正如王岐山同志在中纪委四次会议上明确指出："孝悌忠信礼义廉耻是中华文明的 DNA，为国尽忠、在家尽孝，天经地义。"修身、齐家、治国、平天下，以修身为首要，这些都是儒家文明孜孜追求的永恒主题，同样是中华民族的长期追求。

儒家文明不是针对中国人而设计的，而是对所有称之为人的人而讲的。在儒家看来，孝悌忠信礼义廉耻不仅中国人要恪守，只要是人都应恪守，否则，人就不成为其人。深入研究与阐释孝悌忠信礼义廉耻，可以更好地维护中华文明 DNA 的传承，维护中国人的本质特征与主体性，同时让全世界更好地了解中国文化的普遍意义。

儒家文明是维护人类文明多样性、化解人类文明冲突的重要力量。西方世界，宗教冲突乃至由宗教冲突所引发的战争等不绝于史。直到 21 世纪，此种冲突甚至同一类型宗教内部派别之间的冲突仍在继续。反观中国，道教、佛教、伊斯兰教、基督教、天主教以及各种民间信仰长期并存，并没有因信仰问题而引发战争。为什么中国可以避免因宗教冲突而引发的战争呢？其故在于儒家伦理在解决诸宗教之间关系上发挥了平衡、建设性作用。儒家主张的"和为贵""和而不同""己所不欲，勿施于人""万物并育而不相害，道并行而不相悖"等等，都是处理不同宗教信仰之间、不同文明实体关系的伦理原则。这些伦理原则在中国比任何宗教信仰更加普遍、更深入百姓之心。站在儒家文明的角度审视问题，世界和平的最大威胁不是文明与宗教的多样性，而是文明或宗教背后强烈的"求同"而不能"存异"的独断主义或排他主义的观念。任何一种文明，无论何等高明，如果不承认自身文明之外的他者的存在权，就必然导致文化帝国主义或文化殖民主义；如果因自视自家文明优于其他文明而强制性输出其文明，必然导致输入国人民强力抵制，从而引发冲突。儒家的"和而不同""并行不悖""和为贵"等恰恰是以肯定文明的他者存在为前提的，故而是处理宗教与文明实体之间的基本原则，是维护文明多样性存在的哲学根据。

儒家文明、基督教文明、伊斯兰文明是当代世界最重要的、至今依然充满生机与活力的三种文明样式。经过两千多年的发展、传播、流衍，儒家文明传入朝鲜半岛及日本、越南、新加坡等国，形成了人们常说的"儒家文化圈"。"儒家文化圈"事实上都打下了深刻的儒家文明的烙印，由此，我们说儒家文明不仅是中华文明最基本的表现形式，也是东亚文明的文化底色。17世纪儒家文明经由传教士传入欧洲，受到西方的启蒙思想家如伏尔泰、莱布尼茨、狄德罗、霍尔巴赫等人礼赞，更受到法国重农学派的思想家魁奈等人热捧。中华民族的伟大复兴一定包含着中华文明的复兴，中华民族的复兴需要以中华文化的发展繁荣为条件。以儒家文明为代表的中华文明对中华民族精神品格的孕育，对中国人民价值追求的培养，对东亚文明、东南亚文明乃至对欧洲启蒙思想的形成都做出过贡献。我们相信：经过创造性转化与创新性发展，以儒家文明为代表的中华文明一定会为人类做出新的贡献。

（原载于《光明日报》2015年4月14日第7版）

儒学与人类文明相处之道

一、 学会相处比练习对话更重要

自 1993 年，美国哈佛大学亨廷顿（Samuel. P. Huntington）教授在《外交季刊》（Foreign Affair）发表《文明的冲突?》（The Clash of Civilizations?）以来，他的观点引起了世界各国学者的广泛争议，文明冲突和文明对话成为全球性热门的话题之一。之后，他依据个人的见解，广泛参证各方讨论的观点，完成了系统的学术论著《文明冲突与世界秩序的重建》（The Clash of Civilization and the Remarking of World Order）。他认为文明冲突是当今世界和平的最大威胁，而未来的战争将沿"文明断层线"展开。波黑、车臣、中东、阿富汗、印巴等近十年来所发生的事实，似乎都在验证着亨廷顿的预言。德国著名的自由神学家孔汉思（又译汉思·昆）进而断言："没有宗教之间的和平，就不会有世界的和平。"如何实现宗教之间的和平，如何避免由文明冲突而导致的不文明战争，引起世界各地学者的广泛关注。

许多学者对这一问题的回答是"对话"。杜维明教授曾指出："如果文明之间确有冲突的危险，对话则更属必要。"[①] 有的学者甚至断言：今日之世界，我们的选择是"对话或死亡"。一时间，文明对话、宗教对话又成为学术界热衷讨论的话题。对话，人们似乎找到了克服亨廷顿所谓的文明危机的灵丹妙药。美国学者史威德勒认定今日我们已由文化"独白时代"走向"对

---

① 杜维明. 自序：新轴心时代的文明对话. // 郭齐勇，郑文龙. 杜维明文集［M］. 武汉：武汉出版社，2002.

话时代",而"全球对话时代"已经来临。1999 年欧洲创办了个新学报《全球对话》（Global Dialogue）。同年，史威德勒主编的《为了所有的生命：走向世界伦理宣言——宗教间的对话》（For All Toward Life：Toward a Universal Declaration Of a Global Ethic：An Interreligious Dialogue）出版。由伊朗提案，联合国成员国一致同意，2001 年为"文化对话年"。①

对话，俨然已是学术界十分流行的术语。我们是否进入了对话时代也许并不重要，重要的是对话已在广泛的意义上展开。当然，从穷源溯流的意义上说，人类文明的发展史就是对话和交流的历史，只是对话的范围、层面和方式不同罢了。事实上，无论是今日的西方文明，还是今日的中国文明，都是不同文明实体交流、对话的结果。

"对话或死亡"，人类真的别无选择了吗？不！学会相处也许比对话更重要。对话，对于不同文明实体增加了解、寻求共识，的确起着非常重要的作用。然而，对话是手段，不是目的。诚如杜维明教授所言："真正的对话是为了了解。没有了解，不可能把对方转化为学习的导师。"② 了解的确十分重要，不过，即使有了了解，而没有一种己立立人的心态，同样不可能将对方转化为学习的导师，甚至不可能将对方视为平等的朋友。假若了解是为了获取对方的情报，以便能克敌制胜的话，那么这种了解更让人失望。在全球化的今天，不同文明实体，甚至相互敌对的文明实体，如果不想同归于尽，就要学会如何相处。一句话，学会相处，比练习对话更重要。相处是一种艺术，是一种智慧，是一种生活态度，是一种软的、看不见的人文精神和文化氛围。在西方文化中，有契约精神、法的精神。契约、法是硬的，冷峻的，然而匮乏软的、看不见的相处之道、相处的智慧。故而，在历史上，世界大战，殖民主义统治，等等，层出不穷。在中国，有法难、教案，但没有宗教战争；也曾攻异端，辟邪说，卫圣道，但没有制度化的宗教裁判所；虽有以人文化成天下的担当，但没有借助武力强行推销自己价值观念的具体举措。对于异质文明，他山之石，可以攻玉；对自己的文明，"礼闻来学，未闻往教"。中国文化尤其是儒家文化本质是相处的智慧。

---

① 刘述先.《全球伦理与宗教对话》[M].台湾立绪出版社，2001.

② 杜维明.自序：新轴心时代的文明对话.//郭齐勇，郑文龙.杜维明文集[M].武汉：武汉出版社，2002.

以色列人，巴勒斯坦人，如今尚没有学会相处之道，种族仇杀、战争的悲剧一再上演；美国人不知道何以自处，何以与世界上不同种族、不同宗教信仰、不同政治制度、不同价值观念的国家相处，只是一味逞其蛮力，让世界所有的民族与国家都像它一样整齐划一，让世界像美国，从而麻烦不断。"9·11"后，一个匿名电话，一份邮件，一声枪响，举国惊恐，大有风声鹤唳、草木皆兵之感。这不是美国人之福，而是现代文明的悲哀！人，何以自处，何以与人相处，何以在家、国、天下中相处，乃至何以与天地万物相处，一直是儒家学者思考的中心。儒家的忠恕之道、絜矩之道，和而不同的处世方式，道并行不相悖的宽容态度，仁民爱物的情怀，天下一家意识，等等，都是相处之道、相处的智慧。开发这种智慧对于今日的人类，显得尤为重要。

二、 儒家的 "忠恕之道" 与文明相处之道

忠恕，始见于《论语》。"子曰：'参乎！吾道一以贯之。'曾子曰：'唯。'子出，门人问曰：'何谓也?'曾子曰：'夫子之道，忠恕而已矣。'"① 在曾子看来，忠恕是贯穿孔子学说的主线、核心。何谓忠？何谓恕？就字面意义上说，中心之谓忠，如心之谓恕。忠有忠诚、公正、无偏不倚之意，如孔子说，"为人谋而不忠乎?"② "君使臣以礼，臣事君以忠。"③ "子贡问友。子曰：'忠告而善导之，不可则止，毋自辱焉。'"④ "子曰：主忠信，徙义，崇德也。""言思忠。"⑤ 《礼记》有"瑕不掩瑜，瑜不掩瑕，忠也"之说。然而忠这种意识或品质是在与人谋、与友交、事君等关系中或道德实践中呈现于自己内心世界的一种德性。在《论语》中，恕与忠意义不同，恕近于仁或者说是仁，忠则不及于仁。《论语·公冶长》载：楚国的令尹子文，三次被任命为令尹，无喜色，三次被罢官，无怨色，在政权交接的时候，他都把一切工作交代得清清楚楚；子张问孔子，子文

① 孔子. 论语·里仁 [M].
② 孔子. 论语·学而 [M].
③ 孔子. 论语·八佾 [M].
④ 孔子. 论语·子路 [M].
⑤ 孔子. 论语·季氏 [M].

算不算仁。孔子指出，子文可以称得上忠了，但仁还不够。而恕在《论语》中就是仁。"子贡问曰：'有一言而可以终身行之者乎？'子曰：'其恕乎！己所不欲，勿施于人。'"① 恕道就是仁道。"仲弓问仁。子曰：'出门如见大宾，使民如承大祭。己所不欲，勿施于人。在邦无怨，在家无怨。'"②《孟子》也有"强恕而行，求仁莫近焉"③。《中庸》讲到忠恕之道，其实讲的是恕道，所谓："忠恕违道不远，施诸己不愿，亦勿施于人。""施诸己不愿，亦勿施于人"，是"己所不欲，勿施于人"的另一种表达。而后世学者大都释忠为诚，为天道，为体，为本，为源，而释恕为人道，为用，为末，为流。如程子说："以己及物，仁也；推己及物，恕也。违道不远是也。忠恕一以贯之；忠者，天道也；恕者，人道也。忠者无妄，恕者所以行乎忠也。忠者体，恕者用，大本达道也。"④ 朱子解释："尽己之谓忠，推己之谓恕。"⑤ 薛瑄认为，忠如水之源，恕如水之流。他不同意朱子的理解，指出《论语》是"借忠以明一之体，借恕以明贯之用，故知尽己推己其施无穷，则知一贯之理无不尽也"⑥。实际上，与后世突出忠不同，《论语》突出了恕道精神，忠恕合用时，重点在恕或者说落实于恕。自程子以下，对忠恕的理解大都超出了《论语》意义的界域，尤其是对忠的理解与《论语》中的忠的意义已经相差太远。时下有一种说法颇为流行，认为"己欲立而立人，己欲达而达人"是忠，"己所不欲，勿施于人"是恕，这种说法认为忠是积极的仁，恕是消极的仁，是仁之一体两面。这种说法顺乎宋明儒者义理，但未必合乎《论语》的原意。扣紧《论语》言，忠是自我在道德实践中所应呈现的公正无私的心理状态，恕是仁道的具体体现。无论是从积极方面讲的仁，还是从消极方面讲的仁，都是恕。元人戴侗对忠恕的训释较近《论语》的原意。其训释忠："尽己致至之谓忠"，"反身而诚，然后能忠。能忠矣，然后由己推而达之家国天下，其道一也。"其训释恕："推己及物之谓恕。己欲立而立人，己欲达而达人，施诸己而不愿，亦勿施于人，恕

① 孔子. 论语·卫灵公 [M].
② 孔子. 论语·颜渊 [M].
③ 孟子. 孟子·尽心上 [M].
④ 论语集注·里仁 [M]. 卷二.
⑤ 论语集注·里仁 [M]. 卷二.
⑥ 程树德. 论语集释 [M]. 卷八，里仁下，北京：中华书局，1997：266.

之道也。"① 这就是无论是推己及人（积极的仁），还是己所不欲，勿施于人（消极的仁），都是恕道。

忠，要求人们在与人谋、处理任何事情时，都应恪尽职守，公正无私，无偏不倚；恕，就是推己及人，推己及物，设身处地为他人着想，从对方角度考虑，易地而处，换位思考。"己欲立而立人，己欲达而达人"是恕道的体现，"施诸己而不愿，亦勿施于人"同样是恕道的体现。忠恕之道，既是道德修养的基本方法，也是处理人与人、家与家、国与国之间乃至不同文明之间关系的重要方法，是人与人之间、文明与文明之间最基本的相处之道。

忠恕之道的另一种表达就是"絜矩之道"。"絜矩之道"是说，"所恶于上，毋以使下；所恶于下，毋以事上；所恶于前，毋以先后；所恶于后，毋以从前；所恶于右，毋以交于左；所恶于左，毋以交于右；此之谓絜矩之道。"② 朱熹解释，"絜，度也。矩，所以为方也"。"如不欲上之无礼于我，则必以此度下之心，而亦不敢以此无礼使之。不欲下之不忠于我，则必以此度上之心，而亦不敢以此不忠事之。至于前后左右，无不皆然，身之所处，上下、四旁、长短、广狭，彼此如一，而无不方矣。"③ 又说："上下、前后、左右，都只是一样心，无彼己之异，只是将那头折转来比这头。在我，上者使我如此，而我恶之，更不将来待下人。如此，则自家在中央，上面也占许多地步，下面也占许多地步，便均平正方。若将所责上底人之心，更来待下，上面长，下面短，不方了。下之事我如此，而我恶之，若将去事上，便又下面长，上面短。左右前后皆然。"度就是以己为度，规矩天下事事物物。"上下，前后，左右，都只是一样心，无彼己之异，彼此如一"，就是公正无私，无偏不倚，就是忠，就是诚，而上者使我如此，而我恶之，更不以此来待下人，就是恕。前后、左右、强弱、大小、多寡等等，无不如此。这就是"己所不欲，勿施于人"。

进入20世纪90年代，全球一体化进程好像突然变速、加快，世界好像被压成了一个大的村庄——全球村。全球化进程的加速，唤醒了人们的全

---

① 程树德. 论语集释［M］. 卷八，里仁下，北京：中华书局，1997：264.
② 大学［M］.
③ 大学章句［M］.

球意识、共同意识。这个时候人们意识到，无论你是什么文化，还是什么种族、什么肤色，都生活在这个淡蓝色的星球上，这是大家共同拥有的家园。这个家园的兴衰存亡，与每一个人都休戚相关。由此，唤起了人们全球意识的觉醒，同样激起了另一种意识的觉醒，即根源意识的觉醒，并同时导致了本土化对全球化的强烈回应。文明的冲突，文化的冲突深深植根于全球化与本土化这一基本矛盾之中。在这个扩大的村落中，有识之士都在思考：如何相处？

当今世界，一场全球性的文明冲突、宗教冲突也许不可避免，然而寻求避免冲突的全球性跨文化的对话却在展开。全世界来自不同文化背景的学者试图通过对话，寻求全球免于毁火之道。1993 年，美国芝加哥世界宗教大会，通过了孔汉思起草的《世界伦理宣言》。1997 年，联合国科教组织成立了"普遍伦理计划"，孔汉思继而起草《人的责任之世界宣言》。在这些跨文化的对话中，儒家的忠恕之道受到学者们的高度关注。《世界伦理宣言》指出："经历数千年，在人类许多宗教与伦理传统之中都可以找到下列原理，并不断维持下去，即'己所不欲，勿施于人'。或者用积极方式来表达：'己之所欲，施之于人'。这应该是通于生活的所有领域——家庭与社区、种族、国家与宗教的不可取消的、无条件的规范。"① 这是孔汉思起草的《世界伦理宣言》的基本原则，又称"金律"。"金律"就是孔子的忠恕之道，或者说是儒家的"恕"道。

"己所不欲，勿施于人"，全球伦理的基本原则，也是不同文明和平相处的基本准则。文明冲突、宗教冲突的根本原因是个别国家不顾他国人民的意愿，强行推销自己的价值观、宗教信仰、生活方式，等等，也就是"己之所欲，施之于人"的观念。从这个意义上说，消极意义上的"己所不欲，勿施于人"，才可以称得上金律，而正面表达的"己之所欲，施之于人"会给强势文明借助自己的政治力量、经济手段乃至武装干涉推销自己的价值观、宗教信仰提供口实，我们认为不可称为金律。

在"全球意识"已经觉醒的今天，在这个淡蓝色星体上的居民，不管什么肤色，什么宗教信仰，什么意识形态，都应当和衷共济，共同管理、

---

① 刘述先. 全球伦理与宗教对话［M］. 台湾立绪出版社，2001：65.

经营、爱护这个星球及这个星球上的所有部落、村民和生灵。为了人类文明不至于在相互冲突中毁灭，《世界伦理宣言》是十分有必要的。正像所有的伦理规范一样，世界伦理即使是金律，也可能遭遇强权的蹂躏和顽劣者的践踏，然而全世界具有正义感的人们毕竟据此有了声讨这种缺德行为的理论依据。正如刘述先教授所说："个人的宗教信仰可以不同，但却可以共同培育一种人道意识，建立'真实人性'的万国标准。凡有助于体现真实人性的，便是我们要致力追求的；反过来，凡以反人性或以禽兽的方式对待人的措施，就是我们要反对的。"① 民族不分大小，文明没有高下，宗教无所谓优劣，都是天造地设的产物，都具有独一无二的、不可替代的内在价值，"天地其生物也不测，其为物也不二"②，都理应受到敬重。人类在保护生物多样性的同时，也许更应注意保护文化、文明、信仰的多样性。在充满了差异、对立，甚至敌对的种族、文明实体、宗教信仰的文化生态系统中，儒家的忠恕之道、絜矩之道是今日人类唯一可以和平共处之道，因为它们根于真实的人性，基于人的内在自觉，展现人的互通共感、人同此心、心同此理的内在诉求。它虽源于儒家，但不限于儒家，可以通于万国，行于全球。当然絜矩之道和忠恕之道是同一原则的不同表述。忠恕是纲，絜矩是目；忠恕是总说，絜矩是详说。它们都要求在处理人与人之间、家与家之间、国与国之间、族群与族群之间的关系中，将心比心，推己及人。"施诸己而不愿，亦勿施于人"。依儒家，民族、文明没有上下、高低、贵贱、优劣之分，却有贫富、强弱、大小之别。在人类发展史上，大欺小，强凌弱，富傲贫，众暴寡之现象不绝于书，仇恨、屠杀、血腥的人间惨剧一再上演。时至今日，也许赤裸裸的殖民主义早已不得人心，而种族清洗与灭绝政策也难再行于世，然而由经济的帝国主义、文化的殖民主义所扮演的温情的种族灭绝和文化清洗却愈演愈烈。先哲忧患："亡人种族，先亡其文化"！当西方文化借助于强大的势力，意欲横扫一切、淹没一切之时，我们在积极吸收一切外来的优秀成果的同时，还需要发扬"兴灭国，继绝世，举逸民"，治乱持危之精神，维护自己的文化、文明和信仰。

---

① 刘述先. 全球伦理与宗教对话 [M]. 台湾立绪出版社，2001：9.
② 中庸 [M].

"9.11"事件震惊了全世界，也引起了全世界有识之士的深思。恐怖分子固然可恨，但人们是否应当反省，美国是否也应当反省，为什么会发生这样的惨剧？恐怖分子也是血肉之躯，为什么要"与尔偕亡"？问题症结在哪里？一味诉诸武力，狂轰滥炸，能万事大吉吗？布什政府提出对拥有大规模杀伤性武器的恐怖分子和敌对国家实行"先发制人"的打击主张，它不仅无助于问题的解决，而且如果各大国纷纷起而效仿，可能会给世界秩序和人类文明带来意想不到的后果。美国独大，借其强大的经济和军事实力，似乎可以为所欲为，然而它不懂得"远人不服，则修文德以来之"的道理，不懂得以力服人，非心服也，力不赡也，故麻烦不断。如果一个国家的国民长期生活于风声鹤唳、草木皆兵的惊恐中，与其说是该国之福，毋宁说是该国之祸。

就持续不断的巴以冲突来说吧，无论是借美国之威而强大的以色列，还是弱小的巴勒斯坦，都没有学会如何相处。以色列可凭借其强大的军事力量，动辄对巴勒斯坦进行军事封锁、围剿、搜捕、狂轰滥炸，然而它不能易地而处，即站在巴勒斯坦人的立场思考问题。针对平民的人体炸弹固然应当受到谴责甚至把施暴者绳之以法，但每一次人体炸弹都受到以色列方面的疯狂报复，而以色列士兵射杀巴勒斯坦妇女与儿童，弱小的巴勒斯坦则只能抗议而已，报复得了吗？这公平吗？不平则鸣，继而则抗争，从而造成了持续不断的巴以冲突。以儒家絜矩之道推言之，"所恶于强，勿施于弱；所恶于弱，勿施于强"。对以色列而言，"所恶于强，勿施于弱"；对巴勒斯坦而言，"所恶于弱，勿施于强"。对强者而言，应从弱者的立场出发，进行换位思考，站在弱国的角度真正体会易地而处的感觉，对弱者而言也是一样。果能做到这一点，人体炸弹可免，防卫墙行动不必，才能结束战争，走向对话，实现和平相处之目的。

三、 儒家的 "和而不同" 与人类文明相处之法

和同之辨是中国哲学的重要问题，早在春秋时期，周太史史伯就言："夫和实生物，同则不继。"他认为，和是"以他平他"，即不同事物的相互掺和所形成的平衡状态，这种状态能不断产生新的事物，使世界充满生气

和活力，而同是"以同裨同"，即同一事物的重复叠加，它不仅不能产生新事物，甚至使已有的事物也无以为继，"尽乃弃矣"。① 与孔子同时代的齐相晏婴发挥了史伯的这一思想，进而分辨和同之异，认为和是事物不同属性乃至不同事物的"相济""相泄"，是"济其不及，以泄其过"，同是同一事物的相济，如以水济水。中国先哲们认为，不同事物的并存是必然的、合理的，世界因不同事物的存在而充满生机和活力，如果世界上只有一种事物了，那这种事物也不能存在了，世界也就枯寂了。用这种观念考察世界文明，我们说，世界文明的多样性是合理的、必然的，如果世界上只剩下一种文明了，无论这种文明是如何优秀，这种文明的死期都到了，世界、人类面临的灭绝也就为期不远了。保护人类文明、人类文化的多样性比保护生物多样性更迫切，更重要。在史伯、晏婴等和同之辨的基础上，孔子赋予和同以价值意义和人文精神，他说："君子和而不同，小人同而不和。"② 如果没有史伯、晏婴等对和同观念的辩说，孔子不可能如此赞誉和而否定同。孔子将和同之辨与君子小人之辨联系起来，使和同由描述式的论说转变为价值上的评判，这是孔子对和同观念的新发展。自此以后，在儒家的论说中，同被否定了，而和成为儒家学者的追求。如何实现和，理想的和是什么状态成为儒家文化的重要话题。相应地，"中和""太和"等观念成为儒家的重要范畴。《中庸》指出："中也者，天下之大本也，和也者，天下之达道也，致中和，天地位焉，万物育焉。"《易传》亦言："天道变化，各正性命，保合太和，乃利贞。"太和是最完美的和，中和是恰到好处的和；太和是理想、静态的和，而中和是动态的和，即不断地变动、不断调适自身而在与外界事物关系中达到的一种和。分而言之，中和是手段，太和是目的，合而言之，由中而太和，太和即中和。

亨廷顿（又译杭廷顿）指出："在现代化的刺激下，全球政治沿文化断层线重新组合。文化近似的人民和国家聚在一起；不同文化的人民和国家则分道扬镳。由意识形态和超强关系所界定的组合，被文化和文明所界定的关系取代。政治版图重划，越来越和种族、宗教及文明的文化版图重划

---

① 国语·郑语 [M].
② 孔子.论语·子路 [M].

不谋而合。文化社会正逐渐取代冷战集团，而不同文明间的断层线，也变成政治冲突的中心线。"① 他将 1990 年以后的世界文明分为九种，即西方文明、拉丁美洲文明、非洲文明、回教文明、中国文明、印度教文明、希腊文明、佛教文明、日本文明。他认为这些不同文明的国家和团体不但不亲近，往往还充满敌意，以致引爆跨文明关系的冲突。为什么在这些文明的断层线上会引发跨文明的冲突？这种跨文明的冲突合乎文明自身的本性吗？

从和而不同的角度看世界文明，现代世界文明的最大挑战是具有强烈求同倾向的普世主义的价值观。这种价值观在"己所愿，可施于人"这种根深蒂固的理念的支配下必然导致政治的单边主义乃至强权政治，走向文化帝国主义或曰文化殖民主义。亨廷顿指出："西方，尤其是美国，素以传道国自居，他们相信非西方的人民应该接受西方的民主、自由市场、权力受宪法限制的政府、人权、个人主义、法治等价值观，并把这些观念纳入他们的体制内。""西方所谓有的普世论，对其他地方而言是帝国主义。"② 文化普遍主义并没有走出欧洲中心主义的窠臼，是达尔文生物进化论在文化领域的表现。这种进化论认为，进化是单元、线性的，弱肉强食，天经地义。从儒家的和而不同出发，文化普遍主义是求同思维的表现，这种求同思维只看见了人类文化的时代性，而否定了人类文化的多样性和民族性，正像生物界任何单一物种都无法独立存在一样，这种绝对的、排他的普世主义必然导致人类文化的毁灭。

用儒家和而不同的观念审视西方的文化普遍主义，它不仅是危险的，而且是不道德的。"君子和而不同，小人同而不和"，如果世界完全附和了某一种文明，就是陷全人类于不义。天地生物也不测，其为物也不二，任何一种经人类伟大的心灵创造的、并经过长期历史锤炼证明能与时俱进的文明或文化，都具有内在的、不可替代的绝对价值。这些文化或文明以其独特的方式表现着人类某一特定区域的生活方式、风俗习惯、思维方式，体现着人类的尊严、良知和价值，跃动着人类伟大的心灵。对伟大文化的持守，既是人类文化发展之必然，也是人类道德所应然。当然，我们认为，

① [美] 杭廷顿. 文明冲突与世界秩序的重建 [M]. 黄裕美，译. 台湾联经出版社，1997：165.
② [美] 杭廷顿. 文明冲突与世界秩序的重建 [M]. 黄裕美，译. 台湾联经出版社，1997：248.

和而不同绝不意味着文化部落主义，更不等同于故步自封，画地为牢。相反，和而不同是一种开放、生生不息的文化观念。和而不同，本身包含"和实生物"意，就文化而言，包含着他山之石，可以攻玉意，包含着对异己文化汲取以更新自身文化意。画地为牢，故步自封，是同而非和，或者说是没有真正理解"和"的意义。当代世界人类文明面临的另一个威胁是双重标准，亨廷顿对这种双重标准曾做过描述："西方常说，民主是提倡了，但不能让回教基本教义派掌权；伊朗和伊位克应该接受禁止核子扩散条约，但以色列不必；自由贸易是经济成长的万灵药，但农业不行。对中共，人权是个问题，但对沙乌地阿拉伯则不是；侵入产油的科威特被重兵击退，但对不产油的波斯尼亚人则无所谓。"① 双重标准必然产生不公正。不是文明，而恰恰是这种不公正才是文明冲突的直接导火索。以色列士兵可以开枪射击巴勒斯坦妇女和儿童，可以射伤巴勒斯坦记者，而巴勒斯坦武装人员这样做，就是恐怖主义。这种处置巴以关系之不公正立场，才是巴以冲突的真正根源。可见，文明、文化本身不会导致冲突，导致冲突的原因是文化与文明的背后渗透了太多的强权政治。如果西方世界继续执行双重标准，继续在国际社会实行不公正的政策，冲突就在所难免。

四、 儒家的共育并行与人类文明相处之理境

如果说推己及人是不同文明实体相处的态度，和而不同是不同文明实体相处的方法的话，那么，共育并存是当今世界人类文明相处之目的。推己及人也好，和而不同也罢，只是人类文明存在之状态，是人类文明化育流行、生生不息的前提条件，而不是人类文明化育流行、生生不息之本身。共育并存或曰共存共荣，才是当今之世人类不同文明实体相亲相善之追求和理想，是推己及人、和而不同之落实。当今世界，人类文明的理想之局，大抵可以归结为儒家的两句话："万物并育而不相害，道并行而不相悖。"

在儒家看来，生是天地之大德，生生不已，健动不已是天地之道。日

---

①［美］杭廷顿.文明冲突与世界秩序的重建［M］.黄裕美，译.台湾联经出版社，1997：248—249.

新是中国哲学最根源的意识之一,《大学》有言:"汤之盘铭曰:苟日新,日日新,又日新。"最起码在商汤时代,人们对日新观念就有了相当深刻的理解。自此以后,"日新之谓盛德","推其旧以致其新"就成了儒家哲学根深蒂固的观念。从本质意义上说,儒家不是一个封闭的体系,而是一个与时俱进,不断吸取异质文化而走向完善的系统。在中国与外来文化的交流史上,一个成功的例证就是消化佛学,这种消化使儒家文化与佛教文化相得益彰。佛学自汉代传入中国,历经魏晋南北朝,至隋唐,逐步吸收中国文化、适应中国社会之特殊情形,形成了中国式的佛学,如天台宗、华严宗,而禅宗更是异军突起,独领禅风几百年,禅几乎成了佛教的代名词。禅宗讲明心见性,凡夫即佛,注重生活体验,讲究主体自觉等等,这些与思孟学派的心性论、人人皆可为尧舜和强调主体道德自律是分不开的。反过来,佛学又进一步影响了中国儒学,尤其是宋明理学。宋明理学家中,不少学者有过出入佛老的经历。正如杜维明先生所言:"到了宋明时期,中国经过长期的佛教文化的影响和浸润,已把佛教思想融入华夏文明之中,而且也开辟出独具中国特色的佛教传统。"① 亚洲两大文明的有机融合,不但提升了儒家文化的思辨水平,促成了儒学新形态的形成,而且印度佛学更是借助中国文化而发挥光大。

上述两个文明交流、对话的事实告诉我们:如果一个文明强制性输入,甚至用刺刀和大炮迫使他人接受其"文明",用自己所臆想的"文明"去取代他人已有之文明,那么,这种文明在其发展中就变异了,异化了,就成为野蛮且霸道的"文明",文明已不再文明。以这种非文明的方式输出其所谓的文明,必然激起接受国人民的强烈反抗,冲突必然发生。平心而论,近代儒家文明与基督教文明在中国所发生的冲突,责任不在儒家,而在列强和传教士,在于其不文明的输入方式。儒家没有到西方世界去惹是生非,相反西方列强以大炮和刺刀逼迫中国政府接受在西方启蒙思想家的痛斥下久已腐败不堪的基督教,这严重伤害了中华民族的自尊心。有些传教士充当鸦片贸易的译员,侵华军队的向导,诋毁儒学,从而引起了中国人之警觉。其利以诱之、威以逼之,网罗教民之手段,无所不用其极,这些既为

---

① 杜维明. 现代精神与儒家传统 [M]. 北京:三联书店,1997:151.

儒者所睥睨，又是儒者所痛恨，故冲突起焉。近代儒家与基督教冲突的事实说明：借助老拳进行传教，以非法之手段进行传教或者输出自己的文明，必将遭到接受国人民的强力反弹！至于因厌恶耶教而迁怒于西学，因迁怒于西学而迁延中国近代化之进程更令人悲叹。儒家文化只有闲邪存诚，修身为本，躬行实践之儒生，没有将自己的历史观念、价值观念推销给他国，强迫接受国接受之儒生。即使在强大的唐朝，中国也善待一切"遣唐使"，并没有组织使团，凭借武力输出自己的文明，甚至连这样的念头在儒家系统中都不会出现。"礼闻来学，未闻往教"，以显道之尊、德之贵。在儒家看来，能四处兜售、到处贩卖的东西，肯定是"术"而非道。孔子不言兵车，墨子倡非攻而善守御，道家崇尚自然无为，中国文化之本性不是进攻性文化，而是和平主义的文化。在其长期的发展中，以儒学为主体的中国文化积聚了大量的化解冲突、与其他文明和平共处的智慧，如"和而不同"，如己立立人、己达达人，如"己所不欲，勿施于人"，如"仇必和而解"，等等，这些智慧对于处理日益紧张的文明冲突将会大有助益。

在人类进入21世纪的今天，任何一种文明独步天下、称霸世界都将成为不可能，那种"不是东风压倒西风，就是西风压倒东风"的时代结束了，追求多元文明的双赢乃至多赢才是人类文明的理性选择，多元文明的并行不悖、和谐共存是人类文明的理想境域，也是未来世界的应有之局。亨廷顿也承认："一个多元文化的世界不可避免，因为不可能出现全球性的帝国。"① 他借用皮尔森1950年的话说，人类正迈入"一个不同的文明必须学会和平共存互动，彼此互相学习的时代，他们要学习彼此的历史和理想及艺术文化，共同丰富彼此的生活。在这个过分拥挤的小世界，另一个发展是误解、紧张、冲突和灾难"②。如果说，和平与文明的未来视世界主要文明的政治、精神和知识界领袖互相了解和合作而定的话，那么这些核心文明国家的政治、精神和知识界领袖的生活态度和相处之道则左右了他们之间合作的诚意。早在1958年元旦，牟宗三、唐君毅、徐复观、张君劢就指出："到了现在，东方与西方到了应当真正以眼光，平等互视对方的时候

---

① [美] 杭廷顿. 文明冲突与世界秩序的重建 [M]. 黄裕美，译. 台湾联经出版社：1997：442.
② [美] 杭廷顿. 文明冲突与世界秩序的重建 [M]. 黄裕美，译. 台湾联经出版社，1997：447.

了。""这个时候，人类同应一通古今之变，相信人性之心同理同的精神，来共同担负人类的艰难，苦难，缺点，同过失，然后才能开出人类的新路。"① 如果说，人类文明冲突之化解，在儒家反求诸己之精神的话，那么人类任何一种文明，只具备"自美其美""美人之美"（费孝通语）是不够的，还要有"自恶其恶"之精神，一方面勇于检讨、承担自己的缺点和过失，另一方面，永不满足，知道自己努力之方向。相反，如果一味地自美其美，对其他文明大加讨伐，就会走向文化上的单边主义。人类如果要想长期共存共育的话，不同文化、不同文明的彼此尊重显得尤为重要。全球化的加速，每一个民族都有地球村村落之感，交往、交通、信息传递等等急遽增加的同时，矛盾、冲突的概率也随之增加，以宽容代替苛责，以欣赏代替鄙视，以对话代替对抗，以和谐代替冲突，这是"地球村"的不同文明相处应有之心态。

人类各大文化系统，人类的各种文明，都有生存权和发展权，儒释道耶等等，无不如此。"己欲立而立人，己欲达而达人"，每一种文化、文明的本质、独立性，都应受到敬重和维护。人类不同文化在相安相敬、和而不同中，实现应有之发展，达至理想之境。在其良性互动而非恶性诋毁中，共同成就人类文化之盛德大业。"万物并育而不相害，道并行而不相悖"，"乾道变化，各正性命，保合太和，乃利贞"，"各正性命"的儒家是理想的儒家，基督徒、天主徒是理想的基督徒、天主徒，道教、佛教亦如是。"保合太和"即由儒佛道耶之充量发展造成其充量和谐。由理想之儒家、理想之基督徒、理想之天主徒、理想之高僧大德、理想之道教高人，成就理想之儒学、理想之耶教、理想之佛教、理想之道教，贡献给充满希冀之新人类。

（原载于《中华文化论坛》2003 年第 2 期；合著者：孟德凯）

① 周阳山. 当代研究与趋向 [M]. 台北时报文化出版事业有限公司，1986：160—162.

"文明冲突"与化解之道

一部人类史，既是人类合作、互助的历史，又是人类冲突、对抗的历史。文化、文明、宗教形成之后，这种冲突提升到新层次，即心灵或精神层次。人类文明或宗教冲突的历史说明，冲突与对抗既可以发生在跨文明或跨宗教之间，也可以发生在同一文明乃至同一宗教内部。在西方世界，文明冲突、宗教战争一再发生，反观中国文明或曰儒教文明，虽也有"法难"或"教案"，然而从来没有发生过宗教战争，原因何在？

显然，这是由儒家文明与基督教文明两种不同的价值观、思考问题的方式、传教方式等多方面因素决定的。基督教文化注重纵向的人神关系，而相对忽略了横向人与人之间的关系；儒家文化虽然也注重究天人之际，但其纵向天人关系服务于或服从于横向人与人之间的关系。在基督教文化背景下，人何以应对超越而绝对的上帝成为思考问题的重心，由此形成了西方文化中的契约精神、法的精神；而儒家强调横向的人与人之间的关系，故而形成一套相处的艺术，是一种生活的智慧和软的、充满温情的人文氛围。

不可否认，在一定意义上说，儒家文化是一种普世主义的文化，故而"天之所覆，地之所载，日月所照，霜露所坠，凡有血气者，莫不尊亲，故曰配天"。基督教同样是普世主义的，所谓"叫一切天上的、地上的和地底下的，因耶稣的名，无不屈膝，无不口称耶稣基督为主，使耀归于父神"。因儒家文化是普世的，所以它攻异端，辟邪说，卫圣道，不过，儒家普世只是要求世人都应该"尊亲"，而没有要求世人都必须"尊孔"，因而它是柔性的。正因它是柔性的，所以它没有形成制度化的宗教裁判所，更不会因教义不同而发生宗教战争。而基督教坚持上帝是唯一真神，"教外无救赎"的教义，其普世主义是刚性的。

就推广方式而言，儒家文明坚持"礼闻来学，未闻往教"；而基督教一贯奉行积极的传教政策，将传教视为教徒的使命。消极的推广政策，虽有以人文化成天下的担当，但没有借助武力强行推销自己价值观念的具体举措。相反，它要求"远人不服，则修文德以来之"。积极的传教政策，耶稣告诉他的门徒"这天国的福音要传遍天下"。

当今世界，文明冲突、宗教冲突的危险正在加剧，各国不同文化背景的学者都在寻求人类文明免于毁灭之道。1993 年，美国芝加哥世界宗教大会，通过了《世界伦理宣言》；1997 年，联合国科教组织成立了"普遍伦理计划"，孔汉思继而起草了《人的责任之世界宣言》。在这些跨文化的对话中，我们认为儒家思想对化解宗教间的冲突、促进世界和谐会有一定帮助。

首先，儒家的"恕道"是人类文明和谐相处的"金律"。恕道就是仁道或者是仁的实现之道，它是孔子思想的核心价值。《世界伦理宣言》指出："'己所不欲，勿施于人'应该是通于生活的所有领域——家庭与社区，种族、国家与宗教的不可取消的、无条件的规范。"它又被称为"金律"。"金律"就是孔子的恕道。文明冲突、宗教冲突的根本原因是强势文明或宗教借助国家强权不顾他国人民的意愿，强行推销自己的价值观、宗教信仰、生活方式等等，即"己所欲，施于人"。"己所不欲，勿施于人"正是对治此种症结的良药。

其次，"和而不同"是实现人类不同文明和谐共存的良方。和同之辨是中国哲学的古老辨题，史伯曾指出："夫和实生物，同则不继。"孔子明确提出"和而不同"，并赋予和同之辨以价值意义和人文精神。他说："君子和而不同，小人同而不和。"孔子将和同之辨与君子小人之辨联系起来，使和同由描述式的论说转变为价值上的评判，这是孔子对和同观念的新发展。自此以后，"和""中和""太和"成为儒家学者的追求。

"和而不同"告诉我们，世界上不同事物的并存是必然的、合理的，世界因不同事物的存在而充满生机和活力。如果世界上只有一种事物了，那这种事物也就不能存在了，世界也就枯寂了。对世界和平的最大挑战不是文明与宗教的多样性，而是文明或宗教背后强烈的"求同"而不"存异"的独断主义或排他主义的价值观。这种价值观在"己所愿，可施于人"这种根深蒂固的理念的支配下必然导致政治的单边主义乃至强权政治，走向文化帝国主义或曰文化殖民主义。

站在和而不同的角度，审视文化普遍主义，它不仅是危险的，而且是不道德的。"君子和而不同，小人同而不和"，如果世界完全附和了某一种文明，就是陷全人类于不义。任何一种经人类心灵创造的、并经过长期历史演进证明能与时俱进的文明或文化，都具有内在的、不可代替的价值。这些文化或文明以其独特的方式表现着人类某一特定区域的生活方式、风俗习惯、思维方式，体现着人类的尊严、良知和价值。对伟大文化的持守，既是人类文化发展之必然，也是人类道德所应然。当然，和而不同绝不意味着文化部落主义，更不等同于故步自封，相反，和而不同是一种开放的、生生不息的文化观念，这一观念是人类不同文明、不同宗教实现和平共存之良方。

最后，"共育并行"是人类不同文明的最高理境。推己及人的"恕道"，"和而不同"的处世之法，是人类文明多样存在之保障，而人类多样文明的共育并存，充量发展，才应是人类不同文明实体的共同追求。这就是儒家的"万物并育而不相害，道并行而不相悖"。

在人类进入 21 世纪的今天，任何一种文明独步天下、称霸世界都将成为不可能，那种"不是东风压倒西风，就是西风压倒东风"的时代结束了，人类文明的多样并行、和谐共存是未来世界的应有之局。

（原载于《光明时报》2010 年 7 月 26 日）

中国儒学的现代转化

中国近代以来，有两种思潮对中国社会的影响非常大，一是马克思主义的中国化，一是中国儒学的现代转化。前者在革命时期，形成了毛泽东思想；到建设时期，经过 30 年的改革开放，形成了中国特色社会主义。

我以为，在未来 21 世纪的中国，马克思主义还会进一步地中国化，不断地向前发展。后者亦然，也处在现代的转化过程中。我期待中国儒学的现代转化能够与马克思主义的中国化有机融合。今天，我要重点向大家介绍的是中国儒学的现代转化。

中国儒学是什么？我的理解，可从五个方面概括其本质特征。

（一）儒学是人文化成之道

人文化成指的就是从化成角度讲的人文主义，它不是自然主义，也不是科学主义，就是人文主义。化成指教养，人文化成就是把人变得有教养的一种主义，这就是儒学。

现今，我们常用"儒商""儒将""儒官"，甚至"儒工""儒农"等来形容一个人，那么，"儒"代表什么呢？"儒"代表的是一种教养，使一个不懂礼仪规范的人变成一个知书达礼、有修养的文化人，这就是"儒"。

（二）儒学是躬身修己之学

这句话是梁漱溟说的。梁漱溟，国外称其为 20 世纪的最后一位大儒。1985 年 1 月，他在北京大学举办的中国书院和中国文化讲习班上说：儒学是躬身修己之学也。"躬身"的意思就是亲自去做，所以，儒学不是讲出来的知识系统，而是身体力行的学问。

《大学》中有句话，"有诸己而后求诸人，无诸己而后非诸人"，指的就是自己有这种优点，才能要求别人有；自己没有这种缺点，才能批评别人。孔子说的"政者正也"亦是这个道理。作为为政者，首先端正了自己才能要求别人；自身不正，难以要求别人正，所以躬身修己就是从这个意义上来说的。

（三）儒学是生活的智慧学

从社会角度讲，儒学是生活的智慧学。要理解"生活的智慧"，首先就要懂得什么是生活。生活，简单地讲就是活着。既然活着，人就应该过人所应过的生活，而不能似神仙或禽兽般。那么，什么是人的生活呢？要想回答这个问题，就要知道什么是人。

人之所以为人者，与动物的不同之处就在于"人伦"二字。虽同有雄雌、男女之分，但人却有父子之亲、兄弟之爱、朋友之情。"人伦"就是人与人之间相处的最根本的原则。儒家认为，人有最基本的五伦，即"父子有亲，君臣有异，夫妇有别，长幼有序，朋友有信"。

（四）儒学是内圣外王之道

修身的目的是为了生活，为了处理好"人伦"关系。但是，人仅处理一般的人际关系还不够，还要处理生命个体与社会之间的关系。因为人不仅生活在家庭、人际关系中，还生活在国家、社会中。人和国家、社会的关系，用儒家的话讲就是内圣外王之道。

张横渠的"四句教"很好地表达了从孔子到孟子历代儒家一直且一定肩负的天下使命的含义："为天地立心，为生民立命，为往圣继绝学，为万世开太平。"可以说，儒家肩负的使命不为一世，不为一时，而是为万世开太平。这就是其内圣外王之道。

（五）儒学是天人性命之学

西方处理人与自然的关系，叫作"天人相分"；中国则称之为"天人合一"。中国人认为生命来自天地，天为父，地为母，整个宇宙就像一个大家庭。在家庭中，孝敬父母是必须的。那么，既然要孝敬天地，我们就不仅仅要做民族的孝子贤孙，更要做天地的孝子贤孙。何谓天地的孝子贤孙呢？悖逆天道，违背天理，驳逆人伦，这样的人只能是天地的忤逆之子；只有秉持天德和地德、效法天道的人，才可称为"天地的孝子贤孙"。如何效法天道呢？清华大学的校训"自强不息厚德载物"中，"自强不息"讲的就是天道，天道即天德。"夫大人者，与天地合其德。"所以君子要像天那样自强不息，像地那样厚德载物，这样的人才是天地的孝子贤孙。

儒学的开放式转化

儒学是人学，是为所有称之为人的人而设计的。从人禽之辨的角度说，儒学是人之所以为人，人怎样才能成为人，人怎样做人的学问；从与一神教相比较的角度说，儒学不是出世的或者超世的神学，而是入世的人间学问；其解决的问题，不是天国的问题，不是来世的问题，而是现世的人间问题。

中国儒学现代转化的求索历程自明代中晚期，西学通过耶稣会士传入中国起，先人们就已经开始为如何消化西学的问题而努力了。然而，西学真正大规模进入中国，且对儒学构成直接威胁却是在又 840 年之后。

（一）中国儒学现代转化溯源

1. 龚自珍和魏源。

现代儒学的萌蘖可远溯于龚自珍（1792—1841）和魏源（1794—1857）。

龚自珍提出：国家必须要改革，必须要向西方学习，只有更法、改革，才能挽救危机。

魏源是放眼看世界的第一代中国人，提出了一个非常著名的口号："师夷之长技以制夷。"他认为向西方学习是大规模的，"凡有益于民用者，皆可于此造之"。意思是，但凡对老百姓有利的，我们皆可学来，自己制造。可以说，"中国制造"这一观念可溯源至此。这就是魏源的主张。

龚自珍、魏源两位儒家人物，可谓新思想萌芽的始祖，他们齐而呼吁变法，提出向西方学习，是儒家的经世致用思想使然。

2. 曾洪之争。

洪秀全，"太平天国"的创建者及思想指导者，将大家熟知的《三字经》中"人之初，性本善。性相近，习相远"，改成了"皇上帝，造天地，造山海，万物备，六日间，尽造成，人宰物，得光荣"。这完全变成了基督教的内容，所以说，洪秀全当国定会在中国实行彻底的基督化政策，全国人民都会变成基督教徒。因此，曾国藩才会有这样的惊呼：太平天国"举中国数千年来礼义人伦，诗书典则，一旦扫地荡尽。此岂独我大清之变，乃开辟以来名教之奇变"。

曾国藩认为太平天国运动从根本上而言就是一次文化的冲击。冯友兰先生曾就洪秀全和曾国藩之争说过：这不仅仅是一场革命与反革命，起义者与镇压者之争，更是一场文化之争。所以说，曾洪之争，既是军事之争，也是儒家与耶稣教、基督教的一场文化较量。

在这场儒家文化与西方基督教文化的斗争中，儒家暂时占据了上风，取得了胜利，宣告了洪氏基督化中国设计方案的破产。

3. 洋务运动。

太平天国农民运动虽然失败了，但民族危机日益深重，列强乘中国衰弱之机，对中国虎视眈眈。中国正遭遇着"三千年未有之强敌"，中国社会正经历着"三千年未有之变局"。这是李鸿章在《筹议海防折》中说的。

要把中学和西学有机地融合起来，就要新、旧兼学。四书五经、中国史事、政书、地图为旧学，西政、西艺、西史为新学。两江总督张之洞说：以旧学为体，新学为用，不可偏废。"旧学"即"中学""内学"，治身心；"新学"即"西学""外学"，应世事；二者为"体用"关系。这一主张，我以为，直至今日仍有参考价值。1894 年 7 月，中日甲午战争爆发，北洋水师全军覆没，宣告了洋务运动"变末不变本、学器不学道、引用固体的改革方式的失败"。但是，"中体西用"作为第一个处理中西文化关系的范式却保留了下来。尽管受到严复、康有为等维新派的严厉批判，但它影响深远，时至今日，虽然人们对"体""用"的解释会有所不同，却依然没有完全摆脱"中体西用"的影响。

（二）中国儒学现代转化的初步尝试

1898 年 6 月 11 日，光绪帝下诏书《明定国是》，主张变法维新。6 月

19 日，康有为奏光绪帝《请尊孔圣为国教立教部教会以孔子纪年而废淫祀折》，系统地表达了他的孔教主张，可称得上近代中国孔教运动中的第一个系统的纲领性文件。其主要内容如下：

1. 尊孔教为国教，立孔子为教主。
2. 在中央设立教部，中央以下设立教会。
3. 罢弃淫祀，主张民间立孔庙祀孔。
4. 以孔子纪年。

显然，康有为力图通过对西方基督教形式上的模仿，完成孔教的宗教化改革，完成儒学向新形态的过渡，但是他却失败了。这是由于孔教运动与旧派人物，尤其是与袁世凯、张勋复辟活动相呼应，引起了激进知识分子的强烈不满。人们由痛恨袁世凯、张勋等复辟而憎恶康有为的孔教会，由厌恶孔教会而累及整个儒家文化系统。

康有为孔教改革的失败，固然有着非常复杂的社会原因，但就孔教运动自身而言，有两点值得注意：

第一，对西方基督教做了形式主义的外在模仿，这种形式主义的模仿导致孔教运动腹背受敌，一方面它引起理性的、没有宗教情感的儒家知识分子的激烈反抗；另一方面，由于定孔教为国教，又引起宗教人士尤其是基督教人士的深深忧虑。

第二，借助外在的政治力量推行孔教，而忽略了儒学自身内在力量的挖掘，是导致其失败的另一原因。政治力量对儒学的现代转化是一把双刃剑，有利有弊，一不小心就可能伤害了自身。

（三）中国现代儒学的奠基时期

康有为孔教运动的失败意味着制度化儒学的努力破产，怎样才能使儒家复活？什么才是儒家永恒的精神？这是许多儒家学者思考的问题。在反孔的滔天声浪中，梁漱溟先生挺身而出："孔子之真若非我出头倡导，可有哪个出头？"

梁漱溟有感于西学有人提倡，佛学有人提倡，只要谈及孔子就羞涩不能出口的现状，怀抱着为儒家打抱不平的心态来为孔子出头，这一出头，则不同凡响，揭开了中国儒学现代转化的新篇章。

梁漱溟认为康有为的孔教改革之路必然失败，他批判康有为：冒孔子之名，丧失孔子精神。晚世所谓今文家者如康长素之流，其思想乃全在于此《大同书》。康有为根本不曾得到孔学要领，满腹贪羡私情，见解与墨子、西洋同其浅薄。数十年来冒孔子之名，将孔子精神丧失干净！

梁漱溟抛开儒家文化的一切外在牵累，包括制度的、礼俗的、官方化等牵累，直透孔学的内在精神——仁，通过对孔子仁的创造性诠释，进而转活儒家哲学，复兴儒学。

梁漱溟引进一种观念——意欲，英文是"will"，就是意志、意欲、欲望的意思。他说：西方化是以意欲向前要求为其根本精神的，中国文化是以意欲自为、调和、持中为其根本精神的，印度文化则是以意欲反身向后要求为其根本精神的。

梁先生在比较了中西印三大文化系统之后，对世界文化的现状和未来作了预测。他认为，现在西方文化的路向已经走到了尽头，其征服自然的态度所产生的物质文明和科学方法已经走向了反面，不仅不能给人类带来幸福，而且还会给人类带来灾难。西洋人已经由过去物质上的不满足转为精神上的不安宁。

这就迫使西洋人由第一条路向转向第二条路向，即儒家文化的路向。由此他大胆预言：现在是西洋文化的时代，接下去便是中国文化复兴成为世界文化的时代。

继梁而起，先是张君劢倡导新宋学，主张取资本主义与社会主义之长，建立混合经济模态，强调德与法。众所周知，要严正地定法、立法，严格地执法，就需要有德行的人去做。接着，熊十力以大易为宗，重建儒家道德的形上学，转活陆王心学；而冯友兰则顺程朱理学的义理方向，融合西方实证主义哲学的逻辑分析方法，再度复活程朱理学；另外，马一浮、钱穆、贺麟等学者在中国儒学现代转化中亦各有建树。众多儒家学者通过努力，使20世纪30年代到40年代的中国展现出了新的生机与活力。

（四）港台新儒学

20世纪50年代，当中国内地全面进行马克思主义教育的时候，留在内地的新儒家代表梁漱溟、熊十力、冯友兰、贺麟等已不再展开自我理论的创造。而张君劢、钱穆、唐君毅、牟宗三、徐复观等来到台湾、香港等地，以新亚书院和人文友会为阵地，从事着中国儒学的现代转化工作。

1958 年元旦，唐君毅、牟宗三、徐复观、张君劢四人联名发表《为中国文化敬告世界人士宣言》，标志着海外新儒学的真正崛起，同时意味着中国儒学的现代转化进入新的阶段。

之所以发表此宣言，是因为有部分人认为中华文化已是花果飘零；在西方汉学家的眼中，已成为古董，是一死物。然而中国文化并没有死，它只是病了。病和死是不一样的，病了可以救治，而死了就只有消亡，像古埃及的木乃伊、金字塔，古希腊和古罗马文明，印度文明等。于是，他们发表宣言，以敬告世界人士，西方也应该学习东方，应对中国文化抱着同情和敬意的态度来了解和分析。

在海外新儒家群体中，唐君毅、牟宗三、徐复观、方东美等人的理论各具特色，但理论形态最为完整、系统、深刻且影响最大者首推牟宗三。这里以牟宗三为例，对港台新儒家作一简单的说明。

牟宗三认为，当代新儒家最基本的一个任务是：如何由内圣之学解决新外王的问题。内圣就是道德理性之实践，即道德实践；外王是指治国、平天下之德业；新外王，就是民主与科学。本内圣之学以解决新外王，就是由中国文化之道德理性解决民主与科学的问题。

（五）儒学第三期发展

中国儒学已经经历了两期之发展。第一期是由孔子经孟子、荀子到董仲舒，第二期是宋明理学，现在儒学则转为第三期之发展。

儒学第三期之发展关键在于儒学能否融摄西方的民主与科学，重建中国文化，开出儒学新形态。牟宗三把这一新形态概括为儒家式人文主义的彻底透出。这就是儒学第三期之发展，儒家式人文主义的彻底透出，即"三统并建"说。

道统之肯定，此即肯定道德宗教之价值，护住孔孟所开辟的人生宇宙之本源。韩愈有篇文章《原道》就是讲道统的。那么，什么叫道统之肯定呢？就是肯定中国人的价值观、是非观，肯定中国人规定的"人之所以为人之处"。"人之所以为人之处"指的就是"人伦"，而"人伦"最后的根据就是"仁义礼智","仁义礼智"的浓缩就是"仁义","仁"代表仁爱之心、恻隐之心、同情之心,"义"代表社会的公平与正义。故儒家强调:门外之治和门内之治不同,处理门内之治是"恩延义",处理门外之治是"义断恩",公平正直要高于感情的存在,要断情感。因此,处理社会问题,靠"仁义"的"义";处理家庭问题就要靠感情,这就是"道统之肯定"。

学统之开出,中国文化有道统而无学统,此即转出"知性主体"以融纳希腊传统,开出学术之独立性。一句话,就是让中国走向科学,建立起中国的学术独立性。政统之继续,此即由认识政体之发展而肯定民主政治为必然。这就是牟宗三先生全部的理论浓缩。简单讲,就是道统,加科学,加民主。当然三统不是并列的,道统是道德宗教,学统的核心是科学,政统就是民主政治。道统肯定,学统开出,政统继续,是儒家人文主义的完成,也是中西文化的自然融和,亦是儒学第三期发展的骨架与纲维。

中国儒学现代转化的启示

儒学是顺应中国文化的大流、主流而来的,儒学的创始人孔子在历史上不是诸子之一子,而是尧舜禹汤文武周公序列中的人物。孔子"以文自任","斯文在兹",不只是开一个学派、创立一家学说,而是要继承华夏文明,使其能够继往开来。所以,儒家文化历史上是,现在是,将来还会是不断走向开放、完善的思想学说。只要有中华民族在,儒家学说就不会消失,也不会消亡。百余年来,中国儒学不断转化的事实就说明了这一点。

(一) 儒学在中国有着顽强、坚韧的生命力

中国儒学植根数千年,拥有数万万信众,有着超强的生命力。经过"五四"时期打倒孔家店,"文革"时期全民性批孔运动,儒学并没有被风吹雨打去,验证着儒学的坚韧和刚强。经过梁漱溟、熊十力、张君劢、冯友兰、牟宗三、唐君毅、徐复观等大儒的努力,儒家学说不仅没有死亡,反而大师辈出,创造了一个又一个新的儒学思想系统,成就近代影响不是最大,却是创造力最强的文化学派或者思想学派。

（二）中国儒学的现代转化总是与中国社会的变革、当代世界的发展紧密地联系在一起

中国儒学的影响力虽不可与马克思主义相提并论，但其思想义理的逻辑创造力绝不逊色于马克思主义的理论创造，所以，中国儒学的现代转化总是与中国社会的变革、当代世界的发展紧密地联系在一起。

中国社会的变革对儒学而言，既是挑战又是机遇。一方面，传统社会的断裂造成传统思想丧失了制度的凭借；另一方面，任何社会的变革都迫使儒家学者必须做出回应，而对社会变革的回应又促进了儒学的新生。另外，两千年封建政体的解体，使儒学失去了政治力量的支撑，却又促进了与政治体制脱钩的学院派儒学的形成。

（三）西方文化是中国儒学现代转化的有力助因

西方文化的到来对中国儒学而言，利大于弊。没有西学的到来就没有儒学的新生，也没有新形态的儒学。中国儒学的转化就是以儒学为主体，融合西方文化，不断完善自己的过程。那么，儒学的现代转化如何走向深入呢？下一步儒学的现代转化会是怎样？

我们认识到，中国儒学的现代转化并没有完成，到牟宗三、冯友兰也没有完成，可能永远也不会完成。它永远处在不断新生，不断完善的过程之中。面对新的世界格局和中国作为世界大国的崛起，中国儒学的未来转化，我认为有这么几个方面应该考虑。

1. 在全球化中，定位儒学的未来发展。百余年儒学的发展与转化一直与民族命运、国家富强联系在一起，关心的是民族生死存亡问题，是中国如何现代化的问题，未来的儒学发展应转向与全球化发展相联系。儒家的理论自孔子起就不只是为中国人设计的，而是为全人类设计的，为一切可以称为"人"的人而设计的。所以儒家"天下为公""四海之内皆兄弟""万物并育而不相害，道并行而不相悖"等这些观念，可以为全球化时代的人类寻找到新的理论支撑。我觉得在全球伦理的实践和理论设计当中，儒家是不会缺场，也不能缺场的。

2. 关切当代社会的新发展，回应当代社会的新问题，实现儒学与当代社会的双向互动，不断为儒学的发展寻找新的动力，促进儒家理论与现代

化的双向受益。

3. 积极参与世界多元文化对话、互动，在与世界各种文化、文明的对话中成就自身的文化价值，发出中国的声音，同时汲取异质文化的因素，促进儒学现代形态的完善。

［原载于《人民日报》（海外版）2013 年 2 月 20 日第 7 版］

当代儒学创造性转化的四种方式与路径

　　儒学顺应华夏文化的大流而来，是中华文化的根干。每当面临重大社会变革或挑战，儒学都会做出自我调整，实现儒学在社会时空环境下的创造性转化和创新性发展。春秋之际，礼坏乐崩，价值失范，民无所措手足，孔子以文自任，承周公之德，祖述尧舜，宪章文武，创辟仁学这一本源性意义世界，创造性转化和创新性发展礼乐文化传统，开创了以仁为内在价值支撑、以礼为外在规范系统的中国文化传承与发展的新格局，"仁"这一中国文化"定海神针"的发现使中国文化发展有了无限延展的可能性。继孔子之后，孟子的仁义之说和荀子的礼义之统在孔子思想的格局下都是对不同问题的深化而已。董仲舒综合先秦百家之学而超越百家之学，回归"道术"，推明孔学，实现了儒学在"大一统"帝国政治格局下的新发展。面对玄学兴起，佛学东渐，北宋诸儒以儒为宗，融化玄、佛，建立起儒学新的理论体系，实现了儒学第二期之发展。晚清以降，西学东渐，国势日衰，列强环伺，中华民族遭遇"数千年未遇之强敌"，面对"数千年未有之变局"，陷入空前危机。如何才能"保种""保国""保教"，富国强兵成为晚清以来大多数中国人的梦想。为顺应这一历史变局，现代新儒学应运而生。进入 21 世纪，面对新技术革命、全球化浪潮等机遇与挑战，面对生态危机、国民信仰缺失、官员腐败、国民道德素质低下以及唯利是图的利己主义的泛滥，儒学还能有所作为吗？儒学怎样才能有所作为呢？这一问题严肃地摆到当代儒家学者面前。

一、 近世以来， 儒学自我转化的四种形态

一部儒学发展史就是儒学不断自我更新、不断自我转化的历史。仁不容已是儒学自我更新的价值根据，"日新之谓盛德""生生之谓易""唯变所适""与时偕行"是儒学自我转化的哲学基础。近世以降，面对国势日蹙以及西方科学、民主、自由等文化冲击与挑战，儒学开始了自我调整、寻求自我突破的历史过程。由此而形成儒学向现代转化的四种模式与四个形态。

其一，宗教形态。儒学由人文化成之教向宗教形态转化模式，如孔教会、一贯道、德教等都属于这一模式。此种模式力图效法基督教、佛教、道教、伊斯兰教等宗教形式，实现儒学由人文化成之教向宗教之教的转化，将儒学转化为一个建制、制度性宗教。其代表人物为康有为、陈焕章等。孔教会在马来西亚、印度尼西亚、新加坡等华人社会至今尚存，仍然是活跃在海外华人社会的重要宗教力量。

其二，实践形态。儒学现代化形态是在对宗教化形态的反省、批判基础上发展而来的。狭义上讲，实践形态是指梁漱溟等人先在河南、后在山东推行的"乡建运动"；宽泛地讲，阎锡山在山西从事的"家性教育""村政自治"，蒋介石发起的"新生活运动"等都属此类，但以梁氏的乡建运动最为典型。

其三，民间形态。此形态以王凤仪的"善人道"、段正元的"道德学社"等最为典型。善人道长期在底层社会传播，以俗语俚话传播儒学，似难登大雅，一直不被学界所重视。其流风余韵，至今犹存，在山东、河北等地乡间、城区仍然活跃。

其四，知识形态。为应对西学的挑战，当代儒学开始了理论形态的自我转化过程，借助于西方哲学，在现代规范学术体系下完成了朱子学、陆王心学向现代形态的转化，熊十力、冯友兰、贺麟、唐君毅、牟宗三、徐复观等是其中的典型代表。以牟宗三的承续道统、开出学统、完成政统即"三统并建"最为典型。

四种形态是近代以来中国有识之士对儒学自我转化做出的有益探索。孔教会、一贯道、德教等力图将传统儒学转化为制度化的、刚性的信仰体

系，代表了儒学面对西方文化尤其是基督宗教的挑战做出的回应；而"乡建运动""家性教育""新生活运动"是儒家信仰体系崩解之后对儒学的再建运动，代表着传统断裂之后儒学的灵根再植；"善人道""道德学社"既是传统儒学传播方式的延续，又是儒学民间化道路的新拓展；知识性形态的儒学是当代儒学发展的最高成就，代表了儒学面对西学尤其是西方哲学的挑战而做出的学术化回应。

现代儒学的四种形态，也可以说是儒学现代转化的四种方式和向度，代表儒学现代发展的新路径，是儒学成长的新方式。然而四种形态各有所长，亦各有所偏，孔教会、一贯道、德教等儒学宗教化转变方式得之于"政"，亦失之于"政"。得之于政是指实现了儒家信仰的体系化、组织化建构，失之于政是指孔教会过度依赖政治组织尤其是官僚集团推展儒学，结果激进知识分子由于厌恶黑暗政治而迁怒于孔教会，因厌恶孔教化而迁怒于孔子乃至整个中国文化系统则为孔教会诸公始料不及，今日所有想重走康有为老路的孔教会人士都应吸取这一经验教训。梁漱溟先生所倡导的"乡建运动"因厌恶康有为等人对孔子、对儒家过度功利主义的解读而要求回到泰州学派，沿阳明后学社会实践的路向，从基层做起，培本固源，实现儒学的现代转换。乡建运动也好，村政自治也罢，最大意义在于接地气，其失在于过于"着实"。由于埋头于村民自治、自救运动之具体事务而淹没了具体事务后面的精神价值、人文理想乃至忽略了对道的追求。王凤仪的"善人道"和段正元的"道德学社"既不依赖政治组织，也不依附政治势力，在民间传道，他们可能比梁漱溟先生的乡建运动或乡村自治更接近泰州学派。善人道长于传道，化性了道，直面受众，然而短于说理且驳杂不纯，"认不是"作为"化病"乃至治病的良方可谓荒诞不经。知识形态的儒学长于说理，而短于实践。理论体系越精细、越高远，离百姓生活就越远。

二、 当代儒学自我转化的面向之一： 由伦理规范体系向大众信仰转化

进入 21 世纪，中国社会经济快速成长，中国已经成为世界第二大经济

体，而且成为全球经济发展的重要引擎，"仓廪实而知礼节，衣食足而知荣辱"。中国人已经由物质上的不满足转化为精神不安宁，人们"饱食、暖衣、逸居而无教，则近于禽兽"，引导人们向精神方向发展，过一种理性、高雅、有品位的精神生活是当代儒者的重要使命。

儒学是中国文化的根干，是人伦日用之道。长期以来，人们一直视儒学为一套伦理规范系统，在黑格尔的笔下，孔子"只有一些善良、老练的、道德的教训"，"一种常识道德"，① 这一观念直接影响了世人对儒学、对孔子的认知与评判。熊十力、冯友兰、牟宗三、唐君毅等人努力实现儒学的哲学化、思辨化、体系化，旨在回应黑格尔式的对儒学的这种认知与评判。冯友兰的自然境界、功利境界、道德境界、天地境界四重境界说，向世人展示了儒家复杂的理论体系，同时也向世人展现了道德境界之上超越道德境界的天地境界。天地境界就不再是一些道德常识，而是对哲学与宗教的超越，是对不可言说者言说，对不可思议者进行思议，这里不是思辨，却高于思辨，超越思辨。唐君毅九境哲学，判天德流行境界或天命流行境界为最高境界，而西方思辨哲学、基督教教理、佛教教理乃至道教教理远未达此境界，达此境界者只有儒家。牟宗三认为儒家是一种道德宗教，即道德即宗教，在中国哲学无论是儒家的性智，还是道家无的智慧，或佛教的空智，都承认人有可能智的直觉，而康德对人类知识的划界，未能彻法源底，不能穷极究境，了无道体，尤不见根。当代新儒家最大的贡献就是驳斥了黑格尔等西方哲学家对中国哲学尤其是儒家哲学的轻蔑，重建了中国的形上学体系，证明了中国哲学的信仰意义与价值。

不过，熊十力、冯友兰、唐君毅、牟宗三等人的理论成果没有引起人们的高度关注，当然因此也未转化为现实的"生产力"，即接受他们的思辨成果进而激活儒家信仰意义，建立起儒家即现实即理想和由理性通信仰的国人普遍信仰体系。这不能不说是当代儒学自我转化中的一大憾事。

21 世纪的儒学是在 20 世纪的儒学发展基础上进一步拓展，而不是推翻或颠覆 20 世纪的儒学已有成果而重新再来。21 世纪的最大问题是国人信仰的重建或精神家园的重建问题，孝、悌、忠、信、礼、义、廉、耻是儒家

---

① ［德］黑格尔. 哲学史讲演录［M］. 第一卷. 王太庆，译. 北京：商务印书馆，1997：119.

的核心价值观，而这些核心价值观作为中华文明的 DNA 成为中华文明之所以为中华文明之处，也成为全球华人共同信守的道德准则。将这些道德准则转化为信仰依皈是当代学人的重要责任。

儒学是否是宗教，这里不予讨论，但儒学作为一种信仰体系则完全成立。我们认为，21 世纪儒学的自转化问题不是儒学要不要宗教化的问题，而是如何强化儒学的信仰意义的问题。根于人性或者说象征着人之所以为人的仁义既是儒家信仰的对象，也是儒家信仰的价值支撑，也是儒家信仰的入路与门径。"居仁由义"是儒家信仰者的精神栖居之所与处世原则，"由仁义行，非行仁义"是儒家信仰的出发点，"杀身成仁""舍生取义"是儒家信仰者对超越自然生命之上的道义的追求。

儒家信仰由早期的人格神信仰经过春秋战国时代人文主义的觉醒，实现了由人格神上帝向人自身的转化，儒家没有向西方一神论方向走，而是向含义宽泛的天、天命、天理方向走。天、天命、天理取代人格神的上帝，实现了儒家信仰的革命性变革。天理昭昭、天理昭然，人们遇见不公，常常喊出：天理何在？在儒家信仰者那里，天理是至正、至公、至平的，善恶到头终有报，只争来早与来迟。若问天理在哪里？儒家信仰者会说，天理无所不在，无时不在。

天理是超越的，同时又是内在的。因为它无所不在，无时不在，因而人在做，天在看，这个天是外在的、客观的、超越的，但当说天理无所不在时，天理自在人心，公道自在人心，天理就在人们的心里，只要人的良知未泯，人心即天理。天理在这里是内在，是人人具有的良知良能。这个内在的天理就是孟子所说的良心、良知，故而儒家的信仰者面对无奈时，会问对方：你良心何在？你良心安否？难道你良心被狗吃了吗？儒家的信仰者对外所关注的不是头顶上的星空，而是天理、天道、天命，天理、天道、天命比具象的头顶上的星空更具有普遍性、绝对性、真实性；而良心安否，也比内在道德自我律令更活泼、鲜明。

天理良心或天地良心在中国人人皆知，人人皆信。贫民教育家武训没有上过一天的学，自然不识字，也没有读过儒家的书或受过儒家理论的训练。当郜若纯这位劣绅赖了他的账，反而诬陷他敲诈时，他说："人凭良心树凭根，各人只凭各人心，你有钱，俺受贫，准备天上有真神。"武训的

"人凭良心"和"天上有真神"只是中国普通百姓的基本表达，这是中国人根深蒂固的信仰，只要是中国人，可谓人人都信，无人不懂。

天理良心是儒家信仰的最终根据，而礼义是儒家安排人间秩序且保证人间秩序正常运转的基本规范。任何信仰系统乃至一切宗教系统都要对人间秩序做出适当的安排，以保证人们日常生活的正常运转，而儒家的"三纲八目""五伦""五常""八德""十义"以及生、冠、笄、婚、嫁、娶、丧、祭等等礼仪规定，对人从生到死都做出了周详的安排。牟宗三先生曾称其为"人文轨道"。

儒家理论系统本来就是信仰系统，本来就是华人的信仰，至少是华人信仰的底色。然而，近世以来，西学东渐，人们以西学尤其是西方分科原则割裂儒学，儒学既非哲，也非史，也非文，既是哲学，也是史学，也是文学，也是政治学、经济学、管理学、美学，等等。在西方学术框架下，儒学什么都是，又什么都不是，至今不能在西方分科教育体制下找到自己的位置，得到安顿。割裂后的儒学在社会大众那里成了道德的伦理规范，而不再具有信仰的意义。儒学是宗教吗？近代以来学界一直存有争议。这样问是以西方一神教尤其是以基督教为框架去拷问儒学是否是宗教，而传统中国长期以来一直以儒、释、道三教并称，并没有刻意突出儒与释、道之不同，那是因为"教"与非教的标准与尺度不在释、道二者那里，而在儒家那里，信神不一定是教，只有"修道之谓教"，只是信神、让人信上帝而不修道就不一定是教。教都不是，何宗教之有？近代以来，评判是非教的尺度变了，标准变了，是不是教，以西方的一神宗教说了算，而不是由儒家说了算。在西人宗教框架下去思考儒学本身，儒家人物是进退失据，无所适从，既有模仿西方宗教的孔教会组织，也有坚决不入西方宗教樊篱的理性主义者，如梁漱溟、熊十力、徐复观等。问题是不以西方宗教为标准，儒家的信仰系统如何才能确立？

问题是我们一开始就很自觉地进入了西方人设定的理论框架，以为非如此，不能显中国文化之高明，显儒学之现代性乃至后现代性。儒学作为人类文化的独特形态在追求国际化、世界化的过程中或者在寻求西方人的认同中迷失了自己。我们并没有用中国的语言讲好儒家的故事，结果我们往往用半生不熟的西方语言来叙说、肢解儒家的故事，因而儒家自我主体性的重建、自信心的找回可谓当世之急。走出西学对儒学的肢解与割裂，回复儒学信仰之本真，让儒家信仰系统重新安定华人世界的精神生活，是当代儒学自我转化的重要向度。

三、 当代儒学自我转化之二： 由小众信仰向大众信仰的转化

孔子以文自任，承尧、舜、禹、汤、文、武、周公之统，担当起传承华夏文化的大任，且自觉地顺应华夏文化的大流、主流而继往圣，开来学。孔子打破"学在官府"的局面，开创私学，奉行"有教无类"的原则，将教育向全社会开放。孔子的办学，与其说是专门的"教育"，不如说是向全社会开放的"教化"。虽然他奉行精英治国的理念，但在教化方面他并没有分大众与精英。孟子的"人人皆可为尧舜"，荀子的"涂之人可以为禹"，也不阻断大众教化之路。

自秦汉博士官设立以来，儒学有了师承家法，由原来向全社会开放的教化之学转化为经生文士之业，成为专门之学。而科举取士制度的设立，固然有利于儒学普及与传播，同时也不可避免地提高了儒学的入场门槛，促使儒学在社会金字塔结构中重视上行而不是下开。谭嗣同在论及儒学传播时曾指出：中国"府厅州县，虽立孔子庙，惟官中学中人，乃得祀之；至不堪，亦必纳数十金鬻一国子监生，始赖以骏奔执事于其间。农夫野老，徘徊观望于门墙之外，既不睹礼乐之声容，复不识何所为而祭之，而已独不得一与其盛，其心岂不曰：孔子庙，一势利场而已矣。如此，又安望其教行之哉？"[①]农夫野老徘徊观望于孔庙门墙之外，这是数千年儒生的耻辱，更是儒家教化的悲哀！由于儒家信仰没有转化为普通民众信仰，儒教只是官中学中人之教，结果"小民无所归命，心好一事祀一神，甚且一人祀一神，泉石尸祭，草木神丛，而异教乃真起矣"。[②]

当然，谭嗣同道出了儒家信仰普及之不足，致使普通百姓异教泛滥、多神崇拜，不过，平心而论，民间儒生一直做着儒学在乡间的教化工作。

---

① 谭嗣同．谭嗣同全集［M］．北京：中华书局，1981：353.
② 谭嗣同．谭嗣同全集［M］．北京：中华书局，1981：353.

儒家教化主要在两方面展开：其一是家庭，在家庭中首在敦人伦；其二是社会，在社会上主要是正风俗。儒学之所以深入人心，儒家的孝、悌、忠、信、礼、义、廉、耻之所以成为中华文明的 DNA，人们之所以至今依然认为"在家尽孝，为国尽忠，天经地义"，原因在此。"读书志在圣贤"，不徒科场，这是知识精英对儒家信仰的回归，也是儒家士大夫对儒学信仰的自觉。明中期以后，阳明后学尤其是泰州学派自觉地走向民间，教化大众。"固知野老能成圣，谁说江鱼不化龙。"颜钧、韩贞、朱恕等，努力将儒学由"士"的信仰转化为"民"的信仰。

泰州学派将儒学由士的信仰转化为民众信仰的努力最终还是夭折了。先是张居正毁书院，禁讲学，继之大明倾灭，满清入关，打断了儒学发展的固有进程。泰州学派虽时隐时现，但再也没有成为时代的"显学"。20 世纪 30 年代，梁漱溟先生先在河南，继之在山东，从事乡村建设运动，有人称为"新泰州"，但随着倭寇的铁蹄蹂躏华夏，梁先生通过改造乡村文化生态，自下而上实现中国现代化道路的方式被打断了。

20 世纪是儒学衰退的世纪，也是儒学自我转型的世纪。进入 21 世纪，儒学的命运发生了根本性的变化。20 世纪初的新文化运动和 70 年代那样的大规模地批孔反儒运动很难再来，多数有识之士意识到，在全球化的今天，只有保持本民族的自我认同，才能自立于世界民族之林；一个忘却自己民族信仰、没有自己精神支撑和文化徽记的民族是不值得尊敬的民族或者说不是受尊敬的民族；一个丧失了文化自信甚至丧失了自己文化特征的民族就不再成其为独立的民族。走出传统儒家信仰只是士大夫精神信仰的迷思，让儒学成为华夏民族共有的精神信仰在当代中国有特别的意义，因为这不仅仅是儒家影响面的扩大，更是中华文化传承方式的转变，中华文化的道之传承由少数学者的担荷转化为全民族的责任，"为往圣继绝学"不再是少数学者或经生文士的专门之学而成为全民性共业。

儒学由小众走向大众至少要做好如下工作。

首先，广建书院和学堂。书院是儒家讲学、研究、藏书的重要机构，它如同基督教的修道院，佛教的佛学院、寺院，道教的道观一样，是儒家的道场，是儒家的精神之家。据相关学者统计，现在有书院之名的文化团体、办学机构、企业会所等多达 1500 多所。然而全国仅县、区级行政机构就多达 2860 多个，平均每个县级单位还不到一所。广建书堂、学堂、精舍、国学馆、国学堂等，只有如此，儒学才能在基层社会扎根。

其次，实现儒学由小众信仰向大众信仰的转化需要千千万万的志道、传道、弘道的志工。书院作为道场，既可以弘道、传道，也可以培养千千万万能面向大众直接陈说的志工。在志工队伍还没有完全成熟之前，高等院校、研究机构的儒家学者走出书斋，走向基层社会，直面大众，陈说儒学主张，讲明圣学，诠释儒家义理，引导百姓认同民族精神，重建儒家伦理规范，敦人伦，正风俗。尼山圣源书院的学人在山东推动乡村儒学，一些民间善士所做的社区儒学等，都为儒学由小众信仰向大众信仰转化做出了有益的探索。

再次，利用现代传媒手段，在民众中不断强化、扩大儒家的声音。书籍、报纸、杂志、电台、电视等传统媒体对宣传儒学的作用不可低估，而网络、微信等新型传媒的出现，将全民带入自媒体时代。基督教、佛教等都拥有自己的杂志、电台、电视台、网络，在传播方式上占得了先机。儒家信仰不是建制化、组织化的宗教，没有组织化传播体系，在"古闻来学，未闻往教"这一思想的影响下，传统儒家将其传播过度依赖于政府与学校，一旦政府反儒学、学校废经不读，儒家学者将一片茫然，无所适从。儒学的自我转化包括自我传播体系的转化，由过度依赖政府到依赖民间自组织转化，利用传统传播方式及现代手段，扩大儒家的话语权，让民众听到儒家的声音，在众多信仰中增加儒学这一信仰，让民众多一个选项，以促进中国文化的多样性发展，这也是儒学由小众向大众文化转化的客观保证。

最后，儒学由小众信仰向大众信仰的转化需要进村入户，入心入脑，真正做到内化于心，外化于行，实现以文育人、以文化人的社会教化作用。人类不同民族的竞争乃至冲突历来不是单一的竞争，而是综合实力的竞争与冲突。如果说在过去的两千多年中，人类的竞争主要围绕为解决身体问题而展开的话（表现为诉诸武力以对全球或区域资源实现控制和对不同部族的人群进行人身奴役），那么进入 21 世纪，传统的竞合模式依然存在，但动辄诉诸武力去解决全球化问题显然不合乎历史发展的潮流，可以说已经行不通，"不战而屈人之兵"或"不战而胜"等新的竞争会成为 21 世纪之后不同民族竞争的新常态，即传统的身体之争延伸到心灵之争、文化之争、精神之争。欲亡其国，先灭其史，欲亡其族类，先灭其文化，进入 20世纪以来，儒家信仰的传播体系受到严重摧残，儒家知识分子只好退守书斋，眼睁睁看着儒学信仰在民间崩解而无能为力。21 世纪，当中国从沿海到内地到处树起基督徒的"十字架"的时候；自 20 世纪 80 年代以来，到处复建、兴建寺院的时候，作为中国固有信仰的儒学依然锁在高等院校、研究机构的高堂大屋之中，不少学人乃至儒家研究者对这种情形依然漠然视之，这是当代儒学发展的最大不幸！儒家人物人人守土有责，守中华文化精神之"土"，让儒家价值规范及生活方式重新回到民间，进乡村，进社区，进家庭，入心入脑，内化于心，外化于行，才能真正实现儒家的灵根再植！

四、 当代儒学自我转化之三： 实现儒学由重知到知行并进或知行合一的转化

儒家之学是生活的智慧学，是实践的学问。儒家一向认为，行有余力，则以学文，这并非轻知识，而重实践、重生活。为知识而知识，不是儒家传统，也不是儒家精神所在。儒学说到底就是要改变人们的生活，给人们提供一种优雅的生活方式，其学是因行而学，为行而学。力行是儒家在社会生活中存在的第一根基。"子夏曰：贤贤易色，事父母能竭其力，事君能致其身，与朋友交，言而有信，虽曰未学，吾必谓之学矣。"（《论语·学而》）荀子也说："不闻不若闻之，闻之不若见之，见之不若知之，知之不若行之。学至于行之而止矣。行之，明也。明之为圣人。圣人也者，本仁义，当是非，齐言行，不失毫厘，无它道焉，已乎行之矣。故闻之而不见，虽博必谬；见之而不知，虽识必妄；知之而不行，虽敦必困。不闻不见，则虽当，非仁也，其道百举而百陷也。"（《荀子·儒效》）陆游《冬夜读书示子聿》也有："古人学问无遗力，少壮功夫老始成，纸上得来终觉浅，绝知此事要躬行。"明人林鸿也留下了"一语不能践，万卷徒空虚"的名句。行在儒家思想的逻辑始点，也是儒家思想的逻辑终点。儒家信仰的逻辑建构是从行的角度立论的，而儒家思想的最终目的是利于行，为了行。

然而，自汉代以来，经生文士偏重于皓首穷经，而忽视社会实践，不

重视在生活中落实，宋明诸儒学以佛老的止观功夫替代儒学的实践功夫，降至近代，西学浸淫，致使知行两厥。在为知识而知识的原则下，文以载道、学以成圣的价值趋向以及儒家的人格实践之功夫已被赶出儒家学问研究的门墙之内。在价值中立原则的支配下，有知识而无价值，有学问而不信道，正如子张所说："执德不弘，信道不笃，焉能为有，焉能为亡？"（《论语·子张》）专业之士已不是执德弘与不弘的问题，因为执德弘与不弘，心中还存有德，而当代专业知识之士的问题是德的有无问题；以儒学为研究对象的学者们也不是信道笃与不笃的问题，而是对道信与不信的问题。道在许多当代学者那里早已被消解了，已经荡然无存，改信他道以攻圣贤之道，或借西人之利器以去圣贤之道才是不少学者的终身追求。

"读书志在圣贤，非徒科第"，这是中国传统文人的名训。今人读书全在"科第"，完全忘却圣贤或不知圣贤甚至诬圣蔑贤，失却了道之传承为理想的传统文化研究的现代学人，著书满屋，于中华文化道的承续究复何益？当然，我们不否认为学问而学问、为知识而知识这一近代知识论转向的意义与价值，但如果认为这是一切学问的全部甚至以此作为一切学问的标准，则大为不妥。笃信善道，传道、弘道是儒门信徒的应有之义，是其使命与理想。

从坐而论道到起而行之，是 21 世纪儒家学人的重要转向。当代中国，没有任何家（墨、道、法、名、阴阳等）、任何教（佛、道、回、耶等）像儒家那样在研究机构、高等院校荟萃了如此多的研究人才与学术精英，但儒家的学堂、书院与遍布城乡的"十字架"相比，甚至与到处兴建的寺院相比，情形如何呢？儒家信徒的数量与基督教的信众、佛教的信众相比，情形又是如何呢？相信每一个人心里都有数。从某种意义上说，当代中国，不乏指点江山、谋划未来、气吞千古，甚至想"为万世开太平"的"医国手"乃至"医天下手"的儒家学者，却鲜见脚踏实地、埋头苦干的儒家布道者、传道士，这是近代儒学不昌的重要原因。

21 世纪儒家人物的重要使命就是使历代圣贤的潜德幽光转化为显德明光，让儒家之游魂重新复体，使遮蔽了的"良知"在每一个人心里再现光明，让民族的灵根复活与再生。实现这一目标需要千千万万对儒学有同情的了解乃至有敬意的布道士、传道者付出艰苦的努力，需要大量的学者从坐而论道到起而行动，需要他们走出书斋，厕身民间，走向社区，走入乡村，走进学校，走向企业，与大众打成一片，真正地了解百姓，同情百姓，取信百姓，才能引导百姓向善，实现儒学的大众化、草根化、生活化、实践化，让儒学重新回归百姓生活，重新成为百姓的信仰。

如果说 20 世纪的儒学问题是面对西学挑战努力实现自身理论的现代性转向的话，那么 21 世纪的儒学问题是儒学由理论到实践层面、操作层面的转化，到百姓生活中去落实，由知到行或者说由重知识到重行动的转化。

那么儒家学者如何行或怎样行？有的学者主张走"上行"路线，认为只有通过自上而下的推行儒学才有复兴的可能；有的主张走"下行"路线，认为自下而上才最为可靠。我们认为，儒家的基本精神是随感随应、当下即是，因而儒学推行不必设地画牢，而是要因地制宜，能行则行，能行就行，怎么方便即怎么推行，就是说一个人所处区域不同，在社会结构中的位置不同，社会影响力的大小不同，应根据自身的特点制定符合自己特点的行动方案。一位中学或小学教员，就根据自己的课程特点去推行；一位班主任，就在自己的班里推行；作为校长，可以在自己学校里推行；一位教育局长，就在自己所属的教育局里推行；一位企业老板，就在自己公司去推行；一位村主任，就将自己治下的村落打造成儒风孝道之乡……一句话，儒学推广是人人可行，人人能行。

能行则行，当下即行，包含两层意义：一是身体力行，二是推行之行，这两层含义是互为因果的。只有自己身体力行，才能去推行；而推行本身就是身体力行的重要方式。自己不力行，无法让别人去行；要求别人行，首先是自己行；只是自己行，而不去推行，可谓"明明德"，没有"亲民"；既身体力行，又努力推行，才做到了既"明明德"，又"亲民"，此可谓明体达用。

他山之石，可以攻玉。儒学是一个开放、包容的思想学说与信仰体系，学习他者是儒家文化的重要特征。今天的儒家信仰者必须虚心向基督教、佛教等布道者学习。当激进的知识分子从事家庭革命的时候，基督教在中国悄悄走进了家庭，创设基督教家庭教会；当乡村衰退、荒芜，成为留守的"三八"（妇女）、"六一"（儿童）、"九九"（老人）时，基督教走入乡村；而佛教尤其是台湾的人间佛教通过慈善、演讲录、光盘、电台等各种方式收引信众，这些推行模式儒家信仰者都应学习与效法。

五、 当代儒学自我转化之四： 由区域性精神资源向全球性资源的转化

孔子是鲁国人，但孔子学说不是为鲁国人设计的，而是为天下人设计的。儒学是中国的，同时也是世界的；儒家的价值观不仅仅适应于中国人，也适应于所有的人或者说所有称之为人的人。儒学顺应中华文化的大流而来，由中国主流意识形态而走向东亚，甚至通过传教士传入欧洲，这就告诉人们，儒学可以而且能为所有称之为人的人所理解。

早在公元前3世纪的箕氏时代，孔子思想与汉字就一起传到了朝鲜。1世纪到7世纪，朝鲜半岛分高句丽、百济、新罗三国时代，儒家思想成为朝鲜半岛的主流意识形态。372年，高句丽模仿中国的教育制度建立"太学"，以儒家的五经即《诗》《书》《礼》《易》《春秋》和前三史即《史记》《汉书》《后汉书》作为教育贵族子弟的教材，并且派留学生前往中国学习。韩国是当今世界保留儒家传统最好的国家之一，韩国同时是当今世界唯一为孝立法的国家，世界上唯一设孝学科的国家。在韩国的历史上，出现了像李退溪、李栗谷、曹南冥等一些儒学大师。

韩国在成均馆举行的祭孔典礼是当今之世最富有文化意义与敬仰意义的祭礼典礼之一。本人在韩国成均馆大学明伦堂前目睹且感受过庄重、典雅的"告由礼"，有幸看到过在成均馆明伦堂前依照明代的礼乐举行的婚礼。韩国传统的园林艺术、建筑都带有浓厚的儒家气息，如由韩国著名儒家人物宋时烈（1607—1689）创建的位于韩国忠清北道槐山郡华阳里的华阳九曲园林就体现了这一特点。其中"华"即中华，"阳"即《易经》一阳来复之意。华阳九曲园林希望中华能否极泰来，重新复活。宋时烈，相当于中国明末清初时期的韩国名臣、儒家学者。该园林布局处处体现出"小中华"的意境。宋时烈等韩国名儒对儒学的热爱，一点也不逊色于顾炎武、王夫之、黄羲之、朱舜水等人。一位韩国儒者为什么对儒学有如此情怀呢？是因为儒学在韩国已经成为儒教徒们的人生信仰。

有的学者认为，早在春秋时代，越王勾践灭吴，吴国大量难民东渡日

本，有的日本人认为自己是泰伯的后代。方士徐福东渡，带着三千童男童女、百工、五谷种子，不知所终，有人认为去了日本。日本多处有徐福的遗迹、故事流传。日本前首相羽田孜认为自己的祖先姓秦，是徐福东渡之人的后代。

儒学作为一种学说是通过韩国传入日本的。百济学者阿直岐以及王仁带着《论语》十卷、《千字文》一卷进入日本。604 年，圣德太子以《论语》《孟子》为根据，制定宪法，即圣德太子宪法，根据中国的典章制度进行改革，即大化改法。630 年起，日本先后派出了 13 批，总计约五千人的遣唐使，大规模地学习中国文化，主要是儒家文化。

江户时代（1603—1867）长达 260 多年的时间里，儒教在日本盛极一时，由宫廷普及到民间，成为日本人的普遍信仰，出现了诸如朱子学、阳明学、古学、折中学等众多学派。1868 年，日本通过明治维新，走向了近代的天皇制，开始了脱亚入欧的过程。

中越之间山水相连，为中越之间的文化交流提供了便利。而秦汉到唐代，越南长期处在中国的统治之下，政治制度、文教制度乃至语言文字等各方面深受中国文化的影响，加上越南早期典籍认为自己是神农氏的后裔，进而强化了越南与儒学之间的亲和力。儒学在很早就传入越南，传入越南的时间不会晚于传入朝鲜半岛的时间。前 214 年，秦王朝平定越南，在越南中北部设象郡，随后迁入手工业者、商人、囚徒以及士人，儒学随之带入。前 111 年，汉武帝平定乘中原内乱建立的割据势力，在越南中北部设交趾、九真、日南三郡。直到 968 年，越南才取得了半独立的状态。此后越南经历了丁朝、前黎朝、李朝、陈朝、后黎朝、阮朝等时期，直到 1884 年，越南沦为法国殖民地，才结束了与中国的藩属国关系。在近千年的历史进程中，儒学长期扮演着越南的主流意识形态角色。儒学同样随着华人向东南亚迁徙，进入了东南亚地区。新加坡、马来半岛、菲律宾、印度尼西亚等地区，孔教会、儒学会等社团在这些地区依然存在，不少华人依然保持自己的文化传统。

明朝中期以后，欧洲耶稣会士源源不断地来到中国，由沿海而内地，力图打开向中国传教之门。他们在向中国输入基督教的同时，也带来了西方的文化。为了传教的便利，自罗明坚、利玛窦、殷铎泽、艾儒略、南怀仁、白晋等人起，就学习华语，顺应中国的习俗，穿上儒服，个别人甚至要求归化中国。不熟悉儒家经典，就无法与中国上层士人对话，他们开始研究儒学经典，翻译并介绍儒家经典到欧洲去。儒家经典的翻译与介绍在欧洲产生了重要的影响，德国哲学家莱布尼茨、沃尔弗，法国百科全书派的思想家霍尔巴赫、伏尔泰、狄德罗，重农学派的代表人魁奈，等等，都深受儒家思想的影响。朱谦之先生曾说："百科全书派在法国风动一时，其来源则在中国，这一点很少人注意到。""百科全书派崇拜理性，其结果在法国革命的时候，便有人提倡理性教为国教……实际则此理性的宗教正是在华耶稣会士所极力攻击的'理'之变形，是从中国贩出来的。"① 孔子曾对欧洲产生过重要影响，相信未来依然会产生影响。

儒学产生于中国，从源头的意义上讲，它属于区域性文化资源或精神资源，然而它具有普适性，故而它拥有走向世界，成为全球性资源的意义与价值。首先，儒家的人禽之辨指向普遍性或普适性，儒学本质上是人学，是哲学的人学，人禽之辨是其哲学的逻辑起点。儒学关注的中心问题是人与禽兽的本质差异在哪里的问题，人怎样才算是人，人如何成为完美的人、理想的人的问题。无论东方人，还是西方人，只要是人，只要人还想做人，儒学对人就有启发与意义。其次，儒学理论本身积极地推展其普遍性，"是以声名洋溢乎中国，施及蛮貊。舟车所至，人力所通，天之所覆，地之所载，日月所照，霜露所队，凡有血气者，莫不尊亲，故曰配天。"（《中庸》）"凡有血气者，莫不尊亲"即凡是人没有不尊敬父母的，"故曰配天"，天是最大的普遍性与超越性存在，"配天"就是指儒学指向最大的普遍性与超越性。再次，儒学历史上由中原地区走向东亚、东南亚以及欧洲的事实说明，儒学具有由区域性资源转化成为全球性资源的能力。

儒学由区域性资源向全球性资源转化，并不是要取代基督教文化、伊斯兰文化、佛教文化等其他文化形态在欧洲、美洲、中东、南亚、非洲等地区的存在，而是成为全球不同区域文化的有益补充，成为基督教文化、伊斯兰文化、佛教文化自身发展、完善的资源。"道并行而不相悖，万物并育而不相害"，是儒家的文化理念；"和而不同"是儒家文化的多样性企盼；

————————————
① 朱谦之．中国哲学对于欧洲的影响［M］．福州：福建人民出版社，1985：268．

"保合太和"，即实现天地变化之道的最大和谐，是儒家的追求。"并行不悖"是前提，"和而不同"是方法，"保合太和"是目标。"并行不悖"即儒家文化、基督教文化、伊斯兰文化、佛教文化等在世界上共同存在，并不相互妨害；"和而不同"即儒家文化、基督教文化、伊斯兰文化、佛教文化等应相互尊重，各自保持自身独立性而和谐相处；"保合太和"即儒家文化、基督教文化、伊斯兰文化、佛教文化等相互学习、相互吸收，充分完善自己，实现人类文化最大的和谐。

20世纪的中国是急剧变化的，为应对这种急剧变化，中国儒学在先辈的努力下不断做出自我调整，以适应中国社会的要求，由此形成了儒学的宗教形态、实践形态、知识化形态以及民间形态。21世纪是中华民族逐梦的世纪，中国在世界上崛起是任何力量也阻挡不了的历史潮流，儒学面临着由伦理规范向信仰、由小众到大众、由知到行、由区域性资源向全球性资源的四种转化。这是时代赋予儒学的新使命，也是儒学自我展开、自我完善的重要形式。

（原载于《国际儒学研究》第二十三章）

泛化与界域

——论当代新儒家的定性与定位

自 20 世纪 80 年代以来，当代新儒家（又称现代新儒家）的研究成为学术界热点之一。随着这一研究的展开，出现了两种值得注意的倾向：一是对当代新儒家的泛化，一是对当代新儒家的简化。泛化是指模糊新儒家的界域，任意扩张新儒家的谱系，以至将一些与新儒家关系不大或者自己都不承认是新儒家的人物强行纳入新儒家的研究序列；简化是指对新儒家谱系做简单化处理，如有的学者将当代新儒家等同于熊十力学派。所以，清理当代新儒家的谱系，划定其界域，仍具有重要意义。

一、 正名：当代新儒家研究的当务之急

旅美学者余英时在《钱穆与新儒家》一文中，概括了海内外"新儒家"研究中对新儒家的三种不同的用法：第一种用法，主要在大陆流行，其涵义也最宽泛，几乎在 20 世纪中，凡是对儒学不存偏见并认真加以研究者，都可以被看成是"新儒家"；第二种用法比较具体，即以哲学为取舍标准，认为只有在哲学上对儒学有新的阐释和发展的人，才有资格取得新儒家称号，而取得这一称号的人也只有熊十力、梁漱溟、冯友兰、牟宗三四人而已；第三种用法流行于海外，即熊十力学派的人才是真正的"新儒家"。在余英时那里，第一种用法主要以方克立为代表，第二种用法其实只是李泽厚个人的观点，第三种用法是余自己认可的用法。当然余的概括并不十分精准，如大陆学界对新儒家的看法并不完全一致，而海外学者对此看法也

不尽相同，但从"流行"的意义上说，余先生的说法大致可以采用。事实上，余先生在这里并不想讨论新儒家的本质或新儒家的界域问题，而旨在说明他的老师钱穆和他本人不是新儒家。因而他对大陆学界将他和他的老师钱穆列入新儒家持批评态度："这样的用法似乎已扩大到没有什么意义的地步了。"① 可以说，第一种用法是对新儒家的泛化，第二种、第三种用法是简化，无论是将新儒学等同于儒家的新哲学，还是将其等同于熊十力学派，都是对当代新儒家极其狭隘的解读。常识说明，儒学自古至今就不限于哲学一门，它过去不是，现在也不是，将来仍然不是某一学派的专称，当代新儒学是儒学在当代中国演进的客观标志。

泛化当代新儒家，使之突破了自身的界域，以至扩张、膨胀到没有意义乃至没有存在必要的地步，固然令人难安；而简化当代新儒家，无论是以哲学为名对当代新儒家做简单化处理，还是以某种特殊的学术私见对当代新儒家作简单化处理，都使当代新儒家之名难以安顿。我们既不主张泛化，也不赞同简化，当然更不是要在泛化与简化之间取以中道或取一数学上的平均值，也就是说，我们所讨论的不是当代新儒家队伍的人数多少问题，而是一客观标准问题。如果"当代新儒家"这一名言能够自足其性，圆满成立，那么就必有其赖以成立的理由，这个理由就是当代新儒家之所以为当代新儒家的原因之所在；同理，"当代新儒学"这一名言如能成立，也应有其赖以成立的理由，这个理由就是当代新儒学之所以为当代新儒学的原因之所在。如以这个理由进行衡断，千万人尽合这个标准，那么千万人是新儒家不为多；如果只有一人合乎这个标准，那么就这一人是新儒家也不为少。这一客观标准究竟是什么呢？

学术界早已意识到这个问题。1982 年 10 月，台北《中国论坛》发表韦政通先生《当代新儒家的心态》一文，对当代新儒家的共同特征做了初步说明，共七项：（1）以儒家为中国文化的正统和主干，在儒家传统里又特重其心性之学；（2）以中国历史文化为一精神实体，历史文化之流程即此精神实体之展现；（3）肯定道统，以道统为立国之本，文化创造之源；（4）强调对历史文化的了解应有敬意和同情；（5）富有根源感，因此强调中国

---

① 余英时. 犹记风吹水上鳞［M］. 台北：三民书局，1995：63.

文化的独创性或一本性；（6）有很深的文化危机意识，但认为危机的造成主要在国人丧失自信；（7）富有宗教情绪，对复兴中国文化有使命感。在韦先生看来，当代新儒家主要包括梁漱溟、张君劢、熊十力、钱穆、牟宗三、唐君毅、徐复观七人。他自认为这七项举例既不是全面的概括，也不能避免出现例外，而且在我们看来还有重叠之处，如（1）（3）甚至与（5）表达意义基本相近。故韦先生的这种例举虽有开创意义，但对我们今天讨论当代新儒家的界域问题已没有启发意义了。1985 年 12 月，成中英教授在台北《哲学与文化》杂志上发表《当代新儒家的界定与评价》一文，对如何界定新儒家和具备什么条件才能成为新儒家谈了个人的看法。不过，他的看法是哲学的而非历史的，是应然的而非实然的，虽然他敏锐地意识到这一问题，但由于新儒家的界定在今天已是历史的、事实的问题，非哲学的、应然的问题，所以他的看法在今天已没有什么价值了，这里不再引述。

自 20 世纪 80 年代后期，大陆学者开始注意此问题，方克立教授的观点代表了大陆相当流行的看法。他广义地理解"现代新儒家"或"当代新儒家"这一概念。在他看来，"在现代条件下重新肯定儒家的价值系统，力图恢复儒家传统的本体和主导地位，并以此为基础来吸收、融合、会通西学，以谋求中国文化和中国社会的现实出路的那些学者都看作是现代的新儒家"。① 由此他于 1987 年 10 月在宣州"现代新儒家研讨会"上选取梁漱溟、熊十力、马一浮、张君劢、钱穆、冯友兰、方东美、贺麟、唐君毅、徐复观、牟宗三等十一位学者作为现代新儒家的代表，这就是他主编《现代新儒家学案》的基本人选，后来在编《现代新儒学论著辑要丛书》时，又加上了杜维明、成中英、刘述先、余英时四位。在方教授的标准下，共有十五位学者进入新儒家研究序列。

方克立教授也注意到了新儒家"新"之所在，他指出："现代新儒学与宋明儒学（新儒学）之同一个'新'字，一是指它们皆非简单地复归先秦儒学，而是表现了能够融合佛道以至会通西学的开放性，二是指它们都特

---

① 方克立 . 现代新儒学辑要丛书［M］. 北京：中国广电出版社，1992：3.

重儒家'内圣'之学，不离'内圣'之体，'外王'为用的思想格局。"①现代新儒家除了"返本"之外，还要"开新"，开新就是适应现代化社会的需要，开出科学与民主。方先生对何谓现代新儒家有自己的说明，对哪些可以进入新儒家谱系也有自己的取舍标准，如他在定义中强调"在现代条件下重新肯定儒家的价值系统，力图恢复儒家传统的本体和主导地位"等就很有说服力，如果进一步追问，何谓儒家即儒家的本质为何？换言之，即怎样才算坚持了儒家的本体或主导地位，方先生并未深究，而这恰恰是问题的实质所在。

我们认为，当代新儒家的界定须从两个方面进行考察：一是看他是否坚持了儒家的主位立场，即他本人是否是位儒者，二是在这一立场下，他对儒学的现代发展做出了什么贡献。前者可称为"儒"的本质，后者可叫作"新"的意义，二者有机配合才能称得上是当代新儒家。

二、 当代新儒家 "儒" 的本质与 "新" 的意义

儒者的规定性是什么？学术界有不少讨论。章太炎在《国故论衡》一书中对"儒"一词所做的类型分析仍有方法论意义，他认为儒之一名，可有达、类、私三种用法。他说："达名为儒，儒者，术士也。""类名为儒，儒者知礼乐射御书数。""私名为儒，《七略》曰：儒家者流，盖出于司徒之官，助人君顺阴阳明教化者也。游文于六经之中，留意于仁义之际，祖述尧舜，宪章文武，宗师仲尼，以重其言，于道为最高。"达、类、私源于墨辩，达名相当于逻辑学上的全称概念，类名相当于特称概念，私名相当于单称概念。达名为儒，类名为儒已非孔子以后儒的真意，而私名为儒才是孔子以后儒的真意，才是我们今天意义上所说的儒。由是从《汉书·艺文志》的界定看，儒至少有三个特征：

（一）儒者应该坚持道德优先原则，这就是"留意于仁义之际"。正像不同的学派，不同的教相系统各有其本质特征或理论的基点一样，儒家的基点是道德。在所有评判中，道德评判是儒家的第一评判，道德是儒家解

---

① 方克立．关于现代新儒学研究的几个问题 ［J］．天津社会科学，1988（53）．

决一切宇宙、社会、人生问题的根本出发点。在哲学上，它从道德入手，渗透至天道，建立起道德的形上学；就人生言，儒家认为道德是人的本质，是人别于万物，高于万物的根本点；就政治言，儒家主张德治主义，坚持以德为主，以刑为辅的治世方针。

（二）儒者同情地了解儒家经典，以教授儒家经典为自己的本分，这就是"游文于六经之中"。这里所谓的六经并不是本来意义上的儒家远古的六部经典，而是全部儒家原典的象征，马一浮称之为六艺教，即《诗》教、《书》教、《礼》教、《乐》教、《易》教、《春秋》教。只有对古圣往贤的经典作同情的了解者才能当儒者之号，而主张将中国的线装书统统扔到茅厕里去的人和那些只是将儒家经典视为国故加以整理归档的人，都不能称为儒者。

（三）宗师孔子，这就是"祖述尧舜，宪章文武，宗师仲尼"。在几千年的中国社会中，尤其是儒家知识分子那里，孔子是民族精神的导师，是中国文化的象征。祖述尧舜，宪章文武，在儒家落实为宗师仲尼。正像佛教宗师释迦牟尼，伊斯兰教宗师穆罕默德，基督教宗师耶稣一样，儒者心目中的孔子早已由具象转化为抽象，即由具体的、历史的孔子转化为超时空的抽象的孔子，是"道冠古今，德配天地"的至圣，是人格的典型象征。

道德优先性是儒者的内在理据，而同情地了解儒家经典和宗师孔子是儒者的外在规定，三者配合才称儒者之号。没有不是儒者的儒家，同理也不会有不是儒者的当代儒家和当代新儒家。这就是说当代儒家、当代新儒家首先应是具备以上三个条件的儒者。当然这三个条件只是当代新儒家的必要条件，并不是充分必要条件，也就是说不具备这三个条件绝不是当代新儒家，而具备这三个条件也未必是当代新儒家。除这三个条件以外，当代新儒家还应具有"新"的意义。

当代新儒家究竟"新"在哪里？我们认为当代新儒家之新并不等同于时代之新，即不因时代之新而为新，时代之新只是造成新儒家之新的历史缘由，并非本质缘由。没有时代之新当然就没有新儒家之新，但有了时代之新也不必然就会有新儒家之新。辜鸿铭、杜亚泉等人同样生活于新时代，同样坚守儒家主位立场，但未必是新儒家。时代之新是成就新儒家之新的必要条件，而不是充分必要条件。

当代新儒家之新也不仅以杂糅西学或曰会通西学为新，会通西学只是儒家自新的手段，不是新之本身。在当代社会，不善于吸收、消化、会通西学，绝不能成为当代新儒家，也不成就当代新儒学，但当代新儒学的新应当是会通西学或曰消化西学后儒家学说自身所呈现出的形态、气象或内容之新。由此我们认为，当代新儒家所呈现出的形态、气象或内容之新从外在来看，至少有如下两点：

（一）与传统儒者相比，当代新儒家具有清醒的自我批判意识。传统儒家虽然也不乏自我批判意识，但他们或者是立足于儒学内部不同学派之争，或者是从解释角度的转换隐约地传达自我批判的功能，或者是情绪化的宣泄，他们不可能从整体上考量儒学乃至整个中国文化的不足。现代新儒家在现代视野下，以西方文化为参照，对传统儒学的不足从整体上予以反省。梁漱溟、熊十力、张君劢、方东美、唐君毅、牟宗三、徐复观等对此都有建树。

（二）传统儒者没有对儒家思想系统做层位化处理，现代新儒家在现代学术视野的观照下，受西方学科分殊的影响，对儒学系统做出层位化区分。他们将政治化儒学或曰制度化儒学与学术化儒学区分开来，将儒学的时代意义与恒常意义区分开来，以发现儒学的内在本质和真实意义。

不过，这两点新是外在的新，之所以是外在的新，在于它们无关乎儒学义理生长之本身，即不是儒家义理自身成长起来的新。本人在拙著《当代新儒学引论》中曾指出："遥契古圣往贤的义理慧命并进而开出之，才是当代新儒家新之为新的真正意义。"[1] 这种"新"主要体现在如下四个方面。

（一）面对西方文化的挑战，顺应儒学的内在精神，重新调整儒家内圣外王的义理结构，即本内圣之学以解决新外王。当代新儒家的中心问题就是如何本儒家精神，回应西方文化的挑战，以实现中国文化自身的现代化问题。当代新儒家在自我反省中，意识到传统儒学内圣强而外王弱这一不足，并且认为克服这一不足正是中国文化进一步伸展的理想境域，重新调整儒家由内圣"直通"外王的义理结构，以"曲通"的方式融摄来自西方的民主与科学，实现中国文化道统、政统（民主政体）和学统（科学）的

---

① 颜炳罡．当代新儒学引论［M］．北京：北京图书馆出版社，1995：53.

并建，是当代新儒家对传统儒学的新发展。对此，梁漱溟、熊十力、张君劢、唐君毅、牟宗三、徐复观等人皆有贡献，尤以梁漱溟、张君劢、牟宗三、徐复观贡献为著。

（二）在思维方式上，当代新儒家之所以新，在于它由儒家的"圆而神"的智慧始，通过融摄西方文化"方以智"的智慧，重新达到新的"圆而神"，这就是说他们将西方文化概念性、逻辑性思维的智慧内化为儒家的智慧。这一方面以熊十力、方东美、唐君毅、牟宗三贡献为大。

（三）当代新儒家将传统儒家的心性之学或曰义理之学进而提升为"道德的形上学"，使儒家哲学实现了专业化和学科化的转向。

（四）当代新儒家在传统儒家以仁为主，仁智合一的文化模型中，开出智的独立意义，力图建立起新的学统，即科学知识之统。当代新儒家既要符合儒的本质，又要具有新的意义，失去任何一方，都不能称之为新儒家。有了这两个标准，我们就能判释谁是新儒家，也可以克服对新儒家的泛化或简化。

三、 谁是当代新儒家？

在考察谁是当代新儒家之前，有必要对儒者、当代儒者、当代儒家、当代新儒家做一区分。儒者的范围最宽泛，它可以指古往今来乃至未来一切坚持道德优先，宗师孔子，同情地了解儒家经典的人物；当代儒者与儒者没有本质区别，唯一不同的是生活的时空转换；当代儒家是指受过当代文化洗礼，对诠释、阐发儒家思想卓有成就的儒者；当代新儒家是指那些能遥契古圣往贤的义理慧命，从儒家的理念出发，通过消化、吸收西方文化，进而开出儒学新形态的人。当代儒者与当代儒家的区别显而易见，而当代新儒家与当代儒家并没有本质的区别，因为他们有着共同的文化理想与目标，又都生活于当代，所以二者极易混同。两者的区别仅仅在于，当代新儒家重开新，主张在返本与开新两重张力下自觉地促使儒学走向新生，而当代儒家重守成，主张守先待后。梁漱溟、熊十力、张君劢、方东美、唐君毅、徐复观、牟宗三是当代新儒家，马一浮、钱穆乃至陈立夫等是当代儒家。

梁漱溟、熊十力、唐君毅、徐复观、牟宗三是当代新儒家学术界并无太多争议。至于张君劢，有人以他不是哲学家而摒他于当代新儒家之外，理由并不充分。张之所以是当代新儒家并不仅仅因为他是 1958 年元旦中国文化宣言的主要倡导者和四位联署者之一，更重要的是他自 20 世纪 20 年代发起科学与玄学论战以来，一生志于儒行，期于民主。他提倡新宋学，主张修正的民主政治，他对玄学的贡献虽不能与熊十力相比，但又有自己的理论系统。在当代新儒家谱系中，他承康有为、梁启超而来，对民主、法制的讨论最多且贡献最大，足以配当代新儒家之名。

方东美，是位富有诗人气质的哲学家。梁漱溟、熊十力、张君劢是他的同辈，唐君毅是他的早期弟子，而刘述先、成中英又是他中年的学生，他与当代新儒家有着某种关联。在学术归趋上，他不像唐、牟、徐那样十分注重道统，而和熊十力一样对大易生生之理情有独钟。从早期到晚年，他都倡言孔、老、墨三家会通，然而会通并非无宗主，他认为儒家是中华民族文化的"宗主共命慧"。他以大易哲学为本体，融摄西方生命哲学，建立起以"生生之德"为精义、情理合一的生命本体论，使大易哲学在他那里生长出新样态。方东美对当代新儒学的贡献在于他融古希腊的契理文化和欧洲近代以来的尚能文化于中国文化的伦理文化和妙性文化之中，使中国文化由"融贯型"经"分离型"再进入新的融贯形态（理想文化）。由是我们说他既有儒的归宗，又有新的意义，所以他是当代新儒家的人物。

至于贺麟，他一生主要致力于西方哲学研究。1949 年前，他也从事过儒学现代化的努力，如他认为儒学是诗教、礼教、理学三者的和谐体，因而主张以西洋之哲学发展儒家之理学，以西洋基督教之精华充实儒家的礼教，以西洋艺术发扬儒家之诗教，并倡扬"新心学"，但由于时代的变故，他的许多设想化为永远的梦想而沉睡不起了。他对儒学的创造既无法与同时代的梁漱溟相比，也不能与熊十力同日而语，从历史长河的角度来审视他的儒学现代化努力，似乎可以忽略不计了。由黑格尔的信徒到马克思的学生，皈依孔子不过是他生命长河中所翻卷起的一个浪花，转瞬而逝，所以他不是新儒家。

判别冯友兰是不是新儒家远比贺麟复杂，冯先生由新实在论者到创造"新理学"体系，再归宗马克思，最后打开儒、道，泯除中西界线，成为纯正的中国哲人，与贺麟有着大致相同的经历。然而，贺麟是否新儒家，学术界似乎没有太多的人关心，而涉及冯先生，学术界争议就大了，这足以显示出冯在中国学术界的影响。认为冯先生是新儒家的大有人在，而否认他是新儒家者也为数不少，当然，1949年以后的冯不是新儒家是没有问题的，而1949年以前冯先生所精心构造的新理学体系是否"接着程朱讲"的"新理学"呢？这才是全部问题的关键所在。冯先生认为他的"新理学"不是"照著"，而是"接著"宋明道学中理学一派讲的，这说明冯先生主观上是新儒家。问题是，冯先生接了理学的什么？显然，冯先生只接了宋明理学的名言，没有或者说甚少接续其内容。首先，他的哲学入路是柏拉图式的，而非程朱式的。他认为哲学有三个入路，一是柏拉图的本体论入路，一是康德的认识论入路，一是宋明理学的伦理学入路。他自认为新理学是围绕共相与殊相这一本体论问题而展开的，这说明他的哲学入路不是程朱伦理学入路，而是柏拉图的本体论入路。其次，从方法上讲他的新理学是新实在论的。他认为新理学的工作就是经过维也纳的经验主义，利用现代逻辑对形上学的批评重建"不著实际"的形上学，而这个"不著实际"的形上学在中国的代表是道家、玄学、禅宗。再次，冯先生论人的本质是西方式的，非儒家的。儒家认为人与动物的根本区别是道德，而冯先生认为是觉解，觉是自觉，解是了解。觉是心理活动，解是依概念进行的个别活动，是认知。冯先生认为他的新理学是"旧瓶装新酒"，这个"旧瓶"就是理学家所使用的名言或曰概念，如道、理、气、太极等，而"新酒"是柏拉图、新实在论、道家、玄学、禅宗、唯物史观等。我们知道一个东西的实质不是由它的包装决定的，而是由其内容决定的，也就是说不是由"瓶子"决定"酒"，而"酒"本身决定其自身。冯先生不是新儒家，不是说他的哲学创造力不够，而是说他解决问题的方式不是建立在儒家的基点上。即使在三四十年代，他也不是本着道德优先的思路来解决中国的现代化问题，相反倒像本着唯物史观的思路来解决中国的现代化问题。我们这样判释他，并不抹杀他三四十年代所创造的"新理学"的独特意义以及他对中国哲学史研究的贡献，不过只想告诉人们他的这种贡献应放到中国哲学史上讲，而不必放到儒学史上讲而已。

马一浮、钱穆是当代儒家，他们秉持儒家传统，阐述儒家义理，皆卓然成一家之言。不过至少二人主观上没有定然开新之意，也没有必造儒学新形态之心。梁漱溟曾称马一浮为"千年国粹，一代儒宗"，评价可谓高矣。马一浮是中国 20 世纪的国粹，他精通理学、佛学、道学，还擅长书法、篆刻、古诗，有人称他代表"中国传统文化的仅存硕果"（贺麟语），也有人说他是 20 世纪颜回式的人物，这些说法都很精彩。但作为 20 世纪的理学大师，他守成有余，开新不足。马先生之学就是六艺学，在他看来，六艺是中国一切学术之源，六艺广大精微，无所不备。六艺统摄诸子，统摄中国一切学术乃至统摄天下一切学术。自然科学统于《易》，社会科学统于《春秋》，文学、艺术统于《诗》《乐》，政治统于《书》《礼》。六艺就是真善美的体现，《易》《春秋》至真，《诗》《书》至善，《礼》《乐》至美，凡西方文化所言真善美者都不出六艺范围。马氏对传统弘扬有力，批判无功，在他身上处处散发着传统文化的芳香，却难嗅到新思想的气息，没有清醒的自我批判意识，不能对儒学进行一番自我清算，就难有开新之心。所以，马一浮是当代儒家，不是当代新儒家。

钱穆，这位"一生为故国招魂"的现代朱夫子，坚守儒家理想，坚持德性为本为始，知识为末为终的价值理念，其学术归宗于儒家并无问题。问题是他本人不愿接受"新儒家"的荣衔。钱去世后，他的学生余英时出面再三致意学术界，钱先生不是"新儒家"。钱及其门人之所以不接受新儒家这一称谓，绝不仅仅因新儒家"具有特殊的涵义"（余英时语）这么简单，其中还包括观点、心态等方面的分歧。1958 年元旦，牟宗三、张君劢、徐复观、唐君毅联署发表为《中国文化敬告世界人士宣言》，该《宣言》的倡议者张君劢曾联络钱穆签署，然而被钱拒绝。依张君劢的解释，钱的拒签是因为"观点微异"。而钱自我解释"穆向不喜此等作法，恐在学术界引起无谓之壁垒"①。张的解释是观点的，而钱的解释是心态的。"微异"者，何也？以研究钱穆思想著称的罗义俊教授为此曾当面征询过当事人之一的牟宗三，认为《宣言》坚持中国传统政治为君主专制，此观点为钱先生一向所不喜。这点微异恰恰反映了当代儒家与当代新儒家的不同，即有没有对中国传统尤其是儒家传统的自我批判意识。就心态说，当代新儒家主张

---

① 余英时. 犹记风吹水上鳞［M］. 台北：三民书局，1995：63.

"返本开新"，对开新持积极进取的态度，而钱先生主张守先待后，以为"守旧即以开新，开新亦即以守旧"①，所以钱先生拒签既是心态的，又是观点的。当代新儒家们要积极开新，要本内圣之学以开出儒学的新形态，联署发表《宣言》只是其中的一项活动而已，有何不可？钱先生与他们心态不同，观念又异，自然不能共同举事，这说明当代新儒家与当代儒家既可以结为"联盟"（如共同创办新亚书院），又不能完全化解分歧。总之，当代新儒家与当代儒家是所异不胜所同，而不是相反。视钱先生为当代儒家，大概钱先生不会有异议，而余先生也不会再谦让了吧。

　　总之，当代新儒家既不是某一学派的专称，也不是某一学科的专名，它是当代中国一批特立独行的知识分子文化生命和学术归趋的标志。坚持道德优先、宗师孔子、同情地了解儒家经典是他们的共同本质，本儒家理想以解决中国的现代化问题是他们的共同追求。梁漱溟、熊十力、张君劢、方东美、唐君毅、徐复观、牟宗三是当代新儒家的代表。马一浮、钱穆是当代儒家，贺麟的儒学贡献不足以成"家"，冯友兰主观上欲成就新儒家，然而其理论基点不在儒家。当然当代新儒家是一开放系统，它仍然在发展、演化中，杜维明、成中英、刘述先、蔡仁厚、余英时等正值学术盛年，这里暂不置评。以上考察，是否得当，恭俟方家指教。

（原载于《求是学刊》2001 年第 2 期）

---

① 钱穆. 晚学盲言 [M] . 台北：东大图书公司，1987：737.

"儒学与当代社会双向互动"刍议

一

儒学作为中国文化的主体、东亚精神的象征，在全球化趋势不断加剧的背景下，它面临着两个问题：一是在当代社会背景下能否继续生存与发展的问题，一是如何继续生存与发展的问题。这两个问题的解决共同指向儒学与当代社会的双向互动，即儒学在 21 世纪能否生存并发展下去，关键看它能否实现与当代社会的双向互动并在何种程度上实现了这种互动。儒学与当代社会的双向互动，对儒学而言是如何"古为今用"和"由用致新"的问题。由儒学指向当代社会是古为今用，由当代社会指向儒学是由用致新。

双向互动首先是指儒学与当代社会的双向审视，即在全球化视野下，站在当代社会发展的角度审视儒学和站在儒学的角度审视当代社会。站在当代社会发展角度审视儒学，儒学需要与时俱进，与时更化，与时推移。儒学作为古老的思想学说，其中有不少因素、命题、观念等已不适合当代社会的发展和要求了，当代社会的每一步发展都是对儒学的一次过滤、一次筛选，儒学只有不断调整自身才能顺乎世界之潮流，合乎人群之需要。"时中""与时偕行""唯变所适""礼以时义为大"等等是儒家处理自身理论系统与历史进程的基本方法，它正是在与时推移中不断走向完善的。站在儒学的角度审视当代社会，当代社会需要人文化成、礼乐规范。当代社会仍然不是人类的理想王国，人与环境关系的张力、人与人之间关系的疏离、诚信危机、价值失范等等，令许多有识之士深感不安！儒家对人与自然、人与人关系的深度思考所呈现出的睿智，以及它的仁爱精神、无信不立等思想对当代社会问题的解决仍可提供一种思考的向度。

双向互动的另一含义是儒学与当代社会的双向批判。依儒家"反求诸己""内自讼""内省"等理念，批判首先体现为自我批判，只有有自我批判的勇气，才能有接受对方批判的雅量；同样只有担负起自我批判的义务，才拥有批判对方的权利。以往人们往往只注意到儒家的守成性和保守性，而相对忽略了它的批判意识和批判资源。无论是先秦时代孟子与告子之争，还是荀子对子思、孟子、子张、子夏等的批判，还是宋明时代程朱与陆王之争，抑或是康有为立足于新孔教的立场对传统儒学的批判和当代新儒家对传统儒学的自我批判，这种自我批判的传统或隐或显，一直未断。儒学之所以能与时更化，生生不息，延续数千年而不绝，原因之一就在于它具有这种自我批判意识。儒学不乏批判、省察现实社会的思想资源，孔子对春秋时代天下无道、礼崩乐坏的批判，孟子对"率兽食人"的战国时代的揭露和对残贼仁义的暴君、独夫的指斥，一直是"为万世开太平"的儒家学者绳绳相继的理念。当然，对现实社会的批判就主观意愿和客观功效而言，可分为两种，一种是积极的批判，一种是消极的批判。积极的批判是以敏锐的眼光洞悉现实社会的弊端和指陈现实社会的问题所在，以寻求解决现实社会问题之道，促使其走向完善；消极的批判只是暴露社会问题而不求解决问题。而儒家的批判大都是积极的批判。它对现实社会的批判是以人文化成和修齐治平为目标的，而不是不负责的情绪化宣泄。当然，儒学也有接受社会检验和批判的度量，在历史上，儒家经受住了一次又一次武力讨孔和文化批判乃至政治打击的考验，它并没有因这些批判而消沉下去，相反这些批判从某种意义上说，恰恰构成了儒学走向新生的助因。由此我们认为，立足于当代社会发展角度批判儒学，将传统儒学那些与当代社会发展、与真实人性的解放和人的自由全面发展不相适应的东西洗涮干净，荡涤儒学之腥秽，以期儒学以清爽、洁静、健康之身活转于当代，是当代学人的重要职责，而审视、省察、批判当代社会的儒学，正是经过当代社会过滤的儒学。儒学具有批判自身和批判现实社会的双重睿智，开发儒家的批判性睿智，以暴露当代社会发展的缺失、问题和不足，并立足于儒家立场对这些问题提出解决之道，使当代社会的发展更健全、更完善。

双向互动又是指儒学与当代社会双向参与。儒学只有活转于当代，积极参与当代社会的发展，才能立足于现代学术之林，才能发挥其人文化成、礼乐兴邦、修齐治平之客观功效，而当代社会应当关注儒学的发展，为儒学向现代形态的转化提供更适宜的生存空间。儒家自诞生起，就不只是坐而论道而不起而行动的空头理论家，不只是龟缩于书斋而皓首穷经的宁静学者，而是具有强烈的现实关切和参与意识的人文知识分子，走出书斋，去解读社会这本无字天书，去研究当代社会中出现的新问题，并回应这些问题，以求解决问题之道，这才是孔子"圣之时者"的真精神和孟子"圣贤易地而皆然"的真义。

当然，儒学与当代社会双向互动是一开放系统。互动不是一蹴而就或一劳永逸的理想方案，而是一个动态的、生生不息的、不断创造的、没有终点的永续过程。当代社会的发展本身是生生不息的，是日新、又日新、日日新的过程，是一个不断开放、不断展开、不断升进的过程。当代社会的展开对儒学言，一方面是挑战，另一方面又是机遇，儒学只有因应时代之需要，与社会发展保持着适度的张力和统一，才会生生不息，才能不断走向未来。

二

双向互动源于儒学与当代社会的双向需要。儒学是关注现实、与时俱进、面向未来的学问。现实社会的生活是儒学的生命之源，也是儒学的生命所在。离开了现实，离开了社会，离开了人群，儒学就无立足处，现实性人文关切与实践性品格是儒家的重要特征。

从哲学的意义上说，儒学是天人性命一贯之学，它内通心性，外透天道，旁彻物情，一天人，合内外。总之，它是以人为中心所展开的哲学思考。其内通心性是人的心性，是本天道以立人道，天地之心即人心；外透天道是本人道以明天道，人心即天地之心。内在地成己，外在地成物，成己成物，即合内外之道；一天人即天即人，即人即天，即内在即超越，即超越即内在。要言之，儒家哲学是人本哲学。落于社会现实层面言，儒学是内圣外王之道，是道德的理想主义。从孔子的"修己以安人""修己以安百姓"到孟子的"仁政"，直到《大学》格物、致知、诚意、正心、修身、齐家、治国、平天下都是内圣外王之道的显露。修己是内圣，安百姓是外王，"修己以安百姓"就是内圣外王之道；仁是内圣，政是外王，仁政是内圣外王的浓缩；格致诚正是内圣，齐治平是外王，修身是由内圣而外王，由外王而内圣转换的轴心。作为内圣外王之道的儒学，它重和谐，言时中，衡经权，刚健有为，积极入世，转世而不为世转，化俗而不随俗迁，具有刚正浩大的转世精神。"尊德性而道问学，致广大而尽精微，极高明而道中庸"，道出了儒学的总特征。儒家视德性为首出，然而它并不轻视学问思辨；它含弘广大，但又精微入神；它精妙高深，而又平常简易。儒家的学问在平常见高明，高明就在平常中，泰州学派讲人伦日用即道，不悖儒学大旨。儒学不同于道，不同于佛，不同于耶，它不怪诞，不妄言，不谈怪力乱神，只是平实、中正、理性、自然、简易。它不需要救世主，自信人能自救；它不需要断臂自残，舍身饲虎，只是终身慕道，朝闻夕死可矣。儒学所言所讲只是实践的智慧，是生活的智慧，离开实践的生活，离开人间社会，离开百姓日用生活，就没有儒学。这也表明，只要还有人，还有人间，现实社会中的人还愿过中正、平实、理性的生活，儒学就会有生存的土壤，就不仅仅是"游魂"而已，就还有意义和价值。作为封建意识形态，以封建主义的政体为体，只是儒学历史发展过程中的一个环节，并不是儒学的全部历史过程，人们的日常生活、人伦日用是儒学之体。最起码，民间儒学是以现实的活生生的人伦生活为体。

儒学本质上是生活的智慧和现实的学问，是人伦日用规范之道，因而它只有在现实中，在百姓日用人伦的具体生活实践中，才能找到用武之地和力量的源泉，并由之生生不息和创进不已。儒家自创始人孔子始，就以入世而非出世作为自己的价值归趋。孔子见周文疲弊，礼坏乐崩，以文自任，知其不可而为之，周游列国，一直保持着对现实社会清醒的批判意识和积极的拯救意愿。虽然他秉持"用行舍藏"之原则，然而，公山弗扰以费畔，召之欲往，佛肸以中牟畔，召之也想去，甚至欲居九夷，还发出过"道不行，乘桴浮于海"（《论语·公冶长》）的感叹。他不是"系而不食"的"匏瓜"，而是"待贾而沽"的美玉，面对长沮、桀溺等避世之士的批评，孔子坚持认为人不可与鸟兽同群，人只能与人打交道，人不解决人的问题，活着也就失去了意义。"天下有道，丘不与易也"。子路批评隐士"欲洁其身而乱大伦"，"君子之仕也，行其义也；道之不行，已知之矣"（《论语·微子》）。君子积极入世，是为了行道行义。行道是规范社会，造福人类，然而能否成功，并不取决于个人的主观愿望和主观动机，也不是由个人决定的。孔子因应时代之需要，将"殷商民族的部落性的儒扩大到'仁以为己任'的儒"，"把柔懦的儒改变到刚毅进取的儒"①。这是孔子的贡献。孔子规定了儒学是人间的学问，不是神间的学问，是现实的学说，不是来世的寄托。

孟子以平治天下为抱负，以仁政王道为理想，仿孔子，游说于齐、梁、鲁、邹等国之间，他目睹诸侯争城以战，杀人盈城，争地以战，杀人盈野，慨然有"如欲平治天下，当今之世，舍我其谁"（《孟子·公孙丑下》）的担当。面对庖有肥肉、厩有肥马、野有饿莩的无道乱世，他强烈抨击不顾人民死活、一味穷兵黩武的当政者，要求统治者发仁施政，去霸道，行王道。孟子的理想也许与当时的社会情形不十分恰切，然而这并不妨碍他成为一位现实社会清醒的批判者和理想社会的设计者，他对当道者的指斥成为后世儒者重要的批判资源，而他的仁政说也成为后世思想家轻徭薄赋、减轻人民负担的重要依据。荀子著有《儒效》篇，明确指出："儒者在本朝则美政，在下位则美俗。"批判那种儒者无益于国的论调。自两汉至宋元明清，儒学虽然为封建统治者所利用，作为官方意识形态而成为国家意志，与政合一，然而真正的儒者依然保持着与统治者的适度张力。既要维护君主的权威，又想限制君主权力的过分膨胀，正是两千年来许多儒者的共有心态，董仲舒的"屈民以伸君，屈君以伸天"是这一心态的最好注脚。宋明儒的天理当然是束制人民的，同时也是束制统治者的，只不过解释权在统治者而统治者又对此作了利于自身的解读而已。降至明清，经邦济世，通经致用，主张习行，成为一时之尚。而当代新儒家主张本内圣之学以解决新外王（中国现代化）。"本内圣之学"，表明他们不脱离儒家立场、原则和价值取向，"解决新外王"表明他们关心、关注并力图解决中国社会如何走向现代化的问题。古往今来，关注现实，与时俱进，构成了儒家的重要

① 胡适．说儒；胡适精品集［M］．（七）．北京：光明日报出版社，1998．

特征，服务于当代社会是当代儒者应尽的义务，也是儒学的本分。

儒学只有参与当代社会的发展与建设，才能与时俱进，才能找到自己进一步开显的动源，同样当代社会的发展正召唤着儒学，召唤着儒家精神的回归。现在，在国内也有不少商人、企业家、金融家公开主张以儒经商，以儒治厂，以儒治行，甚至一些商业广告词也经常夹杂着"己所不欲，勿施于人""仁者爱人"等大家耳熟能详的儒家格语。许多有识之士已经意识到，当代社会发展引入儒家的智慧资源，可能会更加健全、更加理性和更加饱满。当今之世，以计算技术、通讯技术、现代生殖技术等等为先导的科学技术革命正深刻地改变着社会生产方式、生活方式和人们的行为方式，冲击着人们原有的思想、信仰、风俗、习惯乃至价值取向。毋庸讳言，当今之世，人们一方面沉醉于由科学的进步和物质财富的增长所编织的童话世界里，另一方面，人们又对科技发展所可能产生的后果以及物质财富的增长与人们道德水准的停滞不前所形成的巨大鸿沟而深感焦虑和不安！人们曾自信科学所产生的一切问题都可由科学进步得到解决，然而现代生物学和医学发展如转基因问题、人类基因芯片问题、克隆人问题乃至器官移植、安乐死等等对人类道德、伦理、习惯、信仰所带来的冲击，早已使科学感到无能为力。再如，当人类在工具理性的支配下，在征服自然的过程中一路高歌猛进时，相应地人类正受到大自然的无情报复！人类如何与自然、万物相处，向人们严肃地提了出来，它迫使我们必须修正自工业革命以来人与自然征服与被征服的紧张关系。网络，这一全球化的媒介、工具、手段和黏合剂，早已经冲破了国界、族界，冲破了一切政治壁垒，将全世界的人们联系在一起。它正全面渗透、介入人们的政治、经济、文化生活，然而如何处理网络世界与现实世界的关系，怎样提高网民的文化素质乃至净化网络世界，如何建设网络伦理，等等，也成为全球性话题，不一而足。所有这些问题需要靠全人类的全部智慧共同加以解决，换言之，人类一切相对独立的文化系统和相对完善的文化形态都有解决上述问题的责任、义务和权利，儒家文化作为中国传统文化的主体，作为人类最古老的文化形式之一，理应对当代社会问题的解决贡献出自己的智慧。

当然，这并不是说儒家文化是解决上述问题的唯一方式，同样也不含有儒家文化是解决上述问题的最佳方式之意，当代世界的问题应当由全人类共同承担，所有人类文化形态都理应对此做出回应，贡献出自己的智慧，仅此而已。儒学作为形成于两千多年前的文化系统，在其长期的发展和积聚中，有些东西自然已与现代社会不相适应了，但这并不意味着儒学在全球经济一体化的要求下，在信息时代已经过时。站在当代社会的角度审视儒学，站在儒家的角度审视当代社会，在儒学与当代社会的相互对视中，一方面促进儒学的创造性更化，另一方面，提醒当代社会健全发展，使二者相得益彰。

三

两千多年的儒学发展史就是儒学与不同时代、不同形态的社会双向互动的历史。儒家学者必须直面当下的存在，直面现实社会，因应遭遇到的各种挑战与问题，并探求解决之道，才合乎儒家的时中精神。自进入20世纪80年代中后期以来，从中国内地到海外，不少学者在发掘儒学的现代价值以因应当代社会问题，为当代社会服务方面做了大量的工作和可贵的探索。如刘述先、汤一介教授等以儒家伦理对全球伦理的回应、杜维明教授立足儒家立场积极参与的全球文明对话、张立文教授所倡导的"和合学"、牟钟鉴教授的新诚学、霍韬晦教授倡导的性情教育、王财贵教授的全球儿童读经，等等。在海外，正如高柏园教授所言，儒学在今天，"已不再局限在与西方近代哲学之对话，而更与当代西方思潮互动，同时，也实际进行社会教化运动之推动，民间讲学、儿童读经、社会大学等，皆是佳例"①。从20世纪80年代人们对儒学与中国现代化相关性的怀疑，到90年代许多学者对儒学当代价值的开显与展望，说明儒学已经渡过了"信任危机"而进入了自我角度的肯定。

如何实现儒学与当代社会的双向互动呢？首先，儒学研究者应该具有国际和当代视野，关注、了解当代世界和当代社会的主要问题，自觉地置身于当代社会的发展潮流之中，关切现实。诚然，客观理论的研究固然十分重要，然而，只研究纯粹的理论问题，而不注意与实践相结合，儒学无

---

① 高柏园等.台湾儒学与现代生活［M］.台北：台湾学生书局，1991.

法与当代社会发生互动。从某种意义上说，儒学与当代社会的双向互动是传统与现代的结合方式，也是理论与实践的结合方式。没有儒学与当代社会的双向互动，儒学也就不会向当代社会转型，不会有儒学新形态的出现。其次，以儒家理论、智慧来说明、疏解当代社会的问题，如以天人合一补充、缓解西方天人对立的缺失、张力。当然，这并不意味着西方天人相分思维无意义，也不是用天人合一去取代西方的天人对立，而是将天人合一去涵化、软化生冷、刚性的天人对立，实现人与自然的和谐共生、持续发展，以"民胞物与"的原则处理人与自然、人与万物之关系。在西方，上帝按照自己的形象创造了人，上帝也赋予了人管理、统治万物的权力，人是一切动物高高在上的主宰，而"民胞物与"的思想恰恰承认人与众生、万物具有相通性、共同处，同时又深刻地意识到与它们存有一定的层次和等差，对待人类是同胞关系，对待万物则是伙伴、朋友关系，显然这是对孟子"亲亲而仁民，仁民而爱物"的另一表述。"民胞"之情高于"物与"之情，这就意味着对人类尊严与人类价值的肯定，这就与佛教徒的素食主义，现代环境伦理学中的生命至上主义、非人类中心主义区别开来，是处理人与环境关系的理性、务实的态度。

以"理一分殊"为方法疏解人类文明的统一性与多样性的张力。理一分殊的现代价值，刘述先教授多有阐发，刘先生认为理一分殊是"指向一超越古今中外的'常道'，不能为任何传统所独占，包括儒家在内"①。就理一分殊的方法意义而言，方法乃天下之公器，人人可得而取之、用之，刘先生的话很有道理。然而，它虽不为儒家所独占，但此一智慧的发明权则在儒家。刘述先教授更多地将理一分殊引向全球普遍伦理的领域，作为普遍原则的理一分殊却不限于伦理，也许用它说明人类文明的统一性与多样性更为恰切。"天下无二道，圣贤不两心"（荀子语），人类文明无论存有多少种形态、样式，只要是人类文明，就应有文明之所以为文明的质的共同规定性，这是理一；然而，任何时候人类文明都不可能只是一种文明的"独白"，文化或文明的多样并存并荣是文明发展的必然，也是文明存在的应然，这是分殊。在全球化日益加剧的今天，全人类都应当警惕文化沙文

① 刘述先. 理一分殊与道德重建；台湾儒学与现代生活 [M]. 台北：台湾学生书局，1991.

来状态的最好说明。

以"无信不立"规范商业运行机制及现代经济中的欺诈行为。现代经济或曰市场经济说到底是信用经济，信用是现代经济的生命，信用体系一旦崩溃，现代经济系统就不能成立。美国安然、世界通讯等大公司的商业欺诈行为，重挫现代商业信用，到头来是坑人害己，从而应验了孔子"无信不立"的预言。欺诈不仅存在于商业活动中，网络欺诈更加怵目惊心，网际社会的发展呼唤网上伦理的建设。在儒家看来，诚是存在本体，信是存在确立的根据，失去了诚信，存在就会不存在。现代经济不能不讲诚信，网络世界失去了诚与信，同样也丧失了合法性理由。可以想见，失去了诚与信，网络沟通、网上教学、网上购物、远程会诊等都将成为不可能。在网络这个虚拟的人际世界中，诚与信是网络世界存在的前提，是网民必须遵守的道德原则，否则弥漫于网络世界的必将是一片虚假和欺诈。诚与信无论在何时何地，都应是人们所必须具备的思想美德，它甚至更应该成为网络世界的存在之基，发展之本。加强网民道德建设，强化网民"诚信"等基本道德素质的培养，不仅是必需的，而且是刻不容缓的。还有以儒家的生死智慧回应现代生殖技术、器官移植、安乐死等医学伦理问题，以"仁道"原则呼应西方的人道主义，等等，许多学者对这些问题作过很好的论述，这里就不想多费笔墨。

儒学与当代社会的双向互动是一动态的开放系统，不是静态的封闭系统。双向互动强调的互动过程，互动之效果或曰结果只是互动过程的体现形式，而不是互动终点或结局。社会发展永无止息，儒学的因时转化、与时推移也无穷期，双向互动就会不断"既济"而"未济"。我们并不认为儒学是解决一切社会问题、化解一切人类危机的灵丹妙药，也不相信"三十年河东，三十年河西"的轮回说，更不认为半部《论语》甚至《论语》的一句话（己所不欲，勿施于人）就可治天下，更不赞成那种将中国近代以来落后、挨打、封建复辟的顽疾不时复发，封建主义阴魂驱之复来等问题全部推给古人、归结为儒学就万事大吉的做法。历史发展到今天，我们必须清醒地认识到：儒学究竟是当代社会发展的绊脚石，还是当代社会发展的助力，并不取决于孔孟程朱陆王，不取决于儒学本身，而取决于体现、解读、研究儒学的今人。如果我们能因应时代之需要，撷取儒学之精华，创造性转化儒家之精神，儒学就会成为当代社会发展的助力，相反，只是一味抓住儒学已经过时的、与当代社会发展不相应的只言片语不放，无论是以弘扬的面目登场，还是以批判的形式出现，都不会收到良好之效果。事实上，当代的问题只能由当代人来解决，当代社会的全部责任只能由生活在当代社会的中国人来承担。当然，中国的今天是昨天的延续和明天的起点，当代人的工作只能在前人的基础上继续开拓，儒学作为影响中国数千年而且至今还影响着我们的学说，最大限度地发挥其对当代社会发展的积极作用，而消除其负面影响是当代人的重要任务。在此，我们期盼：儒学因切入当代社会的发展进程而焕发出新的生命与活力，而当代社会的发展因儒家的参与而人文化成，"小德川流，大德敦化"，实现儒学与当代社会的双向互动。

（原载于《孔子研究》2003 年第 5 期）

上篇　中国传统文化的创造性转化与当代价值研究

儒家思想与当代环境意识

自西方工业革命以来，人类同自然的斗争在一片凯歌声中进行着，当人类仍陶醉于认识自然、改造自然，战胜自然的胜利之时，自然对人类的暴虐早已发出了严重的警告甚至给予了报复：南极上空的"臭氧洞"日见增大，全球性气候变暖，酸雨连绵，土地沙化，江河污染，能源枯竭，垃圾成山，等等，不一而足。所有这些对人类的生存和发展都构成了严重的威胁，许多有识之士愈来愈清楚地认识到自然环境不仅是人征服的对象，更是人类赖以生存和发展的基本条件。人是自然的一部分，自然也是人的一部分，那种长期以来流行的以两极对立的思维方式来解决人与自然关系的做法必须抛弃，人类应借助于新的思维方式重新校正人与自然的关系。在人类重新审视人与自然、人与环境关系的今天，由孔子开创的儒家思想为我们提供了宝贵的思想资源。

一、 天人合一：人与自然环境息息相通，和谐一体

儒家认为人与外部环境即自然界的关系不是征服与被征服、改造与被改造的关系，而是一种息息相通、和谐一体的关系。这种和谐一体的关系有两层含义：（一）人与自然环境相互依存；（二）人与天地具有感通性。

天人一体的思想始终是儒学的主流。诚然，这一思想存有许多不足，但它从整体角度去把握人与自然的关系不仅是无可厚非的，而且是难能可贵的。从人与自然的高度一致性、相似性去认识人与宇宙的关系，对于建立当代环境理论也具有重要价值，因为它暗示了这样一种思想，即人的外部生存环境与人一样，也是一完整的有机系统，对系统的任何一部分的破

坏就等于破坏了这一系统的完整性、协调性。我们应当像保护自己身躯的完整性一样去保护人生存和发展的外部环境的完整性，充分认识到保护自然、保护环境就是保护人本身。

儒家学者认为人与自然形貌上的相似尚不足以反映人与自然的内在关联，人与自然关系的本质是二者之间存在着感通性。这是说天地不断运动而变化所产生的一些征兆对人具有某种暗示意义，而人的活动对天地也会产生影响，天人之间构成了一种息息相通的信息交换网络。《周易》有言："刚柔交错，天文也；文明以止，人文也。观乎天文，以察时变；观乎人文，以化成天下。"（《周易·象辞》）"天生神物，圣人则之；天地变化，圣人效之；天垂象，见吉凶，圣人象之；河出图，洛出书，圣人则之。"（《周易·系辞上》）人与天地的关系并非认识与被认识、改造与被改造的关系，也就是说它不是西方哲学家所说的认知关系，也不是佛家所谓的"识"的关系，而是一种"意"的关系，一种价值关系。儒家学者并不十分注意天文、天地变化、天之象、黄河之图、洛水之书等现象本身，而是关注这些现象背后所隐含的人文意义和人文价值，以便趋吉避凶。圣人所察、所效、所象、所则都是对天地变化这些自然现象的人文转换，也可以说是对天象的人文解读和破译，是其人文价值的再发现。儒家认为只有解读了天象之人文意义，才能发现天地变化对人的内在影响。儒家在留意天人感通时，还十分重视人的活动对天地的影响，认为人的一举一动都会引起天地的反应。所谓"君子居其室，出其言善，则千里外应之，况其迩者乎！居其室，出其言不善，则千里之外违之，况其迩者乎！……言行，君子之所以动天地也，可不慎乎？"（《周易·系辞上》）后来，董仲舒将这一思想系统发展为以灾异谴告为主要内容的"天人感应"理论。这一理论认为水旱地震山崩等自然灾害是天对人的谴告，这就由天人感应论走上了神学唯心主义。站在科学主义的立场，认为天地之变化就是天对人的暗示，而人的活动又会引起天之信息反馈是不可理解的，甚至是荒谬的，不过人的活动与天地自然变化存在着对应关系则不必讳言，像南极"臭氧洞"的出现、全球性气温变暖、土地沙化、江河污染等等，无一不与人类的活动有关。"天人感应论"虽说夸大了人的活动与自然变化的内在关联，但它提醒我们应当时刻注意自然的变化，并根据其变化以调整人类自身的行为，这并非无稽之谈。

由于人与天有着上述对应关系，故而儒家强调人应法天效地，最终实现与天合一。所谓"天行健，君子以自强不息"，就是说人应当像天地运行一样，努力以进，永无止息，以成就一位道德上完善的君子。这样的君子也就是圣人、大人，只有圣人才能参天地之化育，与天合一。"夫大人者，与天地合其德，与日月合其明，与四时合其序，与鬼神合其吉凶。先天而天弗违，后天而奉天时，天且不违，而况于人乎！"（《周易·文言》）当然儒家所谓的天人合一主要是指道德价值上的合一，与天地合其德就是要像天地那样生生不已，强健不息；与日月合其明就是要像日月那样普照万物，轮回不已；与四时合其序就是要像春夏秋冬的交替那样井然有序，永无止期。这里的合主要是顺合，是人经过道德修养所达到的"从心所欲，不逾矩"，是人的主观境界与客观规律的高度契合。

人类的历史进程发展到今天，那种被动地适应自然的历史早已结束，而那种强调征服自然、战胜自然的历史也将成为过去，现在是人类重新调整人与自然关系的时候了，人类应当从自然中心主义的被动适应和人类中心主义的征讨中解放出来，走向与自然的和谐为一。在人类的这一转向中，儒家的天人合一观念为我们提供了丰富的思想资源。

二、 民胞物与：人与万物共存并生协调发展

儒家的天人合一，强调人应顺合天，但这并非表示儒家主张放弃人在自然中的主体地位，相反它十分重视人在自然中的作用。在儒家看来，天不能合人，而是人合天。人类生存和发展的终极意义、终极价值是天人合一问题的出发点和归宿地。儒家认为人与天、地并立为"三才"，天道、地道、人道合为三才之道，人能"参天地之化育"，与天为一。

儒家所谓的主体，并不是宇宙宰制的主体，也就是说它不以君临万物的身份出现，而是在参与万物的共存并长中，显示出其灵于万物、贵于万物的独特价值，显示出其主体地位。虽然儒家强调人与万物共存并生，但它所说的并存共生并不是道家的与物混同或玄同，而是一层次分明、次递井然的系统。所以儒家一定要讲仁爱，而仁者一定要泛爱一切，"上下与天

地合流", "与天地万物为一体", 而与天地万物为一体的实现一定要从"亲亲"这一最基本的行为开始, 孟子讲"亲亲而仁民, 仁民而爱物"。由"亲亲"达至"仁民", 由"仁民"达至"爱物", 正是仁者将其"不忍人之心"不断扩充的过程。

儒家上述处理人与万物关系的思想可用"民胞物与"四字概括, 民胞是说天下所有的人不论是黄人, 还是白人, 不论是健康的人, 还是有残疾的人, 都是自己的同胞; 物与是说宇宙间一切万物, 无论是动物, 还是植物, 都是我的伙伴。民胞物与的思想既充分展现了儒家的爱心, 又体现了儒家人物的差等意识, 是一种十分深刻的哲学睿见。这一哲学睿见是由宋代理学家张载概括出来的。这一思想有为当时的封建社会作论证的因素, 如果抛去政治意义, 仅从环境伦理学的角度看问题, 张载所说的天序和天秩无疑是一理智选择。因为人毕竟是人, 人不可能餐风饮露, 同时也不能希望所有的人都成为素食主义者, 所以万物平等、众生平等只是环境伦理学的最高理境, 而不可能成为环境伦理学的现实。所以张载民胞物与的思想在强调泛爱万物同时, 又注重宇宙间不同事物之间的等差, 这对我们今天处理人与物的关系是极具参考价值的。

儒家处理人与物关系的原则根于人人所本有的不忍人之心, 即仁心, 仁心推其极就是与天地万物为一体。这一思想在当代社会仍有其价值, 因为当代社会的发展迫切需要建立与现代社会发展相适应的环境伦理学, 而环境伦理学的建立只能从人类自身的利益和精神需要两方面入手。从人类自身的利益出发, 人们可以说保护环境、保护植被、保护动物、保护生态平衡就是保护人本身; 从人们的精神需要出发, 人的爱心不应限于人本身, 应当推己及人乃至推己及物, 这种推己及人、推己及物的过程也就是爱心实现的过程。从这个意义上说, 儒家的仁爱思想为我们今天保护生态、保护植物、保护动物提供了精神动力。张载的民胞物与可视为环境伦理学的基本命题, 而王阳明思想则发现了这一基本命题的精神动力。这一精神动力正是儒家处理人与万物关系的哲学理据。

王阳明只是从哲学的角度, 具体说只是从心性之学的角度论证了民胞物与这一原则的合理性, 但他并未探讨这一原则的具体实践过程, 至少他并未能就这一原则的具体落实作出示范。清代学者, 著名画家郑板桥克服了王阳明的不足，为民胞物与这一原则的落实提出了合理的见解。他认为任何物种，哪怕是最毒的物种也有其生存的权利和存在的价值，由此他坚决反对玩弄动物、奴役动物、残害动物，更反对杀尽动物；要求人们"体天之心以为心"，以尽保护动物之责。作为贵于万物的人，应体天地之心以为心，对动物尽到自己应尽的责任，否则"万物将何托命乎"？郑氏的这一思想正是儒家民胞物与思想的具体体现，是对张载、王阳明思想的深化。

从先秦儒者到宋代张载、明代王阳明、清代郑板桥，儒家民胞物与的思想一脉相承，逐步完善，但其思想的实质仍可用《周易·象辞上》的几句话来概括，即："乾道变化，各正性命，保合大和，乃利贞。"这就是说天道变化，使天下万物各自达到正而不偏的生命圆满，保证天下万物的和谐，使天下万物并生共长，这是最好的结局。毫不夸张地说，这也正是当代一切关心环境的人士共同追求的目标。

三、 尽物之性：节制欲望，达成自然资源的良性循环

儒家认为天人合一是一种极高的道德境界，而这一道德境界的实现需从尽性开始，所谓尽性就是充分发挥自己的天赋本性。《中庸》说："能尽其性，则能尽人之性；能尽人之性，则尽物之性；能尽物之性，则可以参天地之化育；可以参天地之化育，则可以与天地参矣。"一旦实现了"参天地之化育"，"与天地参"，人就获取了立足于天地间的独立意义，从而与天地精神相往来，实现与天合一。

"尽己之性"就是成己，"尽物之性"也叫成物。成己就是完成自己的品德修养，成物就是使万物得以完成；成己是仁，成物是智；成己是向内用功，成物是向外用力，成己成物是内外的统一。儒家认为："天地之道，可一言而尽也：其为物不贰，则其生物不测。"（同上）其生物不贰，故每一物都有自己独特的价值，都有完成它的必要；其生物不测，故而造成形形色色、千变万化的世界。

天地"其为物不贰"是儒家"尽物之性"即"成物"的思想根据，也是儒家爱悯万物、顾惜万物的思想基础。因为天地"其为物不贰"，所以一种事物消失了、毁灭了，就是永久地消失了，毁坏了，就永远无法再现了。

正是在这个意义上，儒家主张人应节制欲望，以便合理地开发和利用自然资源，使自然资源的生产和消费进入良性循环状态。

儒家自孔子始，就坚决反对统治者搜刮民财，铺张浪费，孔子的学生冉求帮助富于周公的季氏搜括财富，孔子对冉求大为不满，公开号召其学生对冉求"鸣鼓而攻之"。孔子反对"苛政"，主张"薄赋敛"，明确提出"节用而爱人，使民以时。"（《论语·学而》）只有节用，才不至于无限度地开发自然资源，只有"使民以时"，老百姓才不至于荒废生产，才能达成自然资源的良性循环。孟子继承了孔子的思想，对统治者之穷奢极欲予以严厉的斥责，认为统治者"疱有肥肉，厩有肥马，民有饥色，野有饿莩，此率兽而食人也。"（《孟子·梁惠王上》）要求统治者节制欲望，与民同乐，与民同忧，合理利用资源，注意发展生产，使自然资源生产、开发、利用进入良性循环状态。

孟子的这一思想为中国历代有远见的思想家继承和发扬。西汉思想家刘安主编的《淮南子》一书，认为只有合理而有节制地开发和利用自然生态资源，达成生态资源的良性循环，自然生态资源才会取之不尽，用之不竭。中国古代虽然没有保护生态的条例和规定，但《淮南子·主术训》的这一思想深入人心。几千年来，《淮南子》的这一思想事实上已成为中国民间的行为习惯。

在中国古代，注意到利用人力，增加生产，保护自然资源再生能力的是一些受过儒家教育的农学家。北魏农学家贾思勰发明了"踏粪法"和粮肥轮作的耕作制度，主张将庄稼的秸秆、粪尿返回田地和以绿肥压青的方法恢复地力，改良劣田。到明清之际，中国出现了农、牧、林、桑、蚕、鱼综合开发和桑基鱼塘的立体农业，形成了以农养牧，以牧促农，以林保农，以林促牧，以塘植桑，以蚕养鱼等各方面相互促进、协调发展的生态农业，正是利用农、林、桑、鱼等生物链条关系，促进了生产的发展，促进了生态的平衡，真正实现了儒家所追求的"尽人之性""尽物之性"，"成己""成物"的理想。在这里，没有一物是废物，没有一物被遗弃，可以说废物也变成了宝物，被遗弃者也找到了自己的位置，每一物的作用都得到了充分的发挥，每一物的本性都得到了充分的实现，真正做到了"各正性命，保合大和"。

今天我们所面对的生态问题远比古代中国的问题严重，如果说古代人们的活动对环境有影响的话，其影响也只是止于地球的表面；而今天的人类已登上了月球，遨游于太空，其足迹已遍及大洋深处，其手臂已触及地球的心脏……现在的问题是地球表面的生态继续恶化，森林萎缩，土地沙化，江河污染；地球的上空久已不得安宁，南极臭氧洞日渐增大，空气污染，酸雨不断；一方面是能源危机，一方面是垃圾成山；一方面是人欲横流，挥霍无度，另一方面是资源枯竭，生态危机。所有这些问题都需要借助于大智慧加以解决，这个大智慧就是儒家留给我们的启示："尽人之性"，"尽物之性"，"成己"，"成物"，最大限度地利用、保护好每一点资源，最大限度地发挥每一个物品的作用，尽人类最大的努力，维护地球资源的再生能力，使自然生态真正进入良性循环。

全球性环境危机说明以两极对立的思维方式来处理人与自然环境的关系已经过时，人类文明欲再现辉煌并得以持续发展，必须冲破人类中心主义、工具理性、极端功利主义三大魔障，同时也需要人们从民族主义、地区保护主义中解放出来，从人类的根本利益出发寻找克服环境危机的办法。儒家天人合一的观念，民胞物与的原则，成己成物的追求以缓解人与环境的张力的理论和实践，为整治人类中心主义和工具理性的偏颇，为我们重新认识人与环境的关系提供了新思路。

（原载于《社会科学》1995 年第 10 期）

下篇

孔子思想及其影响

孔子在中国文化史上的地位及其成因

——兼评"去圣化"倾向

"斯文在兹"与文化统绪的自觉与反省

柳诒徵先生在《中国文化史》中指出:"孔子者,中国文化之中心也。无孔子则无中国文化。自孔子以前数千年之文化,赖孔子而传;自孔子以后数千年之文化,赖孔子而开。"① 从文化意识自觉的层面讲,柳先生之言,如实如理。

宋代无名氏有个流传甚广的说法:"天不生仲尼,万古如长夜。"当然,这里的长夜不是自然、天象意义上的长夜,并不是说孔子没有出生之前,地球就不会自转和公转,或者说太阳就不存在,而是说人们在道德世界、文化世界没有清醒的自觉与反省,即人作为类存在对其类本质即人之所以为人的意义没有清醒的觉解。孔子建立起"仁"学体系就是"人的发现"(郭沫若语)。我们理解,这里所谓的"人的发现"就是由"明德"之"明"照亮了人的意义世界,使人明白了人的真实意义与人的生命方向,从而使之由"暗箱"敞开而为"明箱"。从"文化"即"人文化成"的意义上说,"无孔子则无中国文化",这就是说没有孔子,人们对以人文化成天下这一系统的社会工程没有清醒的意识。从文化是一个民族的生活方式的角度讲,当然并不是说夏商周三代以及三代以上的中国文化没有孔子就不

① 柳诒徵. 中国文化史 [M]. (上). 北京:东方出版社,2008:226.

存在，而是说没有孔子，孔子以前的中国文化就可能断绝了，而孔子以后的中国文化可能不会是今天这个样子了。

以文自任，自觉地担当起华夏文化传承的历史责任，孔子是中国历史上旷古第一人。在生命危急关头，他说："文王既没，文不在兹乎？天之将丧斯文也，后死者不得与于斯文也。天之未丧斯文也，匡人其如予何？"（《论语·子罕》，以下凡引此书，只注篇名。）"文"在这里究竟是什么？朱熹《集注》认为："道之显者谓之文，盖礼乐制度之谓。"①何北山认为，文是"指典章文物之显然可见者"，具体说来，就是"序《诗》《书》，正礼乐，集群圣之大成"，②这些说法都有道理。不过，要搞清"文"的含义，还是要回到《论语》文本。

"文"在《论语》中有文学、文章、文德、文献等多重意义：（1）指文化知识，"行有余力，则以学文"。（《学而》）（2）指文献典籍，"夏礼，吾能言之，杞不足徵也。殷礼，吾能言之，宋不足徵也。文献不足故也。足，则吾能徵之矣。"（《八佾》）（3）与质相对，指文采，"文质彬彬，然后君子。"（《雍也》）（4）修饰、掩饰，"小人之过也必文。"（《子张》）（5）道德教化，"远人不服，则修文德以来之。"（《季氏》）（6）礼乐制度，孔子称赞尧，"焕乎，其有文章！"（《泰伯》）（7）思想学术，"夫子之文章，可得而闻也。"（《公冶长》）韦政通先生指出："'文不在兹'与'斯文'之'文'，抽象地说，即周邦维新以后所行的周道，具体一点说，即治国大道所寄的礼乐诗书的传统，而以文王为其象征。"③韦政通先生视孔子之"文"等同于周文之"文"，引申牟宗三先生之说，但并不完备。我们认为，孔子虽以周文自任，但他认为夏、商、周三代礼乐因革损益，孔子之"文"继周而起，是对周文的继承与发展。"子以四教：文、行、忠、信。"（《述而》）"文，莫吾犹人也，躬行君子，则吾未之有得。"（《述而》）周文侧重制度，而孔文继周文而起，含有礼乐制度，更侧重教化。孔子所谓的文既包括礼乐制度，也包含诗书传统、射御书数，还有化"野"为"文"的人文教化，是夏、商、周三代因革损益的历史演进所积累而成的整个华

---

① 四书章句集注［M］.上海：上海古籍出版社，2006：141.

② 程树德.论语集释［M］.北京：中华书局，1990：579.

③ 韦政通.孔子［M］.台北：台北东大图书有限公司，1996：31.

夏民族的文化传统。

牟宗三先生曾指出:"孔子通体是文化生命,满腔是文化理想,表现而为通体是德慧。"[1] 孔子以"斯文在兹"自任,直追周文王,认为自己是周文王文化统绪的传承者与善述者,自己一身承载华夏民族整个的文运与文命。自己的存在即是华夏民族文化传统之存在,华夏民族的文化传统如果不坠于地,那么自己的生命就一定能度过危险,化解匡地之厄。孔子不是文化狂人,而是文化意识清醒显豁之第一人。"这种自觉意识取决于一种根深蒂固的信念,即人类文明的延续不只是历史的事实,而且也是超越的实在的展开(the unfold of a transcendent reality),使孔子能够培育出一种使命感。"[2] 这种使命感与"知我者,其天乎"相回应,构成了一种历史论意义上的必然与宇宙论意义上的当然。

孔子认为自己与周文王、周武王、周公等历史上的圣王一样,负有天之所赋的历史使命。不过,古圣王的历史使命的政治意义大于文化意义,而孔子的历史使命则与之相反,文化意义大于政治意义。我们可以通过孔子对管仲的评价看出其对文化的高度重视。"子贡曰:'管仲非仁者与?桓公杀公子纠,不能死,又相之。'子曰:'管仲相桓公,霸诸侯,一匡天下,民到于今受其赐。微管仲,吾其被发左衽矣。'"(《宪问》)仁是极高的道德境界,也是孔子对历史人物极高的评价,以令尹子文之忠,陈文子之清,孔子不许之以仁,而对管仲,孔子则说"如其仁",足见管仲在孔子心目中的地位。孔子之所以如此看重管仲,并非管仲个人之德有什么惊人之处,相反孔子认为"管仲之器小哉""管氏而知礼,孰不知礼"(《八佾》),而在于管仲的文化功业,在于管仲在"尊王攘夷"的旗帜下,对华夏文化的捍卫所做出的重大历史贡献。"微管仲,吾其被发左衽矣",管仲最大的历史贡献就是抵御夷狄的入侵,捍卫华夏文化,使中原文化免于"被发左衽"即夷狄化,保住了中华文化的主体性,故而他指谓管仲"如其仁"。

在孔子那里,文化高于政治,更高于军事。"卫灵公问陈于孔子。孔子对曰:'俎豆之事,则尝闻之矣;军旅之事,未之学也。'明日遂行。"(《卫

① 牟宗三. 历史哲学 [M]. 台北:台湾学生书局,1988:90.
② 郭齐勇,郑文龙. 杜维明文集 [M]. 第三卷. 武汉:武汉出版社,2002:504.

灵公》）"俎豆之事"是文化之事，"军旅之事"是征战之事，孔子主张以礼让治国，而卫灵公竟然向他讨教军旅之事，说明卫灵公重军旅而轻礼乐，喜征战而厌教化，于是，孔子坚决离开卫国。孔子并非不懂军事，而是认为战争不是解决社会问题、化解危机的最好方式，而礼乐文化、教化才能最终解决人类所面对的困境、冲突。"远人不服，则修文德以来之"（《季氏》），而非整军执戈以讨之。在孔子看来，文德即道德教化对治理天下国家远比战争更根本、更重要。

孔子是中国历史上文化自觉之第一人。尧、舜、禹、汤、文、武、周公都是政治人物，他们的思考侧重于政权如何才能长久、天下国家如何才能安定的政治问题。周公制礼作乐固然具有文化意义，但并没有清醒的文化自觉，周王朝的王权长存才是他思考的重心。由孔子开始，以"志于道"为使命，以传播知识为谋生手段的士（文士）阶层开始走上历史舞台，由此开辟了中国学术文化独立传承、发展的统绪，这一统绪韩愈称之为"道统"。道统即中华文化传承数千年而不坠的道之统绪，这是中国文化之所以为中国文化的本质之所在。无孔子，则不会有此道统，无此道统，中国文化就不成其为中国文化，柳诒徵谓"无孔子则无中国文化"，是之谓也。

二、 "述而不作" 与文化统绪的传承

孔子一生所关注的焦点问题之一是：寻回行将丧失的周代礼乐文明，重建人类生活的秩序。

> 子曰："述而不作，信而好古，窃比于我老彭。"
>
> 子曰："我非生而知之者，好古，敏以求之者也。"（《述而》）

在"述而不作""好古"等自我表白中，人们不难发现孔子是古文化的爱好者、继承者和善述者。孔子一生"发愤忘食，乐以忘忧"，孜孜以求者就是保持华夏文化于不绝，"学而不厌"，即学此文化，"诲而不倦"，即诲此文化，一"学"一"诲"，华夏文化在孔子那里得以薪火相传。

孔子"述"的是什么？或者说什么是孔子所好之古呢？朱熹认为"孔子删《诗》《书》，定礼乐，赞《周易》，修《春秋》，皆传先王之旧，而未尝有所作也，故其自言如此……夫子盖集群圣之大成而折中之。其事虽述，

而功则倍于作矣，此又不可不知也"（《论语集注》卷四）。朱子是将"信而好古"与"述而不作"视为一回事，认为都是指对六经的整理。我们认为"述而不作"与"信而好古"是两个问题："述而不作"是就文献言，"信而好古"是就道言。好是好古之人，信是信仰古之道，古之人即尧、舜、禹之人，古之道即尧、舜、禹之道。

孔子论尧："大哉，尧之为君也！巍巍乎，唯天为大，唯尧则之。荡荡乎，民无能名焉。巍巍乎，其有成功也。焕乎，其有文章！"（《泰伯》）孔子称颂尧、赞美尧，可谓高矣、至矣，无以复加矣。然而，孔子所称、所赞，主要是尧之德。唯有天最高大，只有尧能取法天道，其德可与至高无上的天等量齐观。尧之德，广大深远，无边无际，以至民众找不出恰当的词称颂他。尧之德就是尧之道，尧之道就是孔子所信之道、所好之古。

孔子论舜、禹："巍巍乎，舜、禹之有天下也，而不与焉！"（《泰伯》）又说："无为而治者，其舜也与？夫何为哉，恭己正南面而已矣。"（《卫灵公》）"子曰：'禹，吾无间然矣。菲饮食，而致孝乎鬼神；恶衣服，而至美乎黻冕；卑宫室，而尽力乎沟洫。禹，吾无间然矣。'"（《泰伯》）舜、禹之所以伟大，在于他们有天下为公的胸怀，在于他们俭朴的生活与高尚的操守。孔子赞舜、禹像赞颂尧一样，崇尚舜、禹之德。舜、禹之德也就是舜、禹之道。

尧、舜、禹皆为三代以上之事，由于文献不足，时代久远，不少事迹限于口耳相传。然而，尧、舜、禹的事迹之所以能长期流传，正是因为它们寄托着华夏民族美好的向往、期待，代表着人间正道。"信而好古"，表明孔子对华夏民族文化的向往、期待，对其所体现的人间正道笃信不疑。当然，孔子所"好"之"古"也是其理想的"古"，代表着其对政治人物的期望与向往。

孔子对"六经"是"述而不作"。孔子与"六经"（《乐经》亡佚，实为五经）的关系，虽然有的学者如钱玄同等全盘否认孔子与六经有关，有的学者如康有为等则认为六经皆孔子所作，但这两种极端观点都过于主观、武断、偏执，证诸史，不足采信。多数学者认为，孔子删《诗》、纂《书》、赞《易》、定《礼》、正《乐》，作《春秋》，并以此作为教授学生的课本是可信的。孔子明确说过，他自己整理《诗》《书》《乐》等文献。"子所雅言，《诗》《书》，执礼，皆雅言也。"（《述而》）朱子注"雅"为"常"，雅言常言之，多不采。一般认为雅与俗对，雅言即标准的国语或官方话。孔子对《诗》《书》《礼》等都做过正音工作。"子曰：'吾自卫返鲁，然后乐正，《雅》《颂》各得其所'。"（《子罕》）这里明明白白告诉人们，孔子晚年从事过正《乐》和整理《诗》的工作。司马迁说："孔子以《诗》《书》《礼》《乐》教，弟子盖三千焉，身通六艺者七十有二人。"（《史记·孔子世家》）《诗》《书》《礼》《乐》这些文献自西周以来，是贵族子弟的基本教养，是那个时代的"经典"。只有具备了这种经典的教养，才具备与贵族阶层人士交流与对话的资格并进而跻身贵族阶层。"子以四教：文、行、忠、信。"（《述而》）"四教"之文的文主要是指《诗》《书》《礼》《乐》《易》《春秋》，"此五经者，殆莫不与孔子有关"① 此可断矣。今人董治安先生指出："春秋以前，所谓'易''诗''礼''乐''春秋'，大体都是某类文献的通称；每类文献，或有性质相类的典籍，或有不同的传本。整理、编订、传授，才推动了战国儒家对于'六经'的研习和重视，并最终导致了《易》《书》《诗》《礼》《春秋》至西汉开始被普遍尊崇的特殊地位。"② 蒋伯潜先生指出："五经之材料虽古已有之，而经孔子加一番赞修笔削理董之手续后，殆莫不各赋以新含义与新生命，则与其谓为'述'毋宁谓为'作'矣……故孔子者，经学之开祖也。"③ 没有孔子的"述"，这些凝结着华夏民族数千年心血与智慧的文献史料可能会亡于历史长河而后人无从知晓了。

三、 六艺的汇归与经学的开创

或删或纂，或定或正，或赞或作，向人们展示了孔子文化意识的高度自觉，自觉、清楚地意识到将这些文化继承下来，传述下去，孔子是有史以来之第一人。翻开《论语》，孔子论《诗》，论《礼》，言《乐》，引《书》并不少见，作为"经学之开祖"，孔子论《诗》《书》《礼》《乐》开

---

① 蒋伯潜．十三经概论 [M]．上海：上海古籍出版社，1983：5．
② 董治安．先秦文献与先秦文学 [M]．济南：齐鲁书社，1994：225．
③ 蒋伯潜．十三经概论 [M]．上海：上海古籍出版社，1983：6．

创了中国的诗学、礼学、书学、乐学等传统，对中国文化的发展发挥着无可替代的作用。

孔子论《诗》：

子贡曰："贫而无谄，富而无骄，何如？"子曰："可也。未若贫而乐，富而好礼者也。"子贡曰："《诗》云：'如切如磋，如琢如磨。'其斯之谓与？"子曰："赐也，始可与言《诗》已矣！告诸往而知来者。"（《学而》）

子曰："《诗》三百，一言以蔽之，曰：'思无邪'。"（《为政》）

三家者以《雍》彻。子曰："'相维辟公，天子穆穆'，奚取于三家之堂？"（《八佾》）

子夏问曰："'巧笑倩兮，美目盼兮，素以为绚兮。'何谓也？"子曰："绘事后素。"曰："礼后乎？"子曰："起予者商也！始可与言《诗》已矣！"（《八佾》）

子曰："《关雎》，乐而不淫，哀而不伤。"（《八佾》）

子曰："兴于《诗》，立于礼，成于乐。"（《泰伯》）

子曰："诵《诗》三百，授之以政，不达；使于四方，不能专对；虽多，亦奚以为？"（《子路》）

陈亢问于伯鱼曰："子亦有异闻乎？"对曰："未也。尝独立，鲤趋而过庭。曰：'学《诗》乎？'对曰：'未也。''不学《诗》，无以言。'鲤退而学《诗》。他日，又独立，鲤趋而过庭。曰：'学礼乎？'对曰：'未也。''不学礼，无以立。'鲤退而学礼。闻斯二者。"（《季氏》）

子曰："小子何莫学夫《诗》？《诗》，可以兴，可以观，可以群，可以怨。迩之事父，远之事君；多识于鸟兽草木之名。"（《阳货》）

子谓伯鱼曰："女为《周南》《召南》矣乎？人而不为《周南》《召南》，其犹正墙面而立也与？"（《阳货》）

孔子的诗学就是孔子的诗教，孔子的诗教包含两方面的意义：其一，开启了《诗》之品鉴、欣赏、诠释之先河；其二，扩大、拓展了《诗》的教化功能。如："《诗》三百，一言以蔽之，曰：思无邪。"对"思无邪"一般理解为思想纯正，"不邪"为"正"是合理的，但"思"并不是思想，而是无意义的语气词，"思无邪"即中正意。这与孔子评《关雎》"乐而不淫，哀而不伤"完全一致，反映了孔子中和主义的美学观。孔子论《诗》之兴、观、群、怨，都是对《诗》的欣赏。

孔子欣赏《诗》当然有艺术的、美的角度，但更多的是强调《诗》的教化意义。在诗教的意义上，孔子对《诗》之文本的原始意义往往存而不论，或许因为在孔子时代，《诗》的原始意义浅显明白，人人能喻，毋须作解，而引申意义或者潜藏于文本背后的喻意才是当时上层社会关注的核心问题，才是《诗》的真义。诵《诗》三百，行政能达，使于四方，而能独立应对，是《诗》的政治功能，也是人们学《诗》的主要目的。孔子一再强调"不学诗，无以言"，说明《诗》是当时贵族的基本修养，不学《诗》，一个人就无法进入当时上层社会政治活动、外交活动的话语系统，即没有发言权。在这一点上，孔子不过顺俗而言之，并无发挥。孔子论《诗》与前人不同的是，扩大《诗》的教化功能，开出了《诗》教系统。《礼记·经解》引孔子的话说："温柔敦厚，《诗》教也。"

作为《诗》的教化功能，我们可以从孔子与子贡、子夏、伯鱼等人有关《诗》的讨论中，进一步看出其对诗教的高度关注。子贡向孔子求教对贫穷与富有的合理的人生态度时，子贡的态度是"贫而无谄，富而无骄"，孔子回答："可也，未若贫而乐，富而好礼者也"。子贡由孔子的回答马上联想到《诗》之《卫风·淇奥》"如切如磋，如琢如磨"，讲的就是老师所说的境界吗？孔子对子贡的引诗，认为十分得体，大为赞叹："赐也，始可与言诗矣，告诸往而知来者。"切磋琢磨即精益求精，好上更好。从《论语》到《大学》，如切如磋，如琢如磨，被儒家人物反复引用。这说明：《诗》已经被经典化，其文本的原始意义指谓如何已经不十分重要，重要的是《诗》中的经典名句已经成为原始典范，已经是类比、类推、借喻的典型象征，《诗》的意义可以引喻、发挥、类推，从而使《诗》由具体升华到抽象，成为抽象的具体。

与回答子贡论《诗》不同，孔子回答子夏问《诗》，直接说"绘事后素"。此三句连读，不见于现存《诗经》，有人认为是佚诗。我们认为也有可能是今本《诗经》中亡佚了"素以为绚兮"一句。《诗·卫风·硕人》有"巧笑倩兮，美目盼兮"两句，而"素以为绚兮"一语可能亡佚了。如果子夏所问与此诗有关的话，那么《诗》之本义，其意义就很好理解，齐庄公之女，卫庄公之妻，齐国东宫得臣之妹，她乖巧的笑颜上跃动着两个美丽的酒窝，两个亮晶晶的眼睛黑白分明。如果《诗》只有本义，没有引申义，那么子夏不会问"何谓也"如此简单的问题。如果"素以为绚兮"紧接上两句而来，那么孔子回答"绘事后素"，就是对《诗》之文本合乎逻辑的引申。显然，庄姜出身高贵，地位显赫，生得"手如柔荑，肤如凝脂，领如蝤蛴，齿如瓠犀，螓首蛾眉"，然而所有这些美丽的外表，都是先天的、形体的、父母赐予的、自己所不能决定的，而"巧笑倩兮，美目盼兮"，一笑一盼，则是后天的、精神的、自己修为而获取的。无此一笑一盼，庄姜的美如同人造的蜡像，经此一笑一盼，这个形体立即生动、活跃起来，这就是点睛之笔。"素以为绚兮"，如此鲜明、美丽、动人的庄姜，再饰以素粉，那就更加光彩照人，可谓锦上添花，此乃神来之笔。孔子答以"绘事后素"。"绘事后素"即一幅绘画，画面有丰富的内容，艳丽的色彩，但要经过素粉的勾勒才能形象生动地呈现出来。然而，子夏进一步问"礼后乎"的确耐人寻味，是《诗》的意义"转折上的突变"，是《诗》意的升华。不过，这种转折与突变完全顺孔子解《诗》的意义而来，是孔子解《诗》的逻辑引申，故而孔子赞赏地说："起予者，商也！始可与言《诗》已矣。"几经转折，将《诗》引到《诗》教上来，这是儒门《诗》学。

从"不学《诗》，无以言"，到"人而不为《周南》《召南》，其犹正墙面而立也与"，足见《诗》在孔子心目中的地位。"无以言"就是无法言，"正墙面而立"就是无法行，《诗》的教养是春秋时代士人的基本教养，失却这种教养，士人之言行就会陷入进退无据的困顿之局。"迩之事父，远之事君"，事父，由自然伦理而成孝悌；事君，由社会伦理而成忠敬，《诗》之教化功能充分显现。《诗》之所以有"经夫妇，成孝敬，厚人伦，美教化，移风俗"之功，实乃孔门《诗》学开出之。这是《诗》而为"经"的重要根据。

孔子与弟子论《诗》，孔子的《诗》评，究竟是否合乎《诗》之原义，或者是否合乎《诗》的应有之意？果真如有的学者所说："丰富多彩的诗歌事实上被很大程度地附会和曲解；而漫无涯际地演绎引申、支离零碎的考索求证，也往往阉割和掩盖了许多诗篇富于生命力的内容，从而使得人们

'只知有经，不知有诗'。"① 当然，董治安先生的观点代表了自五四以来《诗经》研究领域不少人的看法。对《诗》的创造性诠释、创造性对话，透过《诗》的文本意义或者原始意义，领会《诗》的深层意蕴或者象征、引喻、类推意义究竟是否为《诗》所允许，是《诗》的本质问题，不能不做出说明。

自《诗》形成以来，创造性领悟《诗》就是解《诗》的流行方式。自春秋到战国，从政治人物到诸子，或引《诗》证事，或引《诗》论人，或引《诗》言理，或赋《诗》见志，皆非对《诗》进行还原主义的理解，而是对《诗》意进行类推、借喻、引申。董治安先生指出："《左传》《国语》中七十四条赋诗，多涉及君国大事、要事，是时人在'聘'（周王与诸侯或诸侯与诸侯之间派专使访问）、'盟'（一般为诸侯间订立协议的盟会）、'会'（一般为诸侯、大夫政治性聚会）、'成'（相互协议）等场合发表意见、表白态度、表达愿望，以求达到某种政治目的的重要手段。""人们在交往当中不直言其事，有意采用唱《诗》、诵《诗》的方式，是春秋时代（甚至包括前后一段时间）一种特殊的社会风气"。①大凡唱《诗》、诵《诗》之所以可以表达自己的意见、志向、愿望和要求，对方之所以可以了解自己的意见、志向、愿望和要求，在于人们对诗意有认知、理解上的共同的"前结构"，从而才能体察彼此的心意。唱《诗》者对《诗》意已作别解，而解《诗》者也非局限于《诗》之文本原始意义。当时如果一定要求还原到诗之文本的原意上去，一定会"诵《诗》三百，授之以政，不达；使于四方，不能专对"，恐为天下士人笑。

关于《书》。《书》在《论语》中的称引次数远远不及《诗》，当然这并不能证明《书》的地位不如《诗》重要。在孔子心目中，《书》与《诗》可以等量齐观。所谓"子所雅言，《诗》《书》，执礼，皆雅言也"。（《述而》）雅言即正言，即标准的官方话。《论语》称引《书》总共三处，除上面的所引外，还有两处，分别存于《为政》和《宪问》：

　　或谓孔子曰："子奚不为政？"子曰："《书》云：'孝乎惟孝，友于兄弟，施于有政。'是亦为政，奚其为为政？"（《为政》）

---

① 董治安. 先秦文献与先秦文学［M］. 济南：齐鲁书社，1994：3.

子张曰："《书》云：'高宗谅阴，三年不言'，何谓也?"子曰：
"何必高宗，古之人皆然，君薨，百官总己，以听于冢宰三年。"（《宪
问》）

为政相当于今天的从政，致力于国家的管理活动。有人问孔子为什么
不出来从政呢？孔子以《书》为据，指出自己所从事的教化大众，让人人
知道孝敬父母、友爱兄弟的工作，完全可以运用到政治上去，所以这就是
"为政"。当然，这是不是孔子不出来从政的原因，我们无从知晓，不过，
这反映了孔子的家国观念，即家国一体。治理国家应从整治家庭开始，从
人人孝敬父母、友爱兄弟开始，这是孔子治国的逻辑秩序。

在《宪问》篇中，子张提出了看似具体的历史知识问题，而这一历史
知识却关乎儒家价值取向以及对传统的态度。"谅阴"即居丧，孔子与学生
宰我之间曾就三年之丧的问题发生了激烈的论争。宰我从社会的客观功效
出发，认为三年之丧，时间太长，为父母守丧一年就够了，孔子则从情感
角度论证三年之丧的合理性。子张"高宗谅阴，三年不言"之问，可谓呼
应宰我三年之丧的疑问而来，子张以《书》中的历史事实使孔子进一步阐
明三年之丧即天下之通丧的古老传统。

孔子直接评《书》，与学生直接讨论《书》的地方并不多，仅有三条，
而论《诗》多达十条，虽不能说孔子重《诗》而轻《书》，但说明孔子与
学生对《书》的关注逊于《诗》。众所周知，孔门"四科"，德行、政事、
言语、文学，文学即范宁谓"善先王之典文"，作为"先王之典文"，《书》
的意义应大于《诗》的意义。从孔子自述"述而不作，信而好古"来看，
《书》的意义也不逊于《诗》。孔子述往圣，开来学，缅怀尧、舜、禹、汤、
文、武、周公之德，其根据无不在《书》的记载之列。

关于礼。如果说仁是孔子思想的核心，那么礼就是孔子思想的表现形
式；如果说仁是孔子思想之体，那么礼就是孔子思想的显用或作用。礼体
现了孔子对传统的继承，而仁代表了孔子对传统的创辟，孔子述往圣，开
来学，融旧铸新，仁礼两范畴足以当之。礼言其旧，仁言其新；礼言其述，
仁言其作；仁礼合一，是孔子学说的基本特质。

礼，古已有之。"殷因于夏礼，所损益，可知也；周因于殷礼，所损
益，可知也；其或继周者，虽百世可知也。"（《为政》）夏礼、殷礼、周礼

因革损益，一脉相继。不少学者指出，在夏以前，具体地说在虞舜时代，虞礼就已经存在，① 甚至还可上溯到唐尧之礼，这个说法我们认为合乎情理。礼作为社会制度、行为规范不是突然降生的，它从萌生到形成有一个漫长的历史过程。在这个过程中，可能经几许变化、过滤、沉淀、累积，逐步使礼完善、丰富起来，即使到了夏、商、周三代，礼仍然在发展中、变化中和完善中。在孔子时代，周礼最为完备，故而孔子有从周之叹，但孔子认为，周礼依然是变化的、发展的，甚至会被继周者所损益。

孔子精于礼。幼年的孔子，在母亲颜徵在的教导下，"为儿嬉戏，常陈俎豆，设礼容"（《史记·孔子世家》）。孔子的妈妈是一位伟大的母亲，是寓教于乐的典范，一个"常"字将读者带入孔子幼时演礼的场景。"子入大庙，每事问"（《八佾》）。孔子所问者何？曰：礼也。"孔子去曹适宋，与弟子习礼于大树下"（《史记·孔子世家》）。"卫灵公问陈于孔子。孔子对曰：'俎豆之事，尝闻之矣，军旅之事，未之学也。'"（《卫灵公》）俎豆之事即礼仪之事。孔子的一生是践行礼义的一生，也是教授礼、演习礼的一生，无论是造次，还是颠沛；是进，还是退；是燕居，还是临民，一切皆以礼为标准。克己复礼，视、听、言、动合乎礼，是孔子的追求。他要求学礼、习礼而最终"立于礼"。礼在孔子那里，由春秋早期的天之经，地之义，物之则，民之行等哲学总括，落实为国家制度及个人修养的道德规范体系，这是孔子对礼的改造与发展。

孔子与三礼（《周礼》《仪礼》《礼记》）究竟是什么关系？一般学者认为，孔子与《周礼》没有直接关系，即使依汉人刘歆的说法，《周礼》是周公致太平之书，为周公所作，著者权也不在孔子。后世学者多疑此说，不少学者认为它是战国时期的作品。不过，至今没有翔实史料说明《周礼》的出现与孔子有直接关联。

《礼记》（指小戴礼四十九篇），《汉书·艺文志》载："《记》百三十一篇。"班固自注云："七十子后学者所记。"唐人陆德明《经典释文叙录》："《礼记》者，本孔子之徒共撰所闻，以此为记。后人通儒各有损益。"司马

---

① 陈戌国．中国礼制研究［M］．先秦卷．长沙：湖南教育出版社，1991：96－97．杨向奎、邹衡、陈戌国等主张此说。

迁所谓："《书传》《礼记》自孔氏。"（《史记·孔子世家》）对史迁之说，学者多不采信。我们认为，《礼记》有孔子的影子，或贯彻孔子的礼学思想，或是对孔子礼学思想的发挥，主要为孔子弟子和再传弟子所撰。

《仪礼》，又称《礼》《士礼》或《礼经》。有的学者指出，《仪礼》出于孔子。《礼记·杂记》载："恤由之丧，哀公使孺悲之孔子学士丧礼，士丧礼于是乎书。"《论语·阳货》记载，孺悲欲见孔子，孔子辞以疾，将命者出户，孔子取瑟而歌，使之闻之。如果孺悲欲见孔子一事发生在孺悲学士丧礼之后，孔子不见，可能是因孺悲学士丧礼而无士之行。如果此事发生于孺悲学士丧礼之前，《礼记·杂记》所记就值得怀疑。在没有新证出现之前，暂且存疑。蒋伯潜在《十三经概论》中，引证《论语·乡党》《礼记·礼运》《礼记·仲尼燕居》等有关材料，证明《仪礼》十七篇，"当为孔子所定，以教弟子，正因冠昏丧祭乡射朝聘八者，已足揽礼之大纲"①。蒋氏之说在《史记》中也有根据，孔子之时，所谓"幽厉微而礼乐坏，诸侯恣行，政由强国。故孔子闵王路废而邪道兴，于是论次《诗》《书》，修起礼乐"（《史记·儒林传》）。"孔子之时，周室微而礼乐坏，《诗》《书》缺。追迹三代之礼，序《书传》，上纪唐虞之际，下至秦缪，编次其事"。"故《书传》《礼记》自孔氏。"（《史记·孔子世家》）周室微而礼乐坏，但礼乐并没有完全失传。重整礼乐，接续文、武、周公传统，保存华夏礼乐文明，是孔子终生的事业。"卫公孙朝问于子贡曰：'仲尼焉学？'子贡曰：'文武之道，未坠于地，在人。贤者识其大者，不贤者识其小者，莫不有文武之道焉。夫子焉不学，而亦何常师之有？'"（《论语·子张》）圣人无常师，能者为师，这里的文武之道即周代的礼乐，所谓"贤识其大者"，乃是说贤者犹能掌握礼乐规范之大体，所谓"不贤者识小者"，乃言不贤者犹能记住礼乐文化之末节。师襄、苌弘、郯子，等等，都是子贡心目中"识其大者"，而"入太庙，每事问"，所问可谓礼之小节。孔子定礼，应是历史事实。不过，即使礼乐经孔子所订定，甚至《仪礼》果真为孔子所作，然而周旋揖让，出处进退之仪节，自然会因革损益，与时推移，《仪礼》的内容对当代社会的制礼作乐只有参考之价值了。"三礼"中对后世影响最大，

---

① 蒋伯潜．十三经概论［M］．上海：上海古籍出版社，1983：328－329．

至今仍然有着不可低估的理论与实践价值者在《礼记》。

《乐》，是"六经"之一，后世亡佚了。《诗》《书》《礼》《乐》，是先秦时代士大夫的基本教养。《诗》《书》代表了文化知识，《礼》代表着制度与规范，《乐》有类于今日的艺术与美育。"兴于《诗》，立于礼，成于乐"（《泰伯》）。《诗》为诗教，《礼》为礼教，《乐》为乐教，三者三位一体，共同发用才能造就健全的人格，促进人的全面发展。乐，古已有之，周室微而礼乐坏，"乐之坏"坏于"郑声之乱雅乐也"（《阳货》）。孔子厌恶这种状况，故坚决地予以纠正。"子曰：'吾自卫返鲁，然后《乐》正，雅、颂各得其所。'"（《子罕》）鲁哀公十一年，即公元前484年，季康子礼迎孔子归鲁。孔子专心从事整理"六经"与教授学生的工作。正《乐》，是孔子晚年工作的重心之一。"三百五篇，孔子皆弦歌之，以求合韶、武、雅、颂之音，礼乐自此可得而述，以备王道，成六艺。"（《史记·孔子世家》）依司马迁的看法，《诗》全部入乐，使之合于韶、武、雅、颂之音，自孔子始。传至战国，纵横捭阖之士，直接言利陈害，合纵连横，赋《诗》见志已不流行，"聘问歌咏已不行于列国"。乐之多样性已是大势所趋，《诗》《乐》分家已不可避免，最终《诗》传而《乐》亡。

与礼一样，孔子对乐也注入了新的精神、新的内涵，即引仁入乐。所谓："乐云乐云，钟鼓云乎哉？"（《阳货》）乐，当然不能只是徒有其音的钟鼓之声，乐有乐的内在精神，这个精神就是仁。"人而不仁，如乐何？"（《八佾》）乐有了内在精神，就不再仅仅是"乐"（lè），而是承载着"道"的乐教了。

乐教，是孔子教育学生的重要内容，也是孔子教化学生的重要手段。《史记·孔子世家》载："《诗》三百篇，夫子皆弦歌之。""弦歌之"之后并不是将其束之高阁，而是用以教化学生，进而教化大众。"子曰：'由之瑟奚为于丘之门？'门人不敬子路。子曰：'由也升堂矣，未入于室也'。"（《先进》）《说苑·修文》记载，子路鼓瑟有"北鄙之声""杀伐之气"，与孔子所主张的雅、颂之音不合，故孔子批评子路，但我们从中知道子路之瑟确实出于孔子之门。《论语·先进》记载，曾皙"鼓瑟希，铿尔，舍瑟而作"，说明乐与孔门如影相随。即使在陈蔡绝粮之际，"从者病，莫能兴。孔子讲诵弦歌不衰"（《史记·孔子世家》）。"子与人歌而善，必使反之，而后和之"（《论语·述而》）。诸如此类，在早期儒家典籍中并不稀少，足见乐教在孔子教育体系中占有重要地位。

孔子的乐教指向学生的同时，也指向社会大众，最终化民成俗。《礼记·经解》引孔子的话说："入其国，其教可知也。其为人也……广博易良，乐教也。"乐教可使人民豁达、平易、善良。孔子的学生子游任武城宰，推行孔子的礼乐教化，成效显著，深得孔子的赞赏。"子之武城，闻弦歌之声，夫子莞尔而笑曰：'割鸡焉用牛刀？'子游对曰：'昔也偃也闻诸夫子曰：君子学道则爱人，小人学道则易使也。'子曰：'二三子，偃之言是也，前言戏之耳！'"（《阳货》）满城遍闻弦歌声，在两千五百多年前的中国大地竟然出现了，这是多么令人向往的生活情景啊！这种以乐教治国，让"弦歌之声"上达君子，下及百姓，正是孔门的真精神。

孔子乐教的另一意义，是开出了乐之鉴赏的先河，为乐乃至一切艺术作品规定了评鉴标准。"子语鲁大师乐，曰：'乐其可知也：始作，翕如也；从之，纯如也，皦如也，绎如也，以成。"（《八佾》）从"始作"到"以成"，孔子向人们展示了乐之跌宕起伏、层层推进的演奏过程。"翕如也"，言乐始起立即将人的精、气、神提起来，凝聚起来；"纯如也"，言乐调之和谐；"皦如也"，言乐调之鲜明、晴晰，"绎如也"，言乐绵绵不绝，余音绕梁，令人陶醉。正是："师挚之始，《关雎》之乱，洋洋乎，盈耳哉！"（《泰伯》）乐之感人心之深，让你想忘不容易！"子在齐闻韶，三月不知肉味。曰：'不图为乐之至于斯也。'"（《述而》）《淮南子·主术训》记载："孔子学鼓琴于师襄，而谕文王之志，见微以知明也。""谕文王之志"由乐之演奏、欣赏可以思见乐之作者的志向、情操、动机，想象其为人的态度、处事的风格、精神的品质，这就是"见微以知明也"。

孔子对乐规范了评鉴标准。"子谓《韶》：尽美矣，又尽善也。谓《武》：尽美矣，未尽善也。"（《八佾》）《韶》，虞舜时代的乐名；《武》，武王乐。朱子认为："舜绍尧致治，武王伐纣救民，其功一也，故其乐皆尽美。然舜之德，性之也，又以揖逊而有天下；武王之德，反之也，又以征伐而有天下，故其实有不同者。"（《论语集注》）朱子的解释是政治学的解释，当然不是全无道理。然而，换一角度，也许更合乎孔子本义。显然，孔子认为评鉴乐乃至一切艺术品有两个标准：一是美的标准，即艺术标准，一是善的标准，即社会标准。韶乐用艺术标准评价可称得上是完美的作品，从社会效果上看，韶乐也完全合乎善的标准。而武乐在艺术上是完美的作品，而在社会效果上，由于充满杀伐之气，故而还有不完善之处。在孔子看来，艺术品应是美与善的统一。

关于《易》。在汉人看来，《易》与孔子有着重要的关系，《史记·孔子世家》："孔子晚而喜《易》，序《彖》《系》《象》《说卦》《文言》，读《易》，韦编三绝。曰：'假我数年，若是，我于《易》则彬彬矣。'"《汉书·艺文志》亦云："孔氏为之《彖》《象》《系辞》《文言》《序卦》之属十篇。故曰《易》道深矣，人更三圣，世历三古。"孔子作"十翼"两汉并无异辞。自宋以下，不少学者怀疑孔子与"十翼"的关系，降至现代，坚持汉人说法的学者已经十分稀少了。无论"十翼"是否为孔子所亲著，但孔子与《易》有着密切关系是大多数学者都承认的事实。

《论语》一书至少两处直接言《易》。其一，"子曰：'加我数年，五十以学易，可以无大过矣'"（《述而》）；其二，"子曰：'南人有言曰：人而无恒，不可作巫医。善夫！不恒其德，或承之羞，子曰：'不占而已矣'"（《子路》）。"五十以学易"既合乎《史记》"孔子晚而喜易"，又合乎1973年湖南长沙马王堆汉墓出土的帛《易》"要"篇中"夫子老而好易，居则在席，行则在囊"之说，孔子与《易》有关很少有人否认。"不恒其德，或承之羞"，是《恒》卦九三爻辞，学界对这句话有不同的理解。李境池先生认为，这是狩猎时代的社会情形，意思是说狩猎不常常获得，但依然可以得到珍馐享用。结合《论语》上下文，大多数学者认为，这句话是说一个人没有恒常的操守，难免会招致羞辱。孔子说，对没有恒常操守的人不用占算了（肯定没有好结果）。孔子的这一思想与《要》篇的思想完全相符合。当子贡问孔子："夫子亦信其筮乎？"孔子的回答是："我观其德义耳，吾与史巫同途而殊归。""观其德义"是孔门《易》最大的特征，由此而开出《易》之义理系统。《易》含象、数、理、占四方面内容，孔子对筮占并不陌生，虽然孔子之占也只能"百占而七十当"，不过，也足以说明孔子所说的"不占而已矣"不是无稽之谈。

《春秋》，一经而三传。经，以传统的说法，为孔子作，传分《春秋左氏传》《春秋公羊传》《春秋谷梁传》，是对孔子之经的解释。《春秋左氏传》自汉以下，属古文经，其他两传属今文经。近代以来，不少学者主张，《春秋》经传分离，经自经，传自传，然而也有学者坚决反对经传分离之举，主张《春秋》经、传（指《左传》）一体，不可分离。孔子著《春秋》，始见《孟子》。孟子指出："世衰道微，邪说暴行有作，臣弑其君者有之，子弑其父者有之，孔子惧，作《春秋》。《春秋》者，天子之事也。是故孔子曰：'知我者，其惟《春秋》乎！罪我者，其惟《春秋》乎！'"（《孟子·滕文公下》）又说："昔者禹抑洪水而天下平，周公兼夷狄，驱猛兽而百姓宁，孔子著《春秋》而乱臣贼子惧。"（《孟子·滕文公下》）《史记·孔子世家》载："'弗乎！弗乎！君子病没世而名不称焉。吾道不行矣，吾何以自见于后世哉？'乃因史记作《春秋》，上至隐公，下讫哀公十四年，十二公。据鲁、亲周、故殷，运之三代。"又说："孔子在位听政，文辞有可与人共者，弗独有也。至于为《春秋》，笔则笔，削则削，子夏之徒不能赞一辞。"《太史自序》也说："孔子知言之不用，道之不行也，是非二百四十二年之中，以为天下仪表，贬天子，退诸侯，讨大夫，以达王事而已矣。子曰：'我欲载之空言，不如见之行事之深切著明也。'"又说："《春秋》上明三王之道，下辨人事之纪，别嫌疑，明是非，定犹豫，善善恶恶，贤贤贱不肖，存亡国，继绝世，补敝起废，王道之大者也。"由孟子、司马迁对《春秋》的评价衡之，《春秋》与其说是编年史，不如是说政治哲学、历史哲学著作。

以孟子的见解，"王者之迹熄而《诗》亡，《诗》亡然后《春秋》作"（《孟子·离娄下》）。当然，这里的《春秋》是各国史书的通称，未必专指孔子所作之《春秋》，孟子认为孔子著《春秋》集诸国书史之大成。"其义则丘窃取之矣"，是文化史上的重大事件，标志着文化形态的转变，这种转变即由"诗"的形态而向"史"的形态。这一转变意味着"史官"掌握历史的评判权。

孔子所著《春秋》与传本《春秋》，究竟是什么关系？依熊十力的说法，"孔子《春秋》经、传全亡，公羊氏传口说，何休以后遂无闻"。[①] 或如匡亚明所言：孔子编修《春秋》毫无疑问，然而"孔子是把《春秋》作

① 熊十力.熊十力全集［M］.第六卷.武汉：湖北教育出版社，2001：430.

为现代史教材进行教学的。这只是一部教学大纲"。① 经数千年之流传，在文字传播相当落后的古代社会，孔子著《春秋》的历史真相也许很难还原了，但绝不可能如熊十力所说，经、传全亡，传本《春秋》肯定有孔子的影子。孔子著《春秋》在中国文化史上的最大意义，在于开出了中国独特的史学传统，即寓褒贬，别善恶，盖棺论定，鉴古知来，以史论政。

《诗》《书》《礼》《乐》《易》《春秋》，古已有之，然而经过孔子的"删""纂""修""正""赞""作"等，六经（实为五经）发生了本质上的转化。孔子在中国文化史上的意义，不仅仅在于他是古文献的整理者、传授者，还在于他是中国经学文化的真正奠基者，文化典范的创造者。由他开始，《诗》而为《诗经》，由《诗经》而为诗教；《书》而《书经》，由《书经》而为书教；《礼》而为《礼经》，《礼经》而为礼教；《乐》《易》《春秋》皆可以此类推，无不然也。"六经"或"六教"是一完整的文化系统，它们共同发用，共同型塑了中国人的性格与品格。"其为人也，温柔敦厚而不愚，则深于《诗》者也；疏通知远而不诬，则深于《书》者也；广博易良而不奢，则深于《乐》者也；絜静精微而不贼，则深于《易》者也；恭俭庄敬而不烦，则深于《礼》者也；属辞比事而不扰，则深于《春秋》者也。"（《礼记·经解》）在《庄子·天下篇》看来，《诗》《书》《礼》《乐》代表了中国古代"内圣外王之道"的"道术"，此道术"邹鲁之士，搢绅先生，多能明之"。"《诗》以道志，《书》以道事，《礼》以道行，《乐》以道和，《易》以道阴阳，《春秋》以道名分。"在荀子看来，六经包罗万象，囊括天地理。"故《书》者，政事之纪也……《诗》者，中声之所止也；《礼》者，法之大分，类之纲纪也……《礼》之敬文也，《乐》之中和也，《诗》《书》之博也，《春秋》之微也，在天地之间者毕也。"（《荀子·劝学》）《汉书·艺文志》亦言："六艺之文：《乐》以和神，仁之表也；《诗》以正言，义之用也；《礼》以明体，明者著见，故无训也；《书》以广德，知之术也；《春秋》以断事，信之符也。五者，盖五常之道，相须而备。"从先秦到两汉，学者大都视五经为一个整体，代表或体现了中国文化的基本构造。直到20世纪，马一浮先生仍然认为，六艺，是孔子之教，

---

① 匡亚明. 孔子评传［M］. 济南：齐鲁书社，1985：353－355.

"吾国二千余年来普遍承认一切学术之原，皆出于此，其余皆是六艺之末流"。"今楷定国学者，即六艺之学，用此代表一切固有学术，广大精微，无所不备。"（《泰和会语》）由马一浮先生之思想，完全可以推出孔子乃国学真正的奠基者。

六经、六艺或六教，随着孔子地位在中国历史上的抬升，《诗》《书》《礼》《乐》《易》《春秋》等早已冲破文辞本文的限制，在中国文化、学术、思想史中取得了至上性、神圣性地位，形成了源远流长的经学传统，长期扮演着官方意识形态的角色，由此对中国政治、经济、文化、风俗习惯、民族性格、思想方式等都产生了重大影响。这种影响至今依然可见。

四、 下开九流： 孔子乃诸子之源

上承六经，孔子乃经学之鼻祖；下开九流，孔子乃诸子之源。我们说，孔子以文自任，是文化自觉之第一人。"六经"通过孔子的整理，不再是孤立、个体存在的先王旧典，而是作为一个系统出现于中国历史舞台，这是孔子对中国文化的最大贡献，也是他超越尧、舜、禹、汤、文、武、周公而成为集诸圣之大成的最重要根由。由此，"自孔子以前数千年之文化，赖孔子而传"。

"自孔子以后数千年之文化，赖孔子而开"，孔子下开九流，乃诸子学之源。没有孔子，就没有战国时代诸子并作、百家争鸣时代的出现。"夫周室衰而《关雎》作，幽厉微而礼乐坏，诸侯恣行，政由强国。故孔子闵王路废而邪道兴，于是论次《诗》《书》，修起礼乐。适齐闻《韶》，三月不知肉味。自卫返鲁，然后乐正，《雅》《颂》各得其所。……故因史记作《春秋》，以当王法，以辞微而指博，后世学者多录焉。"（《史记·儒林列传》）司马迁认为孔子就是中国文化的善述者、继承者、集大成者。孔子打破"学在官府"的局面，开创私人讲学之风，在"有教无类"的原则下，他所办的学校向全社会敞开，向所有人开放。他是中国历史乃至人类历史上最杰出、最伟大的教育家，是一位最成功的老师。他办学的目的，一方面是培养改造社会、管理社会的从政人员，另一方面是培养中国文化统绪的传人，以求中国文化继往开来，让华夏文化薪火相传，生生不息。就前者言，孔子"以道易天下"的理想在他活着的时候并没有实现，就后者说，他却取得了极大的成功。正是通过他的弟子代代相传，中国文化不仅被保存下来，而且还不断被发扬光大。

"自孔子卒后，七十子之徒散游四方，大者为师傅卿相，小者友教士大夫，或隐而不见。故子路居卫，子张居陈，澹台子羽居楚，子夏居西河，子贡终于齐。如田子方、段干木、禽滑釐之属，皆受业于子夏，为王者师。是时独魏文侯好学。"（《史记·儒林列传》）孔子是中国历史乃至人类历史上最成功的教育家，终身从事教育活动，弟子众多，以孔子为中心形成了庞大的文化集团与学者团队。在孔子生前，孔门弟子就已经开始散游四方，澹台灭明率弟子三百余人过江（有的学者认为，此事不可信，我们认为怀疑的理由不充分），而其他学生的弟子肯定也不在少数。所谓子张氏之儒、颜氏之儒、漆雕氏之儒、子思之儒（子思即原宪，非孔子之孙），子夏的西河学派、曾参的洙泗学派，等等，孔子及其学术群体的出现悄然之间成为影响中国历史进程的重大事件，不期然为中国文化史、思想史上第一个黄金时代——百家争鸣的出现奠定了基础。正是孔子及其学生乃至再传学生的努力，使文化迅速下移而且广为传播，一大批社会底层人士由于接受教育而由农、工、商转化为士（文士），由士进而转入家、国、天下事务的决策与管理集团，并造就了士（文士）阶层的出现。士阶层崛起，为战国时代诸子并作、百家争鸣的出现提供了人力资源与文化准备。如果百家争鸣是中国文化史上的一座高峰，那么孔子及其学生就是这个高峰的基石。

班固《汉书·艺文志》明确指出：儒、墨、道、法、名、阴阳、纵横、杂、农等诸子百家皆"六经"之支与流裔，"六经"可谓先秦一切诸子的总源头。这里的"六经"当然是指经孔子删述的"六经"，孔子是诸子之总源头。《汉书·艺文志》指出："诸子十家，其可观者九家而已。皆起于王道既微，诸侯力政，时君世主，好恶殊方，是以九家之说蜂出并作，各引一端，崇其所善，以此驰说，取合诸侯。其言虽殊，辟犹水火，相灭亦相生也。仁之与义，敬之与和，相反而皆相成也。……今异家者各推所长，穷知究虑，以明其指，虽有蔽短，合其要归，亦《六经》之支与流裔。"《汉书·艺文志》的诸子起于王官说，章太炎确信无疑，而胡适则力驳其非，认为诸子皆抱救世之热忱，应时而起。"诸子出于王官"说与其说是诸子出现之"因"，不如说是其"果"，即诸子学说出现之后，班固因以诸子的学术倾向而类比于周代的王官职能，而不是说周代某种王官失守而降为某子及创立某家学说。六经或六艺乃孔子以前中国文化总汇，即古之道术，为中国思想文化的总源头，从这个意义上说，诸子为六经之支与流裔。诚然，"六经"之总汇在孔子，从这个意义说，诸子为孔子之支与流裔。

诸子出于王官固不可全信，而诸子皆六经之支与流裔则确然有据。《庄子·天下篇》认为："配神明，醇天地，育万物，和天下，泽及百姓，明于本数，系于未度，旧法世传之史尚多有之。其在于《诗》《书》《礼》《乐》者，邹鲁之士，搢绅先生多能明之。《诗》以道志，《书》以道事，《礼》以道行，《乐》以道和，《易》以道阴阳，《春秋》以道名分。其数散于天下而设于中国者，百家之学时或称而道之。""古之道术"存在于《诗》《书》《礼》《乐》之中，而《诗》《书》《礼》《乐》只有"邹鲁之士，搢绅先生"多能明之。邹鲁之士当然是指孔门之徒的儒者，"搢绅先生"是指具有官守的人。降至战国，六经所代表的古之道术已"为天下裂"，为百家之学的"方术"取代了。《庄子·天下篇》的作者认为：墨翟、禽滑厘、宋钘、尹文、彭蒙、田骈、慎到、关尹、老聃、庄周、惠施等诸子都只是体现"古之道术"之一端的"方术"，而孔子等儒家人物体现了全体大用的"道术"，所以孔子不与诸子并列，甚至颜子、子思、孟子等儒家著名人物都不与诸子并列。在《庄子·天子篇》的作者看来，孔子所代表的儒家显然高于诸家，不能与诸子所代表的百家之学等量齐观。因为这些"邹鲁之士"深谙"道术"，而诸子即墨翟、禽滑厘、宋钘、尹文，彭蒙、田骈、慎到、关尹、老聃、庄周、惠施只明"方术"，"道术"是中国文化之大体，而"方术"是对中国文化之大体某一方面的抽演，"邹鲁之士"高于诸子百家之学。

章太炎先生论儒家有共名、达名、私名之分，我们至今对"儒"的用法仍然如此。当我们说某人是"儒商"，某人是"儒将"，某人很"儒雅"时，这里的儒显然不是说他属于儒家学派或是儒家的信徒，而是说他是一个有教养、有水平、有文化的人，这是儒之共名。从共名的意义上，近代人甚至称西方传教士利玛窦等人为"西儒"，凡是一切有教养、有文化的人都可以称为"儒"。"与人敬而无失，恭而有礼，四海之内皆兄弟也。"兄弟者，儒者之同道也。从这个意义上说，墨、道、名、法等皆可称为"儒"。孔子只是顺应中国文化的大流、主流而来，只有以文自任的"斯文在兹"的意识，只是"有教无类"育化大众、泽被苍生的理想，只知努力从事"以道易天下"的客观实践和"知其不可而为之"的主观努力，本无什么宗，也非什么派，既然"天下一家"，"何家之有"？故而孔子所代表的是华夏文化的主流和人之所以为人的教养，如果说孔子是儒家，也只是共名意义上的儒家。战国时代，诸子蜂出并作，中国文化主流、大流开始分化、歧出，出现了许多支流，有些支流有时甚至可以与主流分庭抗礼，出现了主流与众多支流界限模糊的现象。墨家、道家、法家、名家、阴阳家、纵横家等学派的出现，"各得一察焉以自为好"，道术已为天下裂，代表与呈现"道术"的孔子后学不得不与之争是非，论短长，辨善恶，于是孔子门徒及其后学就有了儒家之名。

除儒家外，在先秦时期最为显赫的学派当属墨家。《韩非子·显学》开头便说，"世之显学，儒墨是也"，墨家与儒家并称显学，墨家的创始人墨子像孔子一样受到其信徒的热捧。墨学是从哪里来的呢？《淮南子·要略训》说："墨子学儒者之业，习孔子之术，以为其礼烦扰而不说，厚葬靡财而贫民，久服伤生而害事，故背周道而用夏政。"墨学源于儒家，或者说是从儒家阵营中出走的反对派。没有孔子"有教无类"的办学方针，像墨子这样出身于社会底层的人不可能成为一代学者并开宗立派。孔子死后，孔子的弟子散游四方，儒学在不同地区，从不同方面对孔子思想进行引申和发展。然而，墨子从何处"学儒者之业，习孔子之术"？

我们认为，墨子很可能是从子张那里"学儒者之业，习孔子之术"的，理由有三。其一，墨子与子张一样都来自社会的底层，即所谓"贱人"，大致相同的出身背景容易形成共鸣，找到知音，墨子向子张学习是有可能的。从性格上分析，孔子称"师也辟"，师就是子张，辟就是偏激，就是不合乎中道原则，即适度原则的"过"。墨子的行为对孔子救世热忱的进一步强化，兼爱对仁爱不就是一种"过"吗？其二，从《论语》记载的子张言论中，我们可以看到子张的思想倾向与墨家最为接近。子张主张"尊贤而容众，嘉善而矜不能"（《子张》）。"尊贤"与"尚贤"同义，"容众"与"兼爱"同功。其三，由荀子对子张氏之儒的批判，可以看出子张氏之儒与墨家接近。子张氏之儒当然不限于子张，而是指由子张所开出的整个学脉系统。"弟陀其冠，神禫其辞，禹行而舜趋：是子张氏之贱儒也。"（《荀子·非十二子》）"逢衣浅带，解果其冠，略法先王而足乱世术，缪学杂举，不知法后王而一制度，不知隆礼义而杀诗书；其衣冠行伪（为）已同于世俗矣，然而不知恶；其言议谈说已无异于墨子矣，然而明不能别。"（《荀子·儒效》）"禹行而舜趋"恰恰同于墨子的"背周道而用夏政"，"神禫其辞"正是《墨子》一书写作的最大特征。"其衣冠行伪已同于世俗矣"，这里"俗儒"就是子张氏之儒。墨子出于子张氏之儒，而子张氏之儒可能到战国后依然是墨家的同盟军，由此荀子指斥子张氏之儒为"贱儒""俗儒"就完全可以理解了。

道家与孔子似乎关系不大，长期以来，不少人一直认为，道家的创始人老聃是孔子的老师，《庄子》《礼记》《史记》等书都记载了孔子问礼于老聃的故事。我们认为：孔子问礼于老聃的这个人，不是写《老子》五千言的老聃。从古至今同名者多矣，在先秦，至少有两个公孙龙，有两个子思，有两个扁鹊，等等，不一一列举。老聃至少也有两个：一个是孔子向其问礼的老聃，另一个是著《老子》一书的老聃，两个老聃思想观念、价值趋向完全不同，到司马迁时就将两个人混同了。其一，孔子不可能向一位批判礼义忠信之人问礼。既然是问礼，当然会向明礼、懂礼、崇礼之人问之，而向批判礼的人问礼岂不是十分可笑吗？孔子问礼之老聃非著《老子》之老聃。孔子的"窃比于老彭"之老，即使这个"老"指老聃，也不是道家创始人的老聃，而是孔子问礼的老聃。其二，韩愈、汪中、梁启超、冯友兰、罗根泽，等等，都作了大量翔实的考证，证明《老子》一书的著者不是春秋末年的老聃，而是战国初期的周太史儋。我们认为，这个结论是可信的，虽然有的学者力驳其非，但证据不充分。

《老子》一书，其理念与价值观无不与《墨子》相反，可以说是在墨家兴起后对墨家的挑战或者对墨家学派的反动。墨子贵强，老子贵柔；墨子有为，老子无为；墨子主辩，老子弃辩；墨子贵义，老子弃义；墨子尚贤，老子不尚贤；墨子主张尚同，老子主张小国寡民；墨子天志，老子天道无亲；墨子兼爱，老子讲天地不仁、圣人不仁；墨子明鬼，老子无鬼，凡此种种，殆无一不与墨子相反也。这种相反，充分说明《老子》产生于墨学兴起之后，是对墨家思想的逻辑反击。

当然，我们不是说《老子》一书的思想直接源于孔子，但道家学派的出现并不在孔子之前，也不可能在墨家之前。从中国哲学发展的逻辑过程看，它是在墨子对儒家反动之后的再一次反动。但我们可以说，老子学说之所以出现得益于孔子及其后学所开创的学术氛围与思想环境，得益于儒墨之间的争辩。

道家学派的真正形成始于庄周。庄子思想源于颜氏之儒，或者说庄子就是由颜氏之儒出走的人物，这一点早已被学术界思想敏锐的学者如章太炎、郭沫若、童书业等先生指出。章太炎指出："《庄子》书中，自老子而外，最推重颜子，于孔子尚有微辞，于颜子则从无贬语。"他甚至认为，正因颜子不幸短命，庄子才有一生死，齐彭殇之说。"七国之儒，皆托孔子之说以糊口，庄子欲骂倒此辈，不得不毁及孔子，此与禅宗呵佛骂祖相似。禅宗虽呵佛骂祖，于本师则无不敬之言。庄子虽揶揄孔子，然不及颜子，其事正同。"① 在章太炎先生看来，颜子正是庄子及其学派的"本师"，显然，在他看来，庄学出自颜子。郭沫若先生指出："我怀疑他（庄周）本是'颜氏之儒'。"并引证《庄子》篇中的《田方子》《人间世》《大宗师》等资料与《论语》记载的颜子思想倾向作比较，确证"庄子是从颜氏之儒出来的，但他就和墨子'学儒者之业，受孔子之术'而卒也，'背周道而用夏政'一样，自然成立了一个宗派"。② 童书业先生指出："庄子可能本是儒家颜渊的后学，后来才学习杨朱、老子的学说，自成一家的。"③ 这些先生的论证，尤其是郭沫若先生的论证已相当详细，有理有据。

儒、墨在先秦并称显学，道家异军突起，一度与儒家、墨家相抗衡。法家就学术势力而言，无法与儒家、墨家相比，但就其客观、现实的实践效果而言，它深得统治者的赏识，并最早在统一的大帝国里推行和实验。法家源头在哪里？郭沫若认为：法家的产生可以上溯到郑国执政大夫子产，因为子产铸《刑书》。不过我们认为铸《刑书》与法家的产生应是两回事，《刑书》正式颁布并不意味着法家作为一个思想学派出现。郭先生也看到了

① 章太炎. 国学讲演集［M］. 上海：华东师范大学出版社，1995：208－212.
② 郭沫若. 郭沫若全集［M］. 历史编2. 北京：人民出版社，1982：190－197.
③ 童书业. 先秦七子思想研究［M］. 济南：齐鲁书社，1982：140.

这一点，在他看来，铸《刑书》，铸刑鼎等，只表明他们是"法家式的前驱者"。他指出：在严格的意义上，法家的始祖是李悝。不少学者认为李悝就是李克，李克是"子夏弟子，为魏文侯师"。郭沫若将吴起也视为早期法家重要代表人物。吴起师事子夏、曾参，也是儒家氛围中陶冶出来的人物。商鞅是李悝的学生，"他也是在魏文、武侯时代儒家气息十分浓厚的空气中培养出来的人物，他的思想无疑也是从儒家蜕化出来的"。① 法家理论的集大成者韩非和法家理论的具体实践者李斯，都出自儒家人物荀况门下。如果郭沫若先生的研究属实的话，我们完全有理由说法家源于儒家或者法家是儒家的变异。商鞅源于李悝，李悝出自子夏，子夏出自孔子，韩非、李斯出自荀况，法家与孔子开创的儒家学派的关系不是相当清楚的吗？

先秦百家主要就是儒、墨、道、法四家，其他家诸如纵横家，因应时势而起，以顺为正，无自己的原则与坚持，不足称之为家。阴阳家依章太炎之说，"乃儒家之别流也"。② 名家作为辨察之术，孔子实开其先河，儒家有"正名"，墨家有"墨辨"，名家乃工具之学，为众家所用，并非解决人类生存与发展问题的一派学说。农家、小说家等等，影响有限，不再评之。

孔子上承三代文明，祖述尧舜，宪章文武，集上古文化之大成。他开创私人办学之风，是人类历史上最为成功的教师，相传有学生三千之众。在他死后，这些学生散游四方，授徒讲学，传播孔子学说与主张，师生代代相传，生生不息，由是拉开了战国时代百家争鸣的大幕，可谓下开九流。孔子顺应华夏文化的大流而来，是中国文化史上继往开来的一代文化伟人。司马迁评孔子：

> 高山仰止，景行行止，虽不能至，然心向往之。余读孔氏书，想见其为人。适鲁，观仲尼庙堂、车服、礼器，诸生以时习礼其家。余祗迴留之，不能去云。天下君王，至于贤人众矣，当时则荣，没则已焉。孔子布衣，传十余世，学者宗之。自天子王侯，中国言六艺者，折中于夫子，可谓至圣矣！（《史记·孔子世家》）

孔子在世时，有人称许他为圣人与仁人，孔子谦言"岂敢"（《论语·

① 郭沫若. 郭沫若全集 [M]. 历史编 2. 北京：人民出版社，1982：322.
② 章太炎. 国学讲演录 [M]. 上海：华东师范大学出版社，1995：176.

述而》)。有人向子贡询问"夫子圣者与"？子贡言孔子为"固天纵之将圣"，评价"犹天之不可阶而升也"(《论语·子张》)。有人甚至发出"生民未有"之感叹！法家人物韩非亦称："仲尼，天下圣人也。"(《韩非子·五蠹》)至司马迁有"至圣"之称，可谓高矣。然而，近代以来，尤其是五四以后，始而拉孔子与诸子并，进而抬诸子以压孔子，最后全民性批判、讨伐孔子。降至今日，"去圣化"一时成为时尚，而"去圣乃得真孔子"，鼓噪而出。事实上，孔子以其全部的生命实践在中国文化史上壁立千仞地树立起"人伦之至"(圣人)的典范。当然这并不是说孔子生来就是圣人，而是说他以人生实践成就了"圣人"。一百年前，许之衡曾发问："孔子之为中国教，几于亘二千年，支配四百兆之人心久矣。而忽然夺其席，与老墨等视。夫老墨诚圣人，然能支配四百兆之人心否耶？"[1] 许之衡百年之问，至今无人作答。事实说明，"去圣没有真孔子"。"孔子之地位之形成，乃有孔子自己之伟大，与后世之一切崇敬孔子之历史人物之伟大之合力而成。"[2] 孔子之圣人乃由其生命本身呈现为圣人以及后世崇敬孔子之历史认可其为圣人而成，因其为圣人，儒教才能为圣教，长期占据中国社会的主体地位并影响了中国两千多年，至今这种影响依然存在。在可以预见的未来，孔子依然是人们争议、讨论的对象，依然影响、支配着我们的价值标准、是非观念、善恶意识。随着现代化进程的加剧，中国在世界上的崛起，孔子学院在世界各地的设立，孔子在中国、在世界的影响不是在减少，而是在增加。承认孔子是圣人，不过是承认两千多年来的历史事实而已，承认儒学在中国历史文化中的主体地位罢了。去圣之后，孔子乃人而已，孔子的独特精神价值与生命境界就不存在，孔子就不成其为孔子，真可谓"去圣没有真孔子"。

(原载于《孔学堂》2014 年 8 月第 1 期)

---

① 许之衡. 读"国粹学报"感言 [J]. 国粹学报.1905 (6).
② 唐君毅. 中华人文与当今世界补编 [M]. 上. 台北：台湾学生书局，1988：336.

孔教运动的由来及其评价

一

"孔教"一词有两种用法，一是传统的用法，与老、释并称三教，与儒教、周孔之教同义；二是近代的用法，是指近代以来康有为、谭嗣同、陈焕章等以西方文化尤其是西方基督教为参照对传统儒学进行改造所形成的新的儒学形态或曰孔学的宗教化形态，也可称为"新孔教"。正是在这个意义上，章太炎说："孔教之称，始于妄人康有为。"[①] 本文所讨论的孔教是指后者。

康有为是近代孔教运动的倡导者和精神领袖，但20岁之前，他所理解的孔教与传统意义上的孔教并无本质的区别。他说："天地之理，惟有阴阳之义，无不尽也，治教亦然。今天下之教多矣，于中国有孔教，二帝三皇所传之教也，于印度有佛教，自创之教也，于欧洲有耶稣，于回部有马哈麻，自余旁通异教，不可悉数。然予谓教有二而已……圣人之教，顺人之情，阳教也；佛氏之教，逆人之情，阴教也。故曰理惟有阴阳而已。"他认为，孔教与佛教，一顺一逆，一阴一阳，"终始相乘，有无相生，东西上下，迭相为经也"[②]。康有为此时所理解的孔教就是传统意义上的孔教，同时，他的耶教（基督教）知识也相当匮乏。

1895年，甲午战败，民族危机加剧，康有为联合1300多名举人上书光

---

① 汤志钧. 章太炎政论集 [M]. 北京：中华书局，1977：695.
② 汤志钧. 康有为政论集 [M]. 北京：中华书局，1981：13.

绪帝，指出了孔教改革的重要性和必要性。他说："六经为有用之书，孔子为经世之学，鲜有负荷宣扬，于是外夷邪教，得起而煽惑吾民。直省之间，拜堂棋布，而吾每县仅有一孔子庙，岂不痛哉!"由是，他建议：加设道学科，发明孔子之道，举人愿入道学科者，得为州县教官，生员愿入道学科者，皆分到乡落，厚其筹费。下令将乡落淫祠悉改为孔子庙，各善堂会馆，独祀孔子。道学科高才硕学，有欲往外国传孔子之道或欲在外国建学堂者，明诏奖励，助以经费。这样一方面可以"扶圣教而塞异端"，另一方面"可诇夷情，可扬国声"，"圣教施于蛮貊，用夏变夷"①。道学科即政府创设的孔教会，道学科之生员相当于基督教的传教士。这里虽没有使用孔教一词，却有孔教之义；虽没说建立孔教会，但孔教会已呼之欲出。

　　同年 9 月，康有为在北京成立强学会，强学会本有孔教会之意，由于顽固派的阻挠，遭到查禁。11 月，康有为于上海成立强学会，《上海强学会章程》明确指出："上以广先圣孔子之教，下以成国家有用之才。""立学堂以教人才，创讲堂以传孔教"。②可见，强学会已具有孔教会的某些功能。1897 年春，康有为在广西桂林开广仁善堂圣学会，可称为近代中国最早的孔教会组织。"外国自传其教，遍满地球，近且深入中土。顷梧州通商，教士蝟集，皆独尊耶稣之故，而吾乃不知独尊孔子以广圣教，令布濩流衍于四裔，此士大夫之过也"。③创设本会，"以文会友，用广大孔子之教为主"。其要事有五：（一）庚子拜经；（二）广购书器；（三）刊布报纸；（四）设大义塾；（五）开三业学。其中庚子拜经就仿照耶稣教七日一行礼拜之规，主张每逢庚子日大会，会中人士诵经行礼，对孔子以昭尊敬。他说："外国自尊其教，考其教规，每七日一行礼拜，自王者至奴隶，各携经卷，诵读膜拜。吾教有司朔望行香，而士庶遍礼百神，乃无拜孔子者，条理疏矣，今宜大复厥规，每逢庚子日大会，会中士夫衿带陈经行礼，诵经一章，以昭尊敬。其旬庚日，皆为小会，听人士举行，庶以维持圣教，正人心未萌。"④显然，这是借基督教改造孔教的最初尝试。

---

① 汤志钧．康有为政论集［M］．北京：中华书局，1981：132.
② 汤志钧．康有为政论集［M］．北京：中华书局，1981：173.
③ 汤志钧．康有为政论集［M］．北京：中华书局，1981：187.
④ 汤志钧．康有为政论集［M］．北京：中华书局，1981：188.

1898 年春，德国占领胶州湾，民族危机进一步加剧，康有为于京师成立保国会，明确提出"保国""保种""保教"之主张。同年 6 月，光绪帝下诏书明定国是，主张变法维新。19 日，康有为奏光绪帝《请尊孔圣为国教立教部教会以孔子纪年而废淫祀折》，系统表达了他的孔教主张，可称得上近代中国孔教运动的第一个系统的纲领性文件。其主要内容有：（一）尊孔教为国教，立孔子为教主。他说："孔子之圣，光并日月，孔子之经，流亘江河。"然"惟中国尚为多神之俗，未知专奉教主"。他主张废除一切淫祠，令天下人专祀先圣孔子①。（二）在中央设立教部，中央以下设立教会。康有为主张，立孔教为国教，实行政教分离，即在中央专设教部，在地方专设教会。在全国罢弃淫祀，自京师至外省府县乡，皆独立孔子庙，乡千百人必有一庙，每庙一生，一司数十乡，公举讲师若干，一县公举大讲师若干，一府公举宗师若干，省曰大宗师。"合各省大宗师公举祭酒耆硕明德，为全国教会之长，朝命即以为教部尚书，或曰大长可也"②。（三）罢弃淫祀，主张民间立孔庙祀孔。康有为提出，自京师至穷乡僻壤，皆立孔子庙，"以孔子配天，听人民男女，皆祀孔子，释菜奉花，必默诵圣经"。"公举士人通六经四书者为讲生，以七日休息，宣讲圣经，男女皆听"③。（四）以孔子纪年。康有为认为，世界各国均以教主纪年，既可以省人记忆之力，又可起人信仰之心，易于尊行。

显然，康有为力图通过对西方基督教形式上的模仿，完成孔教的宗教化过程，完成儒学向新形态的过渡。这里需要特别指出，孔教的改革是他社会改造系统工程的配套工程，也可以说是他社会改造工程的理论基础。正如他的社会改革方案是借助西方的社会制度改造中国传统的社会制度一样，他的孔教改革也是借助西教改革孔教。西方基督教的到来，对儒学言，是危机与机遇并至，康有为的孔教革新正是对这种挑战的回应。不过，在魏源时代"师夷之长技以制夷"的行为法则，到康有为时代已沦为"师夷之长技以自保"了。改革孔教，才能保圣教，否则就有亡教之虞。

① 汤志钧. 康有为政论集 [M]. 北京：中华书局，1981：281.
② 汤志钧. 康有为政论集 [M]. 北京：中华书局，1981：283.
③ 汤志钧. 康有为政论集 [M]. 北京：中华书局，1981：282.

二

如果说康有为是孔教运动精神领袖和总设计师的话，那么谭嗣同、梁启梁、唐才常等则是孔教运动的得力的鼓吹者和理论的论证者。梁启超自称是维新时期孔教会之猛将，唐才常也著文为孔子纪年而鼓与呼，但二人对于孔教的理论论证都没超出康有为之范围，而谭嗣同则对孔教革新有精彩的论述。

康有为提倡孔教的宗教化运动，但他对宗教问题的思考概括却不深入，条理而不深刻。谭嗣同对宗教问题的思考远比康有为深刻而周详，他是维新诸君子中真正具有宗教情怀和宗教体验之士，对宗教的本质尤其是儒、释、道、耶等都有深入的思考。康有为不乏社会责任感和历史担当感，也具有时代的悲情，甚至有"教主情结"，但缺乏宗教体验，也缺少宗教悲情。谭嗣同不仅具有强烈的时代悲情和历史担当感，而且还具有宗教体验和宗教悲情，更可贵的是，他对一切宗教都有了解之同情。在反洋教最激烈的时代，他公开表白对传教士傅兰雅、李提摩太、欧格等有好感，并立足孔教立场，起而为基督教辩诬。他说："我国又好诋毁西教为邪教，尤不可恕！我诋他的耶稣，他就可以诋我的孔子，是替孔子得罪人而树敌招怨也。"基督教与鸦片、炮舰一起来到中国，列强在传教士的蛊惑下，用大炮和刺刀逼迫中国政府接受其传教自由的条款，举国上下对基督教就充满了情绪化的厌恶，而对传教士更加反感，基督教是邪教，开明如康有为都作如是观，传教士在中国之处境，由此可见。但谭嗣同公然为传教士辩诬，为基督教正名，痛斥湖南反教激进分子如周汉等人之行为，盛赞傅兰雅、李提摩太、李佳白等传教士，这说明谭嗣同的心态由封闭走向开放。康有为保圣教以抗洋教，谭嗣同保圣教不排洋教，欲化对抗为融合，表现出高度的理性与宽容。

谭嗣同将人类文化分疏为教、政、学三层，这很容易使人联想到牟宗三的道统、学统、政统的三统之说和杜维明教授对孔子学说道、政、学的三层论谓，他对宗教有自己的一套看法，尽管这些看法以今天的眼光衡之，还不十分规范，但有意义。他说，"谈者至不一矣。约而言之，凡三端：曰学、曰政、曰教"。"言进学之次弟，则以格致为下学之始基，次及政务，次始可见教务之精微"①。这些智慧灵光给后人开拓了更多的思考空间。谈到教，他说："教也者，求知之方也。故凡教主教徒，皆以空言垂世，而不克及身行之，且为后世诟詈戮辱而不顾也。"②"创一教，不惟可行于本国，必合万国之公理，使智愚皆可授法"。③他认为教有"学教""政教""不言教之教"甚至"无教之教"。在他看来，一切教都有两个相同之公理，一是慈悲，一是灵魂，不言慈悲灵魂，不得为教。慈悲即儒家所谓的仁，灵魂即《易》之精气为物，游魂为变。在谭嗣同看来，宗教是以慈悲、灵魂为本质，以"坚忍不挠，以救世"为目的，基督教是教，孔教也是教，佛教曰"威力"、曰"勇猛"、曰"大无畏"、曰"大雄"更为教。他强烈批判"甘以教专让于人，而甘自居为无教之民"的愚蠢行径，正告人们：教不是基督教之专名，为一切教化之通称，儒学当然也可称教，即孔教。

谭嗣同、唐才常等虽然认为孔教可以称教，但他对旧有的、当时流行的孔教十分不满，因而要借助基督教的形式对它进行根本改造，实现其真正的宗教化。面对基督教之盛况，谭嗣同分析了孔教不振之缘由：

> 孔教何尝不可治地球哉！然教则是，而所以行其教者则非也。无论何等教，无不严事其教主，俾定于一尊，而牢笼万有；故求智者往焉，求财者往焉，求寿者往焉，求医者往焉。由日用饮食之身，而成家人父子之天下，窹寐寝兴，靡纤靡巨，人人悬一教主于心目之前，而不敢纷驰无定。道德所以一，风俗所以同也。中国则不然，府厅州县，虽立孔子庙，惟官中学中人，乃得祀之；至不堪，亦必纳数十金鬻一国子监生，始赖以骏奔执事于其间。农夫野老，徘徊观望于门墙之外，既不睹礼乐之声容，复不识何所为而祭之，而己独不得一与其盛，其心岂不曰：孔子庙，一势利场而已矣。如此，又安望其教行之哉？④

谭氏认为，孔教之不振，第一，因为孔教只是"官中学中"之教，只

① 谭嗣同. 谭嗣同全集 [M]. 北京：三联书店，1954：71.
② 谭嗣同. 谭嗣同全集 [M]. 北京：三联书店，1954：206.
③ 谭嗣同. 谭嗣同全集 [M]. 北京：三联书店，1954：195.
④ 谭嗣同. 谭嗣同全集 [M]. 北京：三联书店，1954：71.

是一势利场而已，与百姓无关；第二，对孔子未能做到"定于一尊，而牢笼万有"。在西方，人们不论是学问，还是疗一疾，得一钱，必谢曰："此耶稣之赐也。"这并不表明西人愚昧，因"事教主之道，固应如此也"。正因如此，基督教势力日大。中国未能严事其教主孔子，乃至邪说横行，孔道日削。他说："小民无所归命，心好一事祀一神，甚且一人祀一神，泉石尸祭，草木神丛，而异教乃真起矣。"① 谭嗣同找到了中国民间信仰多神崇拜的症结所在。因为儒学是士大夫的信仰，最终使孔庙成为一势利场，乃至小民无所归命，只好"一事祀一神，甚且一人祀一神"，形成了民间多神崇拜乃至泛神崇拜的现象。而打破这一官民悬隔，读书人与农夫野老之悬隔，化儒教为全民之教，孔教才能发扬光大。

谭嗣同、唐才常等人与康有为一样，认为基督教之所以盛，孔教之所以"几几不足与族之耶稣衡"，除没有广教会之外，还有一重要原因："彼教主耶稣以纪年焉，而师有统，我则不能教主孔子，又不以纪年，而师无统也"②。中国一向以皇帝的年号纪年，西历是以耶稣诞辰纪年，唐才常等认为中国是有君统而无师统，而君统万万不能与师统争胜，此孔教之不昌也。故他们主张以孔子纪年取代皇帝纪年。

谭嗣同指出，孔教何止不昌，乃至孔教精神已亡。由此，他将批判的锋芒直指封建君主及献媚君统之伪学，直指满清王朝。他说，罗马教皇者出，借耶教之说，而行私天下之实，任意发动宗教战争，战死者数百万人，迄路德党盛，教皇始厥。"故耶教之亡，教皇亡之也；其复之也，路德之力也。孔教之亡，君主及言君统之伪学亡之也；复之者，尚无其人也。吾甚祝孔教之有路德也。"③ 他公然诅咒清朝皇室是不识孔教而凭其蛮野凶残之本性窃取中国的贱类异种，是孔教之罪人！而中国有识之士，抱亡教之忧，仿西人创孔教堂，以传孔教，却遭到他们的封杀。"故强学会诸君子，深抱亡教之忧，欲创建孔子教堂，仿西人传之法，遍行于愚贱……不知此举适与愚黔首之意相反，故遭禁锢。"④ 正是"传耶稣教则保护之，传孔子之教则封禁之，自虐其人以供外人鱼肉，中国人士何其驯也！"他对清政府表示

---

① 谭嗣同. 谭嗣同全集［M］. 北京：三联书店，1954：70.
② 唐才常. 唐才常集［M］. 北京：中华书局，1980：135.
③ 谭嗣同. 谭嗣同全集［M］. 北京：三联书店，1954：55.
④ 谭嗣同. 谭嗣同全集［M］. 北京：三联书店，1954：325.

了强烈的愤慨和对孔教改革的热切期盼！由此我们可以看出，谭嗣同与康有为虽然都主张保卫圣教以对抗耶教的入侵，但二人有很大区别。康有为的孔教改革是服务或服从于他的政治整体设计的，或者说孔教改革是他社会改革的有机组成部分。正如他的政治改革是为了挽救清政府的命运一样，孔教改革是挽救清政府全面危机的组成部分，康有为要依靠清政府的行政机构通过自上而下的变革来达成其目的，所以在他那里，孔教改革没有独立意义。谭嗣同则不然，他认为爱新觉罗氏是不识孔教之贱类异种，清政府只是借孔教之名以行愚民之实，不会真心推行孔教，孔教改新不能依靠清政府，而是要唤醒"孔教之路德"。在谭嗣同看来，孔教是与君主、君统对立的，君统存则孔教亡，而孔教兴，则君统亡。所以在强学会受到清政府的严禁之后，谭嗣同作为一位与强学会毫不相干的局外人，"见事理失平，转思出而独逢其祸"，与英国驻汉口领事贾礼相约，组织强学会湖南分会，"假耶稣之名，复欲行孔子之实"①。这是路见不平仗义执言的精神，反映了谭嗣同与当局不妥协的大无畏气概！

谭嗣同、康有为等都力图模仿耶教以实现孔教的职能转变和根本变革，最起码使儒教由士大夫之教开放为全民性之教。但谭、康诸人虽敬重耶教，却坚决反对以耶教代替孔教在中国的地位，从某种意义上说，他们的孔教运动是从根本上保孔教以对抗耶教的运动。在价值层面上，他们认为孔教高于耶教。谭嗣同说："佛教大矣，孔次大，耶为小。小者先行，次宜及孔，卒乃及佛，此其序矣。"② 这一顺序与梁漱溟对西、中、印文化评判的顺序完全相同，耐人寻味。康有为也说："有以神道为教者，有以人道为教者，有合人神为教者。要教之为义，皆在使人去恶而为善而已。""而佛耶回乃因旧说，为天堂地狱以诱其民。""孔子恶神权而扫除之……治古民用神道，渐进则用人道，乃文明之进者。故孔子之为教主，已加进一层矣。""乃真适合于今之世者。"③ 孔教为人道教，是文明教，合乎孔教本然面目，以此研判孔教高于耶教也具有相当的说服力。但这与康氏神化孔子的做法却极不协调，顿起冲突，而康氏不自知，令人叹惜！

---

① 谭嗣同. 谭嗣同全集 [M]. 北京：三联书店，1954：334.

② 谭嗣同. 谭嗣同全集 [M]. 北京：三联书店，1954：50.

③ 康有为. 意大利游记 [M]. 长沙：岳麓书社，1985：68.

三

百日维新失败，康有为仓皇出逃，谭嗣同壮烈牺牲，孔教运动夭折。谭嗣同的鲜血向世人宣告：通过自上而下的改革使中国由君主专制转变为资本主义近代化国家的道路走不通！辛亥革命，推翻了清王朝的统治，也结束了中国长达两千多年的封建专制政体。孙中山基本上是一位西化主义者，对孔教没有兴趣，理论巨匠章太炎与康有为的学术观点迥然异趣，尤恨康氏孔教理论之荒诞，而梁启超也由早期孔教之猛将变成孔教之大敌。由维新失败到辛亥革命成功，十多年的时间里，运用什么方式去改变中国的现状，或者说建设一个什么样的中国，成为社会各界关注的话题，孔教问题没有引起人们太多的关注。

1912 年 1 月 19 日，中华民国临时政府教育部颁布法令，正式宣布小学废止读经。7 月 10 日，教育部召开全国临时教育会议，主张废止尊孔并提出学校不拜孔子案，大学废除经科。小学不再读经，大学不设经科，学校不尊孔子，可谓"两千年未有之变局"。清末，废除科举，经诵犹在，孔圣地位犹存，但教育改革则直接动摇了儒家在中国文化领域的主导地位。美国传教士丁义华在《教祸其将发现于中国乎》一文中说："民国第一任内阁教育总长蔡元培，逞其一偏之心思，欲为惊人之创举，昌言废孔，废孔于是丁祭不准举行，学校不许拜孔，学田学产没收入官，举中国数千年来尊无二上之至圣先师，例诸淫祀妖庙，禁绝无余。""当时之士，莫不痛心疾首，然怵于政府之威严，大都敢怒不敢言，蔡氏去位，此案全翻，未几而孔教出焉"。[①] 丁义华的说法当然只见皮毛，无关实质。然而，中华民国建立，教育革命所生的效应的确使许多旧派人士一时无所措手足。由于传统的轰然崩解，导致许多迷恋儒学的人士强烈反弹，在政治上已无所作为的康有为，顺应这一社会心理，转而全力从事孔教运动。民国初年，孔教运动再次勃然而兴，主要表现如下：

（一）孔教组织在全国各地纷纷建立。1912 年 12 月，陈焕章、王人文、

① 丁义华.教祸其将发现于中国乎,民国经世文编［Z］.台北：文海出版社,1973.

姚丙然、沈守廉等在上海成立孔教会；同年，王锡藩、刘宗国等在山东创设孔道会，饶智元、恽毓鼎等成立孔社，杨士琦、谭人风等组织昌明孔教社，贺寿煦、殷炳继等组织孔道维持总会；1913 年 9 月，沈维礼、沈士成等创设寰球尊孔总教会；同年 9 月，许棣常、李安国等在东京成立孔教会东京支会；1914 年 3 月，冯国璋、周嵩年等在北京成立孔道总会，等等。孔教会、孔道会、孔社、经学会，等等，名虽有异，对孔子学说的理解也未必全同，但尊崇孔子、昌明孔学之旨则完全一致。

（二）创办宣传孔教的舆论阵地，扩大孔教的影响。1913 年 2 月，陈焕章于上海创办《孔教会杂志》；3 月，康有为主编的《不忍》杂志也在上海创刊，成为宣传孔教运动的重要舆论工具。

（三）发起定孔教为国教的请愿活动。几千年来，孔教虽无国教之名，但有国教之实。然而废科举，废大学经科，废小学读经，废祀孔，国教的地位已不复存在。先是广东人士廖道传上书大总统请定孔教为国教；1913 年 9 月，孔教会代表陈焕章、严复、夏曾佑、梁启超、王式通等上书参议院、众议院，请定孔教为国教，并请两院通过；黎元洪发出请颁孔教为国教电；还有刘次源请尊孔教为国教电、孔教会东京支会请速定孔教为国教致大总统呈等。一时间，函电叠至，定孔教为国教呼声甚高，但这一提案最终未能在两院通过。

1913 年 3 月，袁世凯出任中华民国临时大总统。袁世凯尊孔，但不赞成康有为的孔教新说。1913 年 6 月 22 日，袁世凯发布尊孔崇圣令；1914 年 9 月 28 日，又率官员在北京孔庙举行"秋丁祀孔"礼。需要指出的是，袁世凯之尊孔令也罢，祀孔令也好，与康有为、陈焕章等人的孔教运动并不完全等同。就尊孔而言，袁世凯与康有为是一样的，但袁世凯认为孔子不是教主，孔学不是宗教，这与康有为是有区别的。1914 年 6 月《教育部为订定崇经尊孔教育方针致大总统呈》中说得很明白："微论孔圣，未可附会宗教之说，以相比伦。而按之国情及泰西宗教之历史，均难移植，致失孔道之真，而启教争之渐。"① 这个致大总统呈完全是揣摩袁氏之意而作，很能反映袁氏政权既尊孔又反对孔子宗教化的复杂心态。尊孔，可以安抚旧

---

① 中华民国史档案资料汇编：第五辑第一编［Z］. 南京：江苏古籍出版社，1991：34.

派人士，而反对定孔教为国教，总算给提倡信仰自由的新派人士做了个交代，老谋深算的袁世凯在孔教问题上可谓费尽心机，要尽手段。

民国初年，孔教运动勃然而兴，而反孔教呼声也高潮迭起。反孔教者主要有三种势力，一是学者，二是官僚，三为宗教人士。学者如章太炎等，1913年，他发表《驳建立孔教议》一文，反对孔教之宗教化，但不反对孔子，也不反对学校拜孔子。他说："宗教至鄙，太古愚民行之"，"今人猥见耶稣、路德之法，渐入域中，乃欲建树孔教，以相抗衡，是犹素无创痏，无故以成瘢，乃徒师其鄙劣，而未以相君也"①。他立足于学理角度，认为孔学不是宗教，何况宗教本是愚人之具，定孔教为国教是师人鄙劣。章太炎与康有为代表着中国传统学问的两条不同的诠释路向，康有为力图透过儒家经典文本的表面意义去发现其背后的微言大义，而章太炎则恪守经典文本的原始意义，力求实现对经典的相应理解。康有为对经典的诠释可谓"六经注我"，为创造性诠释，而章太炎则是"我注六经"，为还原性诠释。康有为建立孔教会，主张定孔教为国教，完全出于他对儒学的创造性理解，而章太炎认为这种对孔子学说的过度诠释，背离了孔学本质，何况宗教是愚民之具。

反孔教运动的第二种势力即官僚，既有旧官僚，像许世英、蔡儒楷等，也有新官僚，像钟荣光等。1913年9月，罗永绍、郑康人等26名众议员和陈燮枢、胡翔青等11名众议员先后上书众议院，指斥大总统祀孔典礼命令，违背约法的信教自由，是对约法和民意机关的蔑视。1914年7月，山东巡按使蔡儒楷上书教育总长汤继武，对孔教会诸君子提出严厉批评，"惟孔教会诸人毫无知识，肆口谩骂，若辈穷极无赖。思扰乱政局，借题发挥"；"孔教会何人竟敢捏造谣言，诋毁政府，而置大总统之批示于不顾"②。这些言辞，可谓尖刻！而借袁世凯的势力压制孔教运动，也是政客惯用的政治手段。政治人物考虑问题的出发点主要是利害，而不是是非，所以民国初期围绕孔教运动所展开的政治较量，反对孔教运动者未必尽是，像许世英、蔡儒楷等，而同情孔教运动者也未必尽非，像此时的梁启超等。

---

① 汤志钧. 章太炎政论集［M］. 北京：中华书局，1977：689.
② 中华民国史档案资料汇编：第三辑第一编［Z］. 南京：江苏古籍出版社，1991：24.

反孔教运动的另一种势力是西方传教士和民国政府内的基督徒。许多革命党人具有基督教背景，如孙中山、陆皓东、史坚如、陈少白等。孙中山以洪秀全第二自居，不仅继承了洪氏的革命事业，还接续了洪氏的宗教信仰。1912 年第一届国会中，有基督教信仰的议员多达 60 位，如王正廷、王宠惠、陆征祥、陈振声、钟荣光等，这些议员都是孔教运动的反对者。在西方传教士中，固然有如李提摩太、林佳白、易居贤等孔教会和孔教运动的同情者，但更不乏孔教运动的坚决反对者。美国传教士丁义华著文《教祸其将发现于中国乎》，强烈批判孔教的宗教化运动。他说，中国人最富有模仿性，然而，中国人之模仿常常流于不辨黑白、不分清浊之弊，而近来孔教会诸人，竟自投罗网，模仿西方之宗教，可谓无故而生瘫。他说：

　　　　夫中国极端信教自由之国也……未尝以隶属何教自别者也。即彼诵孔子之书，拜孔子之像者，亦祗尊之以师道，而初不称之为教主，试观孔教二字从未流露于中国载籍之上，则其非宗教家亦概可知矣。及临时约法，订定人民有信教自由条，而教争问题愈无发生之余地，故吾人旁观私论，以为中国他种祸乱或不能免，惟欧洲自白骨撑天，碧血遍地之教争大惨祸，决不至再发现于东亚大陆，方美华人何修，而有此特别幸福，讵意中国一部份人，竟有厌弃幸福，无端生吞活剥，造出孔教之名词，造出定孔教为国教之怪谈，于风平浪静中，激动教祸之狂澜，挑起教争之恶鬟……斯真令人欲哭不得，欲笑不能者矣。①

　　定孔教为国教会导致宗教冲突乃至宗教战争，章太炎亦有论及。但通过美国传教士之口讲出来，似乎更具说服力。定孔教为国教，传教士的"中华归主"之梦就会破灭，是中华归圣，还是中华归主，这是儒家与基督教长期斗争的焦点。"天主教人也，搜孔之短处，附会其说，以为反对之资料；耶稣教人也，搜孔子之短处，附会其说，以为反对之资料"。"各教人非有憾于孔子，为力争自由计，为正当防卫计，为战胜孔教徒计，不如是不足以自达目的也"②。可见，孔教运动的背后，是儒家与基督教徒之间深刻而尖锐的斗争。

　　① 民国经世文编：39 ［Z］. 台北：文海出版社，1973.
　　② 民国经世文编：39 ［Z］. 台北：文海出版社，1973.

1916 年 6 月，袁世凯去世，黎元洪代理总统。黎元洪是孔教运动的坚决支持者。早在 1913 年 9 月，他就电请定孔教为国教，认为"欲觉世牖民，其功必在立教"，"孔道一昌，邪说斯息"①。1916 年 9 月，黎元洪主政，宪法审议会召开，开始审议宪法草案，是否当以孔教为国教加入宪法再度成为审议的焦点，由此激起了新文化运动倡导者对孔教运动的高度警觉。同年 9 月，陈独秀创办的《青年杂志》改名为《新青年》，陈独秀、李大钊等新文化运动的领袖，正式举起反传统的大旗，由反对定孔教为国教，进而猛烈批判儒家文化，向以儒家为代表的传统文化发起猛烈进攻。陈独秀1915 年创办《青年杂志》，虽然指出"固有之伦理，法律，学术，礼俗，无一非封建制度之遗"，然而他并不专批孔子，甚至"吾愿青年之为孔、墨，不愿为巢、由"②。1916 年 10 月，陈独秀发表《驳康有为致总统总理书》；11 月，又发表《宪法与孔教》；12 月，发表《孔子之道与现代生活》《袁世凯复活》；次年 1 月，发表《再论孔教问题》；1918 年 8 月，发表《复辟与尊孔》；1919 年 5 月，发表《孔教研究》。1917 年 1 月，李大钊发表《孔子与宪法》。1917 年 2 月，吴虞发表《家族制度为专制制度之根据论》。1918年 5 月，鲁迅发表《狂人日记》。陈独秀认为："孔教与帝制，有不可离散之因缘"，主张尊孔的，就是主张复辟的；凡复辟的，没有不主张尊孔的。袁世凯、张勋复辟是恶果而非恶因，而儒家的三纲五常，才是导致复辟之恶因，只有将儒家铲除净尽，才能保证袁世凯、张勋复辟的闹剧不再上演。新文化运动由反定孔教为国教，到全面反儒家文化，进而全盘否定传统，层层推进，欲一举彻底铲除孔教存在的合理性根据，不仅导致了孔教运动的理论终结，而且开启了现代中国反孔批儒的历史先河。

维新时期，康有为、谭嗣同等人所从事的孔教运动，随着戊戌变法的失败而失败了。而民国初年，通过康有为、陈焕章等人的努力，孔教运动重生，曾一度出现 130 多个孔教分会，3000 多名孔教会会员的盛况。然而，经过新文化运动的文化清算和南方势力北伐的成功，孔教运动再度退出历史的前台。1927 年，孔教运动的主要领导人康有为去世；1929 年，陈焕章

① 中华民国史档案资料汇编：第三辑第一编［Z］．南京：江苏古籍出版社，1991：50.
② 陈独秀．独秀文存［M］．合肥：安徽人民出版社，1987：6.

远走香港，孔教运动在中国内地寿终正寝。然而，陈焕章在香港成立的孔教学院至今仍活跃于香港，孔教运动可谓硕果仅存。

四

通过对孔教运动由来的简要回顾，我们不难得出如下结论：

（一）孔教运动是儒家知识分子的文化救亡和文化自主运动。维新时期孔教运动是以康有为、谭嗣同等为代表的儒家知识分子通过儒学的自我变革以对抗西方基督教入侵的文化救亡运动。"外夷邪教，得起而煽惑吾民。直省之间，拜堂棋布，而吾每县仅有一孔子庙，岂不痛哉！"建立孔教会正可以"扶圣教而塞异端"。谭嗣同甚至公然批评清政府"传耶稣教则保护之，传孔子之教则封禁之，自虐其人以供外人鱼肉，中国人士何其驯也！"[①]康有为、谭嗣同等倡导孔教运动的原始动机是"保教"。保教在当时的历史条件下就是文化救亡运动。民国初期，由于废祀孔，废读经，废经科，文化上这种突然断裂导致儒家知识分子情绪化反弹，孔教运动沉寂十多年后，再次应运而生。由于社会结构的根本性调整，儒家在中国文化中的主位性有失落之虞，这时，由康有为、陈焕章等领导的孔教运动也就由早期的抵抗西方基督教入侵的保教运动转变为捍卫儒家在中国的主位性的运动。

（二）孔教运动是儒学的宗教化运动。显然，康有为、谭嗣同、陈焕章等人，与其说他们是文化的保守主义者，不如说他们是文化的激进主义者，从某种意义上，他们比以章太炎、刘师培等为代表的古文经学派或国粹派还要激进。他们力图借助基督教的形式，实现儒学的宗教化转变，使儒教由知识分子之教开放为全民之教，克服小民"心好一事祀一神，甚且一人祀一神，泉石尸祭，草木神丛"的多神崇拜，打破官民悬隔、读书人与农夫野老之悬隔，化儒教为全民之教，以光大孔教。诚然，儒学是否为宗教，至今学术界仍争议不休，但儒学在历史上是不是宗教是一回事，它能否通过创造性转化，转换为宗教又是另一回事，二者应当区别开来。如果说儒学在历史上不是宗教，那么就可以说，孔教运动是儒学的创造性转化运动，

① 谭嗣同. 谭嗣同全集［M］. 北京：三联书店，1954：334.

而普适化、宗教化是儒学创造性转化的两个向度。道家在先秦不是宗教，但佛学东来，借助佛教的形式，道家完成了宗教化转向，形成了中国道教。道教形成之后，并不妨碍作为学理的道家的存在。儒学过去也许不是宗教，但它能否借助基督教的形式，完成儒学的宗教化过程呢？孔教作为儒学的一种存在形态（儒学可以有多种存在方式），它是否同样不否定作为原始意义上的儒学存在呢？这很值得深思。

（三）孔教运动尊孔，但不复古。一谈及孔教运动，人们马上联想到袁世凯、张勋的复辟活动，孔教运动为尊孔复古的反动逆流，似乎如同铁案不容置疑。诚然，袁世凯尊孔，这一点与康有为、陈焕章等可谓同调，但袁世凯并不赞同康有为所理解的孔教；张勋与康有为有过配合，然而他们是权宜上相互利用。康有为、陈焕章等人的错误在于利用官僚、政客推广孔教，先是利用光绪帝，继之利用袁世凯、黎元洪、张勋等，使孔教运动背上政治投机主义的污名。事实上，孔教运动尊孔而不复古，视孔教为国教，视孔子为神明教主，这说明他们尊孔，但孔教运动从始至终，一直是儒学的革新运动，何谈复古！孔教会章程明确规定：本会以昌明孔教，救济社会为宗旨。现在还没有发现一个孔教组织是以恢复旧制度为宗旨的，相反有些孔教组织或明确表示绝不干预行政权，或明确表示拥护共和政体，复古之说难以成立。

然而，由于尊孔者大都集中在北方，而且往往是旧官僚、大军阀，如袁世凯、徐世昌、张勋、倪嗣冲、王怀庆、张宗昌，等等，而反孔教运动者，大都集中在南方，而且往往是革命党，如吴稚晖、钟荣光，等等。这样一来，尊孔与反孔，在某种程度上反映了民国初期新旧势力的政治斗争，由是人们认为，尊孔的就是反动的，反孔的就是革命的。这种历史惯性延至20世纪70年代的"批林批孔"，可谓登峰造极。人们由痛恨袁世凯、张勋复辟而厌恶康有为、陈焕章等的孔教运动，由厌恶康有为、陈焕章的孔教运动而迁怒于孔子和整个儒家文化，这种政治情结引起了文化"连坐"或"株连"，新文化运动兴焉。

牟宗三在谈及孔教运动时说："康有为的思想怪诞不经，陈焕章于学术思想上亦无足称。他们不知道孔教之所以为孔教之最内在的生命与智慧，只凭历史传统之悠久与化力之广大，以期定孔教为国教。一个国家是需要有一个共同所信念之纲维以为立国之本。此意识，他们是有的。此亦可说是一个识大体的意识。"① 这个评价很值得深思。

（原载于《齐鲁学刊》2004 年第 6 期）

---

① 牟宗三．生命的学问［M］．台北：三民书局，1970：109.

孔子"道"的形上学意义及精神价值

黑格尔曾断言："孔子只是世间的智者，在他那里思辨的哲学是一点也没有的——只有一些善良的、老练的道德教训。"他甚至刻薄地说："为了孔子的名声，假使他的书从来不会有过翻译，那倒是更好的事。"① 黑格尔的断言，对西方和中国都产生了重大影响。在这种影响下，不少学者将孔子理解为一个重人事而轻天道的思想家，而对孔子的哲学思想尤其是他关于道的论述大都存而不论了。我们不期望黑格尔读懂孔子，尤其是理解孔子思想的深层意义，更不期望他能理解孔子"善良的、老练的道德教训"蕴藏的"性与天道"的精义，但作为21世纪的学人，我们不能被黑格尔继续忽悠下去。虽然孔子没有做过烦琐无病的所谓纯粹思辨，然而这并不表明孔子没有深刻的思想、超越的精神价值及高远的境界。透过黑格尔所谓的孔子"常识道德"语言的表述，我们可以窥见孔子"道""德""天""人""性""命""仁"等哲学范畴的深层含义及其之间的关系，发现其思想深厚的形上学意味及超越的精神信仰意义，发现其超越族界、跨越时空的普适价值。"极高明而道中庸"是孔子思想特质的最好说明，也可以说孔子"性与天道"之学是言至简而意无穷。

一、 道是什么

据杨伯峻统计，"道"在《论语》中出现60次②，郝大维、安乐哲指

①［德］黑格尔. 哲学史讲演录（第一卷）［M］. 北京：商务印书馆，1997：119－120.
②杨伯峻. 论语译注［M］. 北京：中华书局，1980：293.

出，"道"在《论语》中出现大约 100 次①。本人统计，道在《论语》中出现 84 次，其中在孔子言论中出现 64 次。杨伯峻认为，道在《论语》中有 8 种含义：（1）有时指道德，有时指学术，有时指方法："本立而道生"，（《论语·学而》，以下凡引此书，只注篇名）"吾道一以贯之"，"不以其道得之"（《里仁》）。（2）合理的行为："三年无改于父之道"（《学而》）。（3）道路，路途："中道而废"（《雍也》）。（4）技艺："虽小道必有可观者焉"（《子张》）。（5）动词，行走，做："君子道者三"（《宪问》）。（6）动词，说："夫子自道也"（《宪问》）。（7）动词，治理："道千乘之国"（《学而》）。（8）动词，诱导，引导："道之以政"（《为政》），"道之斯行"（《子张》）。② 杨伯峻主要从文字学、语言学角度理解孔子的"道"，没有指出道的哲学意义，这是令人遗憾的。

韦政通不囿于对道作词源学上的分析，指出：孔子"把道的原始意义，提升到人生的大道上来，为人生、为道德提出一人人必须面对，又永远难决的问题"③。韦政通已然见到了孔子道的哲学意义，然而他将孔子之道局限于人生大道层面上分析，未见孔子道的超越价值及形上学意味。

对《论语》的"道"进行哲学解读最为完整者当推郝大维、安乐哲的著作《通过孔子而思》一书和杜维明的两篇有着广泛影响的大文：一篇是《孔子仁学中的道、学、政》，一篇是《古典儒学中的道、学、政》。郝大维、安乐哲从词源的角度解读道的根源意义，由此指出道的几种派生意义："导向"（to lead through），"路"（road，path）；"方式"（way），"方法"（method），"技艺"（art），"教导"（teaching）；"解释"（to explain），"讲述"（to tell）。他们指出道在最根本意义上，似乎意味着主动筹划以"开创道路"（road making），且注意到在《论语》一书中，道与文化传承、道与人的存在等的关系，指出："'道'存于人，由人发扬、习得。而且，每个人都是以绝无仅有和在质的意义上不同的方式接受和体现'道'的。""'道'是人类文明绵延不断的过程，是一代又一代的人们勘察和铺垫出的

---

① 郝大维，安乐哲. 通过孔子而思 [M]. 北京：北京大学出版社，2005：278.

② 杨伯峻. 论语译注 [M]. 北京：中华书局，1980：293 – 294.

③ 韦政通. 孔子 [M]. 台北：东大图书有限公司，1996.

人类经验的一种诠释。"① 显然，这些看法突破了韦政通道即人生大道的限际，从某种意义上说更准确地把握了《论语》"道"的意义。不过，郝大维、安乐哲对《论语》"道"的理解仍然存有不足：其一是他们拒绝《论语》"道"的超验意义；其次，没有将《论语》中孔子的"道"和孔子弟子的"道"做适当的区隔；其三，对道的意义有误读之处，如他们认为"人所特有的'义'一个重要作用即它是'道'的最初根源"。② 我们认为，这是对道的误读。无论从"隐居以求其志，行义以达其道"（《季氏》）的义与道的关系来看，还是从"君子之仕也，行其义也。道之不行，已知之矣"（《微子》）的义与道的关系来看，都看不出义是道的最初根源。前者是说"行义"是"致道"的手段、方式、方法，义与道是手段与目标的关系，当然《论语》强调手段与目标合一，即道义合一、义道互释；后一个义是"应该""应然"义，大意是说，君子积极入世，是在做自己应该做的事情，至于目标、理想即道不能顺遂畅达，早已知道了。郝大维、安乐哲所引两处文献无一处可以说明"义"是"道"的"最初根源"。

杜维明先生在《孔子仁学中的道、学、政》一文中指出，道即道德理性，固然有据，惜乎，言焉未详。而在《古典儒学中的道、学、政》一文中，"'道'所关注的问题是人类存在的终极问题"，并进而指出，"道""在本质上是人类学的，或更为恰当地说，是天人学的（anthropocosmic）问题"③。放在人类存在终极意义上思考孔子道的意义比韦政通的"人生大道"可谓更进一步，尤其是说道的问题"是天人学的问题"，让我们已经嗅到了道的真意味。不过，杜先生的论述往往显得笼统、宽泛，重义理、思想的表达而不重视精细的文献分析与翔实的文献论证。

这里不拟对孔子的"道"作词源上的考察，仅就《论语》本身道的含义作简要说明。我们同意杨伯峻先生对《论语》道的含义所作的（1）（3）（4）（6）（7）（8）项分析。对其（2）项即"三年无改于父之道"理解为"合理的行为"，我们认为不妥。这里的道没有"动作"意，也不是"行为"，而是处事的原则、规矩。父母行为合理与不合理不可复制与还原，而

① 郝大维，安乐哲. 通过孔子而思 [M]. 北京：北京大学出版社，2005：227-284.
② 郝大维，安乐哲. 通过孔子而思 [M]. 北京：北京大学出版社，2005：280.
③ 杜维明. 杜维明文集（三）[M]. 武汉：武汉出版社，2002：503.

对父母做事的方式、原则、规矩、方法，则可继承。对其（5）项即"君子道者三"，解释为"君子所行的三件事"，我们也不认同。因为接下来的"仁者不忧，智者不惑，勇者不惧"显然不是"君子所行的三件事"，而是君子的三种境界或修为，因而古人训此处的"道"为"由"，即"遵循"之意，比杨先生的"行走、做"意义更优。综合杨先生的观点，结合《论语》文本，我们认为道在《论语》中至少有如下几种含义：

（1）道是指道路。如"道听而途说，德之弃也"（《阳货》），"中道而废"，等等，这是道的古义，也是本义。

（2）道是指言说、表述。"益者三乐，损者三乐。乐节礼乐，乐道人之善，乐多贤友，益矣。乐骄乐，乐佚游，乐宴乐，损矣。"（《季氏》）"乐道人之善"之道即是称赞、称道、言说；"夫子自道也"（《宪问》），道即表述、言说。

（3）道即引导，引申为治理。"道千乘之国，节用而爱人，使民以时。"（《学而》）"道之以政，齐之以刑，民免而无耻；道之以德，齐之以礼，有耻且格。"（《为政》）

（4）道是技艺。"虽小道，必有可观者焉，致远恐泥，是以君子不为也。"（《子张》）

（5）道是指规矩、处事的原则。"三年无改于父之道，可谓孝矣。"（《学而》）"射不主皮，为力不同科，古之道也。"（《为政》）

（6）道是合理的方法。"富与贵，是人之所欲也，不以其道得之，不处也。"（《里仁》）

（7）道是指公正、合理。如《论语》中经常出现的"邦有道""邦无道""天下有道""天下无道"，等等。

（8）道是目标、理想。"隐居以达其志，行义以达其道。"（《季氏》）

（9）道是指思想、学说、主张等。如"道不同，不相为谋。"（《卫灵公》）"参乎！我道一以贯之"（《里仁》）。"非不说子之道，力不足也。"（《公冶长》）

（10）道是指精神价值和终极信仰。如"朝闻道，夕死可矣。"（《里仁》）"笃信好学，守死善道。"（《泰伯》）

在我们看来，《论语》中的道至少有这 10 种含义，当然，有些含义十分清楚、明白，没有哲学深意。这里仅就道之（5）至（10）项意义进行哲学分析，结合德、天、人、性、命、仁等范畴，就道的形上学意义和精神价值谈谈我们的看法。

二、"志于道"与"无言"之境

道，是中国哲学的根源性观念之一，在中国哲学发展中，道扮演着任何其他概念都无法替代的作用，甚至说一部中国哲学史就是道学发展史也不为过。孔子是真正体悟天道的人，道也是他一生致力于体悟、探求、奋斗的境界、目标和理想。"志于道，据于德，依于仁，游于艺"（《述而》）是孔子对生命根源意义的把握，也是孔子道德人格的全幅敞开。"志于道"之所以处于优先位置，在于道是吾人生命的定向、目标，是人终生念兹在兹，不可游移之所在。

在孔子看来，道应是一切"士"的精神追求。所谓"士志于道，而耻恶衣恶食者，未足与议也"（《里仁》）。"士"相当于古希腊的"智者"，士阶层不应为衣食而忙碌，应当有超越物质生活之上的精神追求，如果将自己陷溺于物质财富的旋涡之中而不自拔，就不足以与之讨论"道"，士也就背离了士的使命。"道"代表着超越物质生活和物质财富之上的精神价值，追求精神价值和人间的公正、合理以及探讨天地四时规律是士阶层的义务、责任和使命。一个士人，"邦有道，谷；邦无道，谷，耻也"（《宪问》）。不管政府好坏，不管君之昏明，唯官是求，以俸禄为念，这种不分是非曲直，就是士的耻辱。孔子一再强调："君子谋道不谋食"，"君子忧道不忧贫"（《卫灵公》）。道是士的生命呈现方式，是士存在的意义，证悟道、呈现道是士的生命之最高理想。"人能弘道，非道弘人"（《卫灵公》）。人为道而生，道非为人而生，人的意义是展现道、光大道，而不能以道提高自己。因为道的意义远远高于人的自然生命意义，所以孔子说"朝闻道，夕死可矣"（《里仁》），甚至"笃信好学，守死善道"（《泰伯》）。

孔子明确主张"志于道"，而子贡却说："夫子之文章，可得而闻也。夫子之言性与天道，不可得而闻也。"（《公冶长》）这是为什么？朱熹的解释是："言夫子之文章，日见乎外，固学者所共闻；至于性与天道，则夫子罕言之，而学者有不得闻者。盖圣门教不躐等，子贡至是始闻之，而叹其美也。"① 朱子的解释是合理的。孔子并不是没有"性与天道"的学问，子贡发出"性与天道不可得而闻"之感叹，恰恰证明性与天道是孔门高深的学问。孔门四科：德行、言语、政事、文学。孔子因材施教，子贡作为言语科之高徒，有颜子在，不得闻或者说不常闻"性与天道"是完全可以理解的。子贡不闻或不常闻，并不能说明孔子不言，最多只能说明孔子不常言。子贡说出这番话时，可能颜子已经过世，孔子始与子贡言"性与天道"，子贡得闻"性与天道"，故发出这番感叹。子贡对孔子的"日月"之喻及"犹天之不可阶而升也"（《子张》）之赞叹，如不闻"性与天道"之学，不会对孔子有如此体察。"性与天道"的学问用今天的话说，就是哲学之学，形而上学之学，即道学。

性是内在的客观性，天道是外在的客观性。性与天道的问题是天人之间最为核心的问题。在这一问题上，孔子认为人之德性即本性来自于天。子曰："天生德于予，桓魋其如予何？"（《述而》）这是孔子对天人关系的一次明确的表达，认为人之德性来自于天。不过，刘昌元先生认为孔子说自己只是一个"学而知之者"，因而孔子的"天生德于予""不是说德直接由天降，而是必须通过后天学习"②，我们认为这一观点难以成立。孔子在这里所说的"德"是指"德性"，如《大学》中"明明德"的"明德"之德，而不是指具体的日常生活的道德知识。"学而知之"与"天生德于予"是两个不同层次的问题，以学而所达之德是后天的、经验的、知识的，天生之德即天生之性，是先天的、超验的、形上的，两个层次虽有联系，但前者不能证明或否定后者。所以，孔子所谓的"天生德于予"就是指我的德性是直接来自于天。

天，超越的存在体，予，人也，个体生命的存在体，"天生德于予"在天人关系中即由天而人。既然我的德性是天所赋予的，这样，我与天即人与天就通过"德"而内在地关联起来。我的德性是天赋予的，天德已内化于我德，我德即天德，我中有天。就我与天的关系言，"天生德于予"，若

① 朱熹. 四书集注［M］. 上海：上海古籍出版社，2006：100.
② 刘昌元. 仁的当代解释：一个批判的回顾及新的尝试［A］.∥刘笑敢. 中国哲学与文化（第一辑）［C］. 桂林：广西师范大学出版社，2007：155.

就人与天的关系说，就是《中庸》的"天命之谓性"。《中庸》"天命之谓性"不过是对孔子"天生德于予"这一命题的一种逻辑的泛化、普遍化表达。天赋予我以"德"，我亦可以通过"德"修为、培养而上达于天。子曰："莫我知也夫!"子贡曰："何为其莫知子也?"子曰："不怨天，不尤人，下学而上达，知我者，其天乎!"（《宪问》）劳思光先生谓此处"'天'字是习俗意义。孔子有时自不能免俗，亦偶有用习俗之语"。他告诫人们，"不可执此等话头，便曲解其全盘思想也"①。我们认为这是对孔子此处之"天"的严重误读。因为如果将此处的"天"放到孔子思想的整个脉络中，此"天"字有着非常重要的意义，断非一个俗字可以轻忽带过。"莫我知也夫!"是孔子发自心灵深处的一种感叹，也可以说是孔子心灵境界的一次自我表白!颜子去世后，与孔子高度默契、心意无违的人已经没有了。当子贡问："何为其莫知子也?"孔子以不怨不尤，下学上达作答。"不怨天"，视自然人事间的一切皆天道流行不息，生生化化之过程；"不尤人"，一切皆内求诸己。不怨不尤，是心态的、境界的，而"下学而上达"是德性生命成长的过程，这一过程是不断自我超越，不断升进的过程，由"而立"到"不惑"，由"知天命"到"耳顺"，乃到"从心所欲，不逾矩"的过程。在人世间，"莫我知也夫"，然而在超越的领域，"知我者，其天乎"!由"畏天"而"知天"，由"知天"到"天知"，实现了天人之际不一不二的天人合一之境。此境的最高表现形态即"无言"之境。子曰："予欲无言。"子贡曰："子如不言，小子何述焉?"子曰："天何言哉?四时行焉，百物生焉，天何言哉?"（《阳货》）"天生德于予"，由天而人；"下学而上达"，是由人而天，最终落为"无言"之境。"无言"不同于"忘言"，"忘言"是先"有言"之后才谈得上"忘言"，否则"忘"便无从谈起。"忘言"是言诠的、辩说的、无待的，而"无言"是本体的、形上的、无对的。"予欲无言"对应于"天何言哉"，天不过是"四时行焉，百物生焉"。"无言"之境下的孔子通体是天道周流贯注，动息言默，无非天道之流行，实现予即天，天即予，道在意义上天人不二。子贡确非颜子，假如是颜子侍侧，当下默契，不假言诠，而子贡一定要引出"子不言，小子何述焉"之

---

① 劳思光. 新编中国哲学史（第一卷）［M］. 桂林：广西师范大学出版社，2005：108.

问题，求孔子作进一步言说。当然子贡之问对后人理解孔子的"无言"境界有着重要意义。天无言或者天不言，我们可以通过"四时行焉，百物生焉"等体察天道，领悟天道；子无言，恰如天之无言，可以通过孔子的举手投足，动息语默，而了解夫子之道。"无言"之境下，夫子之道即天道，天道亦无非夫子之道。以往学者解析这段重要文献，常用此证明孔子的天的自然义，然而不察这只是表面现象。此段文献的重点不是"天"，更不是讲天是自然之天，重点是"予"，是人，或者说是借天以明人。

三、 以仁显性与践仁以合天

作为个体的人，如何体道、悟道、呈现道？也就是说人如何通过下学而上达天德，实现由"畏天""知天"至"天知"，进而实现"无言"天人如一之境的升华？孔子告诉我们的方法就是，"依于仁"或"依于仁"而"践仁"。

"志于道，据于德，依于仁，游于艺"，在孔子那里不是割裂的，而是连贯的。"志于道"之后紧跟着"据于德"，因为吾之德是天之道下贯于吾人者，是吾人之性，据守住吾之德即据守住吾人之性；"依于仁"，吾人之一切言行皆依照于仁德而行，无违于仁；"游于艺"，游戏于礼乐射御书数六艺之中。钱穆先生认为志道、据德、依仁三者"有先后无轻重"①。我们认为，这里的"有先后"也只是逻辑上的先后，在实然领域，即体现在当下的个体生命中，无所谓先和后。就逻辑言，道、德、仁层层下贯，步步落实，转化出孔子思想的中心观念——仁；就个体生命言，道就是德，德就是仁，仁就是道。即道即德即仁，道、德、仁三者浑然一体，既无轻重之分，也无先后之别。

从仁的角度说，孔子的道是仁道，孔子的德是仁德。仁是什么？自孔子以后，尤其是近代西学传入以来，学者们殚精竭虑，一定要用反向格义的方法将"仁"的概念界定清楚，众说纷纭，莫衷一是，甚至有一种越说越繁，越说越玄，越说越艰涩难懂的倾向。孔子本人对仁是否有明确的界

① 钱穆. 论语新解 [M] . 北京：三联书店，2002：171.

定，学术界看法不一。有的学者认为有，大多数学者说没有，但即使主张孔子对仁没有明确界定的学者也认为可以通过《论语》的材料归纳出仁的定义。张岱年先生认为："夫人者，已欲立而立人，已欲达而达人"（《雍也》），就是对仁的定义。① 胡适先生认为："仁是理想的人道"，"能尽人道，即是仁"②。郭沫若先生认为："仁的含义是克己而为人的一种利他的行为。简单一句话就是'仁者爱人'。"③ 冯友兰先生认为，仁是"人之性情之真的及合礼的流露，而即本同情心以推己及人者也"④。匡亚明先生认为仁有多层含义，第一层含义是"爱人"，第二层含义是修身，"是对道德准则的遵从"，第三层含义"是人类对其本质的自我意识，是对于当时已经形成的关于人的各种学问特别是伦理学说的哲学反思"⑤。牟宗三先生认为，仁"是我们真实的本体（Real Substance）；真实的本体当然又是真实的主体（Real Subject），而真正的主体就是真我（Real Self）"⑥。杜维明先生在《仁：〈论语〉中一个充满活力的隐喻》一文中指出："仁象征着人性在其最普遍的也是最高的完善状态中的整体表现。"⑦ 凡此种种解释，都有一定的理由与根据，都从不同的层面展现了仁的某方面的含义，然而又没有穷尽仁的全部意义，因而这种解释还会继续下去。

照目前学界这个研究思路走下去，永远也不会发现仁的真实意义。显然，所有学者归纳仁的意义的时候都离不开《论语》中有关仁的材料，离开了这些材料，人们对仁的意义归纳就无法进行，甚至不能对仁做任何的说明。然而，吊诡的是，《论语》中孔子对仁的所有论述都是如何"依于仁"的问题，如何"践仁"的问题，而不是仁的定义问题。孔子不是西方的智者，而是东方的圣人，他的学生不会从概念的角度问夫子仁是什么，而大量的问题是吾人怎样成为仁人。诚然，学者们可以依据这些材料从修辞学、语义学、符号学等角度去解释仁，然而仁不是解释学的问题；可以

① 张岱年. 中国哲学大纲 [M]. 北京：中国社会科学出版社，1985：256.
② 胡适. 中国哲学史大纲 [M]. 北京：东方出版社，1996：99.
③ 郭沫若. 郭沫若全集：历史编（2）[M]. 北京：人民出版社，1982：88.
④ 冯友兰. 中国哲学史（上册）[M]. 北京：中华书局，1984：97.
⑤ 匡亚明. 孔子评传 [M]. 济南：齐鲁书社，1985：182-183.
⑥ 牟宗三. 中国哲学的特质 [M]. 香港：人生出版社，1963：30.
⑦ 杜维明. 杜维明文集（三）[M]. 武汉：武汉出版社，2002：275.

言说仁，但仁不是言说的问题，仁的问题是实践的问题，如何行的问题。孔子告诉所有学生的都是如何行仁、践仁，而非什么是仁。仁，只有在仁德的实践中呈现、体悟、感通，否则，一切对仁的理解都陷于纸上功夫。

如何"依于仁"？如何"践仁"？孔子针对学生、时人情况不同，告诉他们实现仁的不同的方法、修为、言行，等等。"樊迟问仁。子曰：'爱人。'"（《颜渊》）"爱人"不等于仁，然而要做一个仁人，必须"爱人"。"爱人"是仁的基础义、传统义，孔子答樊迟，顺仁之传统义而答之。"夫仁者，己欲立而立人，己欲达而达人。能近取譬，可谓仁之方也已。"（《雍也》）显然，"己欲立而立人，己欲达而达人"，将心比心，推己及人，是实现仁德、成就仁人的方法，也不是仁之本身。"颜渊问仁。子曰：'克己复礼为仁，一日克己复礼，天下归仁焉。'""克己复礼"仍然是成仁之方，至于"非礼勿视，非礼勿听，非礼勿言，非礼勿动"（《颜渊》），不过是为仁之方法讲得更加具体化罢了。"仲弓问仁。子曰：'出门如见大宾，使民如承大祭。己所不欲，勿施于人。在邦无怨，在家无怨。'"（《颜渊》），孔子都在告诉他的学生，如何成就仁，而不是说仁是什么。

仁的问题是实践的问题，而不是理论的问题。牟宗三指出："孔子是由践仁以知天，在践仁中或'肫肫其仁'中知之，默识之，契接之，或崇敬之。""孔子之提出'仁'，实由《诗》《书》中之重德、敬德而转出也。"[①]牟宗三的观点是很有见地的。不过，牟先生是从历史传统说仁德之转出，如果从孔子哲学的逻辑架构讲，我们则可以说孔子的仁是天道转化而来，其路向即由道而德，由德而仁。我们知道，在孔子的哲学中，"性与天道"对举，而且置"性"于"天道"之前，足见"性"在孔门中的重要作用。在孔子那里，"性"是人的内在根据，"天道"是客观的超越原则，"性"与"天道"对举，恰恰体现了孔子性与天道贯通的原则。但"性"字在《论语》中并不多见，此处之外，《阳货》有一处孔子专门论及"性"："子曰：'性相近也，习相远也。'"问题是人之相近之性是什么？或者说什么才是人之所以为人之处？我们认为"天生德于予"就是孔子对相近之性的注脚，也可以说是孔子对"性相近"之性的回答。在天为道、为命，在人为

---

① 牟宗三. 心性与性体（第一册）［M］. 台北：正中书局，1968：21.

德、为性，天生之德就是天道下贯于吾人者。德者，得也，吾人之德实得之于天者也。天生之德就是吾人之性。这个"天生"之"德"就是仁，故而孔子是"以仁显性"。牟宗三先生曾指出，孔子"未说仁即是吾人之'性'"①，但通过梳理孔子思想的脉络，却不难发现孔子之仁与性之间的内在关联。"志于仁"是志于人性之张显，"安仁"是安于人之本性之本分，"依于仁"是依照于人之本性而从事一切活动，"求仁"是求人性之实现。仁人就是依照人性之常而生活，使人性得以充分呈现的人，即人性的辉煌完全实现的人。仁德的呈现过程就是"下学上达"之过程，从而践仁以知天，践仁以合天的过程。合天者，天人如一也，天道即人道，人道即天道，所谓的孔子"无言"之境。

如何践仁？"苟志于仁矣，无恶也。"（《里仁》）这里的"志于仁"与"志于道"同义。志仁、依仁、好仁、安仁，就是会真、会善、会美，自然无恶。"志于仁"人人能为，人人可为。在孔子看来，仁是普遍性原则，"民之于仁也，甚于水火。"（《卫灵公》）水火，普遍、易得，人们时时、处处离不开它们，仁对于人，如同水火，亦是须臾不可离的道。钱穆先生认为，这是孔子勉人为仁语②，当然，在仁人人可为、能为的意义上，这个说法有道理。既然仁是普遍的原则，既然是人人可为，人人能为的德性，为什么又很少有人达到仁、依于仁呢？孔门弟子三千，甚至只有颜子"三月不违仁"呢？人人有仁、能仁与人人实现仁、达到仁的境界不是一回事。正如《中庸》，一方面指出道是普遍的，是"不可须臾离"的，另一方面孔子又再三感叹，"道之不行也，我知之矣"，"道之不明也，我知之也"。道是普遍的，仁是普遍的，然而每一个个体生命能否体悟道、实现仁则存有许多现实的纠缠。这正如《中庸》所说："人莫不饮食也，鲜能知味也。"故孔子感叹："知德者鲜矣。"（《卫灵公》）

在孔子看来，实践仁并非难事。只要人做到刚强、坚毅、质朴、慎言，就近于仁，"求仁"就可"得仁"。"仁远乎哉？吾欲仁，斯仁至矣。"（《述而》）"为仁由己，而由人乎哉？"（《颜渊》）仁是内在吾人生命的本性，不

---

① 牟宗三．心性与性体（第一册）［M］．台北：正中书局，1968：24.
② 钱穆．论语新解［M］．北京：三联书店，2002：421.

是外在吾人生命的存在物，是人人可为，人人能为的。践仁对所有人来说，是愿不愿的问题，是为不为的问题，不是能不能的问题。然而孔子不以仁者自居，"若圣与仁，则吾岂敢？"（《述而》）子路、冉求、公西华等弟子各有专才，堪当大任，孔子不以仁许之，以子文的忠，陈文子的清，孔子不以仁称之，仁为什么又如此难能呢？作为仁人，就是充分践行仁的品德的人，就是将人之所以为人的特质充分实现的人，就是"成人"，即完美的人、理想的人。而每一个生命都是具体的，特殊的，面对错综复杂的世界，面对各种各样的人际关系，总有所憾，成就一个仁人，可谓易而难。

在孔子那里，"下学而上达"的过程就是践仁以知天的过程。不过，仅说践仁以知天是不够的，就实质而言，孔子由知天而合天，由合天而"无言"，天人如一。这一过程由践仁而成全吾人之德，吾人德生之成全即合于天道之流行，此即我们所说的"践仁以合天"。

四、 守道与知命

道在孔子的形上学中，是一种理想，一种境界，孔子的形上学可称为境界的形上学，"无言"是这一境界的最高表现。然而，孔子是一位具有强烈的现实关切的哲学家。境界的形上学如何面对错综复杂的现实社会？个体的生命如何在险恶的政治生态中既保有自己的操守，又能生存下去？由此，孔子告诉我们：守道与知命。子曰："笃信好学，守死善道。危邦不入，乱邦不居。天下有道则见，无道则隐。邦有道，贫且贱焉，耻也；邦无道，富且贵焉，耻也。"（《泰伯》）"笃信"即信仰坚定，"好学"即爱好学习，"守死善道"即誓死捍卫人间正道。道是吾人出处进退的准则，在险恶的政治生态中，既要依道而行，不能违背道，不能同流合污，也不能无谓牺牲，白白送死。"邦有道，危言危行；邦无道，危行言逊。"（《宪问》）无论政治生态险恶还是良善，不改变个人的道德操守，就是守道；了解生存技巧，避免无谓牺牲，同时又能"见危致命"乃至"杀身成仁"，就是"知命"。

在《论语》中，命有多重含义，有生命、寿命、命令、辞令，等等，然而这里所要强调的是，命与道同义，天命即天道。我们将"畏天命"理

下篇　孔子思想及其影响

155

解为"畏天道","知天命"就是知天道，无不通洽。"不知命，无以为君子。"（《尧曰》）这里的命就是道，就是不知道，无以为君子之义。子曰："道之将行也与，命也；道之将废也与，命也。公伯寮其如命何！"（《宪问》）这里的命不是个人之命，而是天命，天命亦是天道。道之行废是由天道决定的。但为什么孔子不说道而言命呢？因为命是道体之流行的目标指向。孟子的描述可以帮助我们理解孔子命的意义。他说："孔子进以礼，退以义，得之不得，曰'有命'。"（《孟子·万章上》）"进以礼，退以义"就是守道，即守住出处进退之道，"得之不得"即能否达到目的，不是自己所能决定的，这才能称之为"有命"，这就是"知命"。相反，如果为达到个人目的，不计较任何方式和手段乃至用卑劣之手段，就是"无义无命"，就是不知命。儒家的命在道的意义上指的是"义命"。说到底，守道即是知命，知命即会守道。

在孔子道的境界形上学中，道复杂而多义。它既是客观原则，又是超越原则，既是价值尺度，又是信仰目标。孔子用"志于道""守死善道""朝闻道，夕死可矣"等等，向世人展示他对道的超越意义的向往。然而，人可"闻道""说道""弘道"，体认道，但道一旦为人所体认且借助言说将其表述出来，就由客观之道转化为主观之道。冉求说："非不说子之道，力不足也。"（《雍也》）孔子说："道不行，乘桴浮于海。"（《公冶长》）"子之道""道不行"之道，或"文武之道"就是主观之道，即道为文王、武王、孔子所体认，由客观之道转化为思想、学说、主张、原则、理想，这种思想、学说、理想在孔子学派中具有信仰意义。孔子去世之后，面对孔门思想的分化，子张严正地指出："执德不弘，信道不笃，焉能为有？焉能为亡？"（《子张》）显然，在子张那里，道就是一种信仰，尤其是孔门的信仰，所以他要求信道要笃，对"信道不笃"的那些孔门中人物予以严厉的谴责！

在孔子的哲学观念中，天、人、性、命、德、仁，等等，存在着既相互涵摄，又互不隶属的复杂关系。"性与天道"虽说孔子不常言，但"志于道""守死善道"却是孔子不懈的追求。在天为道、为命，在人为德、为性，通过"下学上达""践仁合天"之功夫，实现人与天道流行浑然无隔的"无言"之境。黑格尔说孔子只是"世间的智慧"，只说明他不了解孔子的

"道"的真谛。在孔子那里，"道"具有形上学意义和超越的信仰意义。沿孔子的道、德、仁、天、人、性、命之意义，《中庸》《易传》建立起了原始儒家的天人性命之学。

（原载于《贵州社会科学》2010年第2期）

孔子的"德治主义"与政治文明

《史记·自序》引孔子言:"我欲载之空言,不如见之行事之深切著明也。"有的学者认为这里的"行事"是指"往事",当然有道理。不过,我们认为孔子这里所说的所"行"之"事"包括"往事",但不限于"往事",而是指实践活动。这种实践活动从历史的维度讲,既包括以往的实践活动(往事),也包括正在进行的实践活动乃至未来的实践活动;从社会的维度说,既包括个人的身心修养以及个人政治、社会活动所构成的道德实践,也包括社会集团的政治活动与社会活动所形成的客观实践。孔子一生反对空言、巧言,而努力笃行、敏行,以道易天下,建立一个有序、合理、公正的社会是其终生奋斗的目标。为实现这一理想,他提出了"为政以德"这一德治主义的基本原则,这一原则的最大特点就是强调道德优位或者道德优先性,承认道德是解决一切社会和人类问题的最基础和最根本原则或第一原则,是构建良性社会秩序的基本原则。这一原则的具体含义:第一,德治优先于法治,但孔了不否认法治有效性,因而在具体的施政方针上,提出"宽猛相济"即德与法相辅为用;第二,以礼让优先竞争,但不放弃竞争,而是主张君子之争甚至"当仁不让";第三,从政者的德性优先于才智,但"智及"才能谈得上"仁守"。德治主义实现的过程是由修己以安百姓,实现天下为公的人类理想。

一、 为政以德:德治主义的基本原则

德这个观念在甲骨文中已经出现,德字在《尚书》中已十分流行,《尚书·尧典》有"克明峻德",《尚书·皋陶谟》"行有九德""天命有德",

《尚书·盘庚》有"非予自荒兹德，惟汝含德，不惕予一人""施实德于民""汝有积德"，等等。不过，这些德字主要是指贵族个人的道德修养或道德境界，还没有上升到统治理论。因为无论是夏代的统治者，还是商代的统治者，都自恃"我生不有命在天"（《尚书·西伯戡黎》），因而都未能将统治者个人的德行修为提高到政治安危、天命得失的高度。周公从夏、商两代丧失政权的教训中，得出了"天命靡常""皇天无亲，惟德是辅"的结论。他再三告诫周代统治者，"王其疾敬德"（《尚书·召诰》），只有"敬德保民"，才能"永言配命"。在周公那里，统治者个人的道德修为与政权的稳定联系起来，虽然没有明确提出德治主张，但德治主义的观念已呼之欲出了。

孔子在精神气脉上直承文王、周公传统，故而以斯文在兹自任，以"三月不梦周公"为憾。"梦周公"是中国文化史上的一大隐喻，它暗示孔子接通周公的精神气脉，欲完成新时代制礼作乐的使命，实现哲学典范的转折。孔子的德治主义是顺应周公开出的敬德传统而来，成为中国德治主义政治传统的真正开山之论。

孔子的德治主义与周公的德治主义有着明显的不同。周公的德治是零碎的、被动的、消极的，而孔子的德治主义则是系统的、主动的、积极的。周公的"敬德"只是统治者的道德操守，只对天命负责，是被动保有天命的方式；孔子的德是全民的德，德治不仅仅是统治者的问题，而是所有人的问题。孔子的德治不仅仅是向外在的、超越的天命负责，而更重要的是对自己负责。德与不德，主要不是从外在利害或者为某种目的考虑，而是一个人内心"安"与"不安"。德，在周公那里还是工具理性问题，其目的是保有天命，而在孔子那里，就转化为价值理性，"德"本身就是目的。

孔子德治主义的第一原则，是其全部政治哲学的理论基石。这一原则的简捷表达就是"为政以德"。"子曰：'为政以德，譬如北辰，居其所而众星共之。'"（《论语·为政》，以下凡引此书，只注篇名）"为政以德"是德治主义的经典命题，这个命题的提出标志着德治主义作为一种治国平天下的方略正式走上历史舞台。"为政以德"要求作为政治人物尤其是处于决策阶层的人物，要以高尚的人格和操守从事国家事务的决策与管理，从而树立起为政者的威信。"居其所"之居是安居或位于，所是所在即位置，"居其所"是位于自己应处的位置，也可以说是扮演的行政角色。为政者行政级别有高低，职位有大小，然而只要在自己扮演的行政角色上"为政以德"，就像北极星一样，众星无不环绕它。在孔子看来，管理者的德对管理者来说会形成强大的向心力、凝聚力。

孔子认为，德治主义是中国古老的政治传统，尧、舜就是"为政以德"的典范。"子曰：'无为而治者，其舜也与？夫何为哉，恭己正南面而已矣'。"（《卫灵公》）孔子"无为而治"的"无为"，不是消极的"无为"，而是积极的无为。消极的无为是无所作为，什么也不干，而积极的无为是以高尚的道德人格安居其位，完成自己应完成的角色，具体表现为"思不出其位"和行不越其分，就是为其所应为，为其所当为。"为其所当为"就是顺乎天下之理而为之，不是妄为。"有为"可称之"人为"，"人为"即有意而为，故意出花样，弄点子，有意造作、作秀、表演，当代的搞运动、掀高潮等都是这种"为"。大舜德为圣人，富有大智，"好问好察迩言，隐恶而扬善，执其两端，用其中于民，其斯以为舜乎！"（《中庸》）"用其中于民"的"中"即中道，中道即天理，"用其中于民"即顺天下之理而治民，即为其所应为，"舜有天下，选于众，举皋陶，不仁者远矣"（《颜渊》）。举皋陶是舜之为，"舜有臣五人，而天下治"（《泰伯》）。有皋陶、大禹等能臣五人，所以舜可以"恭己正南面而已矣"。

在孔子看来，"政"字就是"正"的含义，要求从政者端正自身的思想与行为。"季康子问政于孔子。子曰：'政者，正也。子率以正，孰敢不正？'"（《颜渊》）又说："其身正，不令而行，其身不正，虽令不从。"（《子路》）当政者处于社会的主导地位，其行为、作派对社会大众起着导向、示范等作用。因而，"为政以德"首先要求当政者、处于管理层位的人，以身作则，正己正人。"苟能正其身矣，于从政乎何有？不能正其身，如正人何？"（《子路》）舜有五人而天下治，在于"恭己正南面"，在于他"举直错诸枉"，如果是"邪南面""举枉错诸直"，即使有臣百人也未必能使天下治。

天下有道，表明社会是一合理的、有序的、公正的群体组织系统，这一系统的良性运作需要群体组织结构中的每一个成员付出努力。然而，在社会"金字塔"结构中，越是接近塔尖的人士对社会的影响力也就越大，对社会的范导性也就越强，社会大众对其要求也就越高。一个人所处的社会地位与其承担的社会责任成正比，其道德境界的高低、才能的大小与其所处的社会地位成正比，这才是良性社会，这就叫天下有道，反之，就是天下无道。孔子认为，端正社会风气，提高全社会的道德水平，先从当政者开始。"君子之德风，小人之德草，草上风必偃。"（《颜渊》）"德治"包含着"治德"，治德主要是治当政者之德或者说是官德，而不是民德，官德正民德自然得正；官德不正，而要求民德厚、风俗淳可谓痴人说梦。在这个意义上，孔子的德治首先从治官始，治官首先在于官者自爱、自治。

二、 道之以德：德治优先于法治与 "宽猛相济"

"为政以德"当然不是万能的，更不是一劳永逸的，但孔子却认为，它是最基础的。

> 子曰："道之以政，齐之以刑，民免而无耻；道之以德，齐之以礼，有耻且格。"（《为政》）

这是孔子论述德治最为透彻的一段名言。"道之以政，齐之以刑"就是用行政命令来引导百姓，用法律手段来整治百姓，说到底就是用外在的、强制的手段来管理天下国家，这些外在的、规范性的手段用今天的话说就是"法治"，结果是"民免而无耻"，即人民慑于刑罚的威力而不触犯法律，即可免于处罚，但没有廉耻之心、羞恶之心。孔子在这里明确告诉当政者：仅凭法治不能建立起人们内心世界的精神信仰。相反，如果"道之以德，齐之以礼"，就是说用道德教化引导百姓，用礼义规范来整治百姓，那么人民就会"有耻且格"，即人民不仅有廉耻心，而且还会心悦诚服。道德教化是合乎人之本性的内在要求，教化的过程就是人的自我本性不断呈现、成长的过程，礼义缘人情而设，礼义规范合乎人情，礼义规范整治的过程是人由野而文的过程，是教养、修为成长的过程。"道之以德，齐之以礼"不是外在的、强制性的手段，而是建立在人的内在精神需要基础之上的德治。德治比法治更基础、更根本，故而德治优先于法治。德治可以建立起人们内心世界的精神信仰和价值归属。

德治优先于法治，在国家治理中，对民众应先进行道德教化，对一些顽冥不化之徒才适用于法律惩罚。孔子明确指正："不教而杀谓之虐，不戒视而成谓之暴，慢令致期谓之贼。"（《尧曰》）这段话以皇侃解释较为谛当。他说："为政之道必先施教，教若不从，然后乃杀，若不先行教而即用杀，则是酷虐之君也。为君上见民不善，当宿戒语之，戒若不从，然后可责，若不先戒勖，而急卒就责目前，视之取成，是风化无渐，故为暴卒之君也。暴浅于虐也。与民无信而虚期，期不申勅丁宁，是慢令致期也。期若不至而行诛罚，此是贼害之君也。"① 一句话，作为当政者治理国家，平治天下，应当将对百姓的道德教化放在优先考虑的位置。如果对民众的道德教化缺失，动辄对百姓进行法律惩罚，孔子认为这就是虐政、暴政。是将道德教化放在首要位置，还是将刑罚惩治放在首要位置，这是儒家的德治与法家乃至后来一切法治的区别之一。

季康子是位法治主义者，他相信法治，更迷信刑法惩治手段在国家管理中立竿见影的效用，带着这样的心态向孔子请教治国之道，受到孔子的严厉批评。"季康子问政于孔子。曰：'如杀无道，以就有道，何如？'孔子对曰：'子为政，焉用杀？子欲善，而民善之矣。君子之德风，小人之德草，草上风，必偃。"（《颜渊》）季康子认为，用杀戮的方式将消灭蛮横无理之人以成就有道之士会取得孔子的赞赏，不料孔子态度与之完全相反，不仅反对杀戮，而且还要他为民表率，引导民众向善。孔子反对季康子将刑罚放在首位，尤其反对以杀戮的方式对付他所谓的无道之士，显然，有道与无道标准的裁决权往往在当政者而不在百姓，当政者极有可能利用这种"杀无道以就有道"的理由清除政治上的异己。即使季康子无铲除异己之心，然而以季康子之修为，也不可能好恶得其中，判断有道与无道，"唯仁者能好人，能恶人"。正是基于这一考量，孔子认为当社会出现问题的时候，当政者应当首先反躬自问，自己的道德操守尤其是政治操守是否起到了为民表率的作用，而不是动辄诉诸暴力手段。因为当政者的道德操守以及对民众的礼义规范的教化比刑罚更根本、更有效。

当然，孔子并不是一味地、无条件地反对法治，更不是要废弃刑罚，放弃法治，相反，他认为法治不可缺少。孔子做鲁国大司寇（鲁国最高法

---

① 转引自程树德. 论语集释. 第四册. 北京：中华书局，1994：1374.

官），"沈犹氏不敢朝饮其羊，公慎氏出其妻，慎溃氏逾境而徙，鲁之鬻牛马者不豫贾，必蚤正以待之也"（《荀子·儒效》）。孔子在法治实践中对法的现实效用有自己的独到体认，故他虽承认德治优先于法治，但并不放弃法治或者说法治不重要。《左传·昭公二十年》载：郑国的执政大夫子产临终告诫他的继任者大叔说："惟有德者能以宽服民，其次莫如猛。"意思是说，只有德行高尚的人能以德治国，使百姓心悦诚服，如果自己的德行不够，那就用"猛"，即法治。大叔执政后，"不忍猛而宽"，结果郑国多盗。大叔后悔没听子产的教诲，从而对盗贼实行严厉镇压。孔子得知大叔的做法后，评论道："善哉！政宽则民慢，慢则纠之以猛。猛则民残，残则施之以宽。宽以济猛，猛以济宽，政是以和。"在孔子看来，宽与猛是治理国家的两种手段，这两种手段应掌握时机，交替使用，即当猛则猛，使之不失法度；当宽则宽，使之不失仁民之心。猛以济宽，宽以济猛，宽猛相济，才能形成和谐的政治局面。孔子是一位理想主义者，但他的理想主义是建立在现实基础之上的。宽猛相济即德治与法治并行不悖，相辅为用。

"'善人为邦百年，亦可以胜残去杀矣。'诚哉是言也！"（《子路》）即使是善人执政也要经过百年以上，才能"胜残去杀"。"胜残去杀"用今天的话说，就是废弃残酷的刑罚，废弃死刑，并不是废弃法治。诚然，孔子的理想最终是废弃法治，完全实行德治。"听讼，吾犹人也，必也使无讼乎！"（《颜渊》）"无讼"就是没有诉讼事件发生了。孔子担任过鲁国的大司寇，对法律当然十分熟悉，处理具体的诉讼案件与别的士师、司寇没有什么不同。然而孔子认为，他与其他士师、司寇的最大不同是处理诉讼的目标、理想不同，他的追求是人人成为道德高尚的君子，使诉讼案件根本不会发生。

由此，我们可知，孔子的根本理念是德治优先于法治，具体治国策略是宽猛相济，理想目标是"无讼"社会的实现。

三、 为国以礼：以礼让优于竞争与 "当仁不让"

孔子以前，中国文化可以说是礼文化，礼是天之经，地之义，物之则，民之行，包罗万象，涵盖了中国文化的方方面面。礼既是社会制度，也是人们的行为规范，更是协调人与人之间尤其是统治集团内部矛盾的方式和手段。孔子继承中国远古以来的礼文化，坚决反对争夺，主张以礼让治国。

> 子曰："能以礼让为国乎，何有？不能以礼让为国，如礼何！"（《里仁》）

朱熹注云："让者，礼之实也。何有，言不难也。言有礼之实以为国，则何难之有。不然，则其礼文虽具，亦且无如之何也，而况于为国乎？"①钱穆接朱子之说，继续发挥："故让者，礼之质。""孔子常以仁礼兼言，此章独举让字。"②朱子和钱穆的解释过分强调了"让"，将"礼"等同于"让"，我们认为，这一解释不能反映孔子礼让思想的精神实质。显然，"礼"不等于"让"，也不就是"让"，否则，直接说让好了，没有必要讲"礼让"。"礼让"的实质是让之以礼或以礼让之，这时的潜台词是不合于礼的东西要坚决争之甚至不惜一切代价抗争之，故而孔子坚决声讨与批判季孙以大夫的身份使用天子之八佾舞、祭祀泰山等违礼活动；陈恒弑其君，孔子不顾年迈，沐浴而朝，呼吁鲁哀公及三家大夫出兵讨伐；等等。由此可见，在这里强调的不是"让"而是"礼"，"礼让"治国重在以礼治国，不是以"让"治国。在孔子那里，以礼治国是"为政以德"的具体体现。当然，孔子反对争夺，主张礼让，然而让必须合乎礼。礼是让的主导，而不是相反。

伯夷、叔齐相让的故事是孔子称颂的典范，在孔子看来，他们都是"贤人"。

> 冉有曰："夫子为卫君乎？"子贡曰："诺，吾将问之。"入曰："伯夷、叔齐，何人也？"曰："古之贤人也。"曰："怨乎？"曰："求仁而得仁，又何怨？"出，曰："夫子不为也。"（《述而》）

这里的卫君是指卫灵公之孙，卫出公辄。卫灵公在位时，因其长子蒯聩与其母南子发生矛盾，卫灵公怒而逐蒯聩去国。卫灵公死，时蒯聩在晋国，卫国人立卫灵公之孙，蒯聩之子辄为国君，是为出公。被逐的蒯聩在晋国的帮助下，力图回到国内，争回君位，于是父子相争，大动干戈。伯

---

① 朱熹. 四书章句集注 [M]. 台湾：鹅湖出版社，1984：72.
② 钱穆. 论语新解 [M]. 北京：三联书店，2002：96.

夷、叔齐是殷末孤竹国国君的两个儿子，兄弟相互礼让国君之位而离开朝堂，来到首阳山下，周代殷起，不食周粟，饿死首阳山下。当卫国出现父子争夺国君之位时，孔子及其弟正在卫国，冉有等学生自然会有孔子是否帮助卫出公之疑。子贡不直接问孔子是否会帮助卫出公，而是向孔子请教他对伯夷、叔齐兄弟礼让的看法。子贡相当睿智，一方面他不愿孔子帮助卫出公，另一方面他又想知道孔子对卫国政治变局的态度。孔子高度评价伯夷、叔齐，认为他们是"古之贤人也"。子贡进而问："怨乎?"孔子回答："求仁而得仁，又何怨?"对于一个仁人，其全部追求就是依礼行事，实现人间正道，即使会付出现实的代价乃至付出生命的代价，自然也会无忧无惧，坦坦荡荡，无怨无悔。孔子称颂伯夷、叔齐兄弟礼让，从而鄙视蒯聩与卫出公父子争夺。伯夷让之以礼，因父命之；叔齐让之以礼，因伯夷为长兄。蒯聩争之无礼，因父（卫灵公）已经废己；辄争之以无礼，以卫灵公命公子郢为国君，辄亦不当立。

以礼让治国说到底就是以礼治国。"齐景公问政于孔子，孔子对曰：'君君，臣臣，父父，子子。'公曰：'善哉! 信如君不君，臣不臣，父不父，子不子，虽有粟，吾得而食诸?'"君君，就是君要以君的标准要求自己，有个君的样子；臣臣，就是臣要以臣的标准要求自己，有个臣的样子；父父，就是父以父的标准要求自己，有个父的样子；子子，就是儿子要以儿子的标准要求自己，有个做儿子的样子。当然，君、臣、父、子的标准当然是礼。整个社会每一个社会成员都以礼的标准要求自己，使自己完全合乎这个社会角色的礼的要求，尽职尽分地完成自己、实现自己，这样国家就会得以治理了，天下也就因此实现太平了。为政是要做好自己，完成自己，还要善于处理各种关系，尤其是上下级之间的关系。

> 定公问："君使臣，臣事君，如之何?"子曰："君使臣以礼，臣事君以忠。"（《八佾》）

> 子路问事君："勿欺也，而犯之。"（《宪问》）

政治伦理的重心是领导与被领导、管理者与管理对象的关系，即上下级关系。君即可理解为国君，当然也可以理解为最高决策者，臣可以理解为高级管理者，臣是联系君与民之间关系的纽带。臣相对于君而言是下级，相对于民而言又是官吏。孔子认为，在处理君臣关系上，君使用臣下，要讲究礼节，而臣事奉国君要做到忠诚。忠是臣下的本质要求，因而孔子说"勿欺也，而犯之"，即臣下对于君上可以冒犯，但不能欺骗。冒犯可能是出于对君上的忠诚，但欺骗就背离了臣下的本质，即背离了礼。君礼臣忠归根到底是君臣都要合乎礼的要求。

站在士的立场上，孔子一方面主张积极入世，正如子路所说：那些自命清高的隐士不懂得"不仕无义"，恰恰犯了"欲洁其身，而乱大伦"的错误。"君子之仕也，行其义者也。"（《微子》）"君臣之义"这一政治伦理对一个有责任心的人来说，正如血缘伦理中"长幼之节"一样是不可放弃的。另一方面，孔子又主张，"以道事君，不可则止"（《先进》），即怀抱着政治理想与救世方案事奉国君，如果不能实现自己的理想就放弃。所谓"用之则行，舍之则藏"（《述而》）。如果不讲原则，违背礼义，为了拿俸禄去事奉昏君、乱君，孔子认为，应深以为耻。总之，孔子认为一个具有人文修养的知识分子应该"进以礼，退以义"（《孟子·万章上》），出处进退都应符合礼的要求。

为政者如何对待民众呢？孔子再三强调仁民爱民，富民教民，使民以时，待民以礼。孔子认为民众是国家政权的基石。

> 子贡问政。子曰："足食，足兵，民信之矣。"子贡曰："必不得已而去，于斯三者何先？"曰："去兵。"子贡曰："必不得已而去，于斯二者何先？"曰："去食。自古皆有死，民无信不立。"（《颜渊》）

孔子认为，一个政权存在与稳定有三个必要条件，一是物质基础（足食），二是完备的国防（足兵），三是取信于民（民信之矣），三者缺一不可。当然"足食""足兵"体现了一个国家的物质力量，可谓"硬实力"，而"民之信"是精神力量，可谓"软实力"，在孔子看来，软实力或这个无形的东西才是国家或政权存在的最重要因素。因而当政者的全部努力都要围绕三者展开，最重要的是围绕如何取信于民展开。

> 子曰："道千乘之国，敬事而信，节用而爱人，使民以时。"（《学而》）

> 哀公问于有若曰："年饥，用不足，如之何？"有若对曰："盍彻乎？"曰："二，吾犹不足，如之何其彻乎？"对曰："百姓足，君孰与不足？百姓不足，君孰与足？"（《颜渊》）

子适卫，冉有仆。子曰："庶矣哉！"冉有曰："既庶矣，又何加焉？"子曰："富之。"曰："既富矣，又何加焉？"子曰："教之。"（《子路》）

"敬事而信，节用而爱人，使民以时"旨在取信于民，实行彻（即十一之税）法，藏富于民，也是为了取得百姓的信任，而富之而后教之也是为了取得百姓的信任。孔子"为政以德"，以礼行政，视取信于民为重要政治目标。当然，在孔子看来，取信于民最好的方式莫大乎待民以礼。"季康子问：'使民敬，忠以劝，如之何？'子曰：'临之以庄则敬，孝慈则忠，举善而教不能则劝。'"（《为政》）政权当政者是民之表率，因而自己做到庄重，百姓自然就会敬畏；自己孝慈，老百姓自然就会忠诚，推举有能力的好人而同情才能低劣之人，百姓自然就会劝勉。

孔子认为，"为政以德"，以礼行政，关键在取得民信。而取得民信的关键在于以礼临民、使民（"使民如承大祭"《颜渊》）、待民（"临之以庄"），甚至"近人不服，则修文德以来之"（《季氏》）。这就是"为国以礼"（《先进》）。"为国以礼"就是"以礼让为国"。在孔子看来，"为国以礼"就可以避免纷争、争夺、减少社会的动荡，实现社会和谐。

子之武城，闻弦歌之声。夫子莞尔而笑，曰："割鸡焉用牛刀？"子游对曰："昔者偃也闻诸夫子曰：'君子学道则爱人，小人学道则易使也。'"子曰："二三子！偃之言是也。前言戏之耳。"（《阳货》）

子游所引孔子话的"道"，孔安国、朱熹等人都认为是指"礼乐"。以礼乐治国，这是孔子的理想。他的学生子游在武城这个小地方实现了，当政者接受礼乐教化，从而慈爱百姓，而百姓接受礼乐教化，更好使用，四处充溢着弦歌之声。

孔子主张"礼让"，前面说过，礼让并不等于让，更不是无条件的"让"，"让"的前提是合乎"礼"。礼让并不是放弃竞争，而是主张竞争。孔子的竞争主要体现在两个方面。其一是"君子之争"。

子曰："君子无所争，必也射乎！揖让而升，下而饮，其争也君子。"（《八佾》）

争名、争利、争权、争地位、争面子、争风头，等等，这些争不少人十分热衷。对于这些争而言，孔子说"君子无所争"。一个有修养的君子不会与人争名、争利、争权、争地位、争面子、争风头，等等，"无所争"不等于没有竞争或者说取消一切竞争，而是君子的竞争一定要有修养，遵守规则，一定如同"射"之争一样，"揖让而升，下而饮"就是射之礼，由此礼而体现出君子的涵养。射，是一种技能，孔子并不反对与别人竞技，而是讲竞之以礼，争之以礼，体现出君子的风度。

其二，在仁德面前，孔子主张决不能"让"，而是要"争"。"当仁，不让于师。"（《卫灵公》）当仁，师都不让，何况他人？"欲仁""求仁"，努力去做仁人，甚至"杀身成仁"，在这里不仅不能"让"，而且要"争"。由此，我们可以说，孔子是以礼让克服争夺，并非以礼让消灭竞争。不过，孔子的"不让"、竞争与现代人的竞争在目标、层次、境界上，有着天壤之别。现代所说的竞争是争名次、争权力、争利益，而孔子的"不让"或者争是超越物质利益、个人权位的争，是道德人格上的争，是成就圣贤人格上的争。

孔子主张"礼让"，但并不反对竞争。即使孔子的"让"，也不是无条件、无原则地退让与妥协，而是"让"之以礼。孔子不反对"争"，关键是如何争？争什么？孔子主张以礼争之，即"君子之争"，竞争要体现风度、修养，有品味，而不是不择手段。孔子认为，一个君子不在于他争与不争，而在于他争什么。如果争仁，争自我完善，争做君子，这种争正是孔子所赞赏的。

四、举贤才：美德优先于才智与 "智及仁守"

天下国家的治理离不开人才，没有人才，一切政治理想的实现都无从谈起。孔子十分重视人才建设，他私人办学、讲学，目的就是培养治国之人才。既要培养人才，更要选用人才，由此他提出了"举贤才"的理论。《论语·子路》：

> 仲弓为季氏宰，问政。子曰："先有司，赦小过，举贤才。"曰："焉知贤才而举之？"子曰："举尔所知。尔所不知，人其舍诸？"

在孔子看来，为政之道应将任用各级部门主管放在首位，如果对人才求全责备，没有"赦小过"的雅量，永远也不会发现人才，"举贤才"也就无从谈起。"举贤才"是孔子重要的人才观，这一观念的提出在中国历史上产生了深远的影响。

孔子的人才观说到底是贤才观。"贤才观"的最大特征是要求德性优先于才智，即将人之德放在首位，才智服从或服务于德行。《论语·颜渊》载：

> 樊迟问仁。子曰："爱人。"问知。子曰："知人。"樊迟未达。子曰："举直错诸枉，能使枉者直。"樊迟退，见子夏。曰："乡也，吾见于夫子而问知。子曰：'举直错诸枉，能使枉者直。'何谓也？"子夏曰："富哉言乎！舜有天下，选于众，举皋陶，不仁者远矣；汤有天下，选于众，举伊尹，不仁者远矣。"

学术界长期以来，一直将孔子在这里所说的"爱人"视为仁的基本含义，而未将其放到举贤才的意义上进行理解。放到贤才观的层面进行理解，联系到孔子这里的"知人"是发现、识别、推举贤才，这里所说的"爱人"是指爱护、珍惜、关怀贤才。在孔子看来，贤才之所以为贤才在于贤才之贤，因而，孔子主张"举直错诸枉"，即将正直的人推举上来去规范、领导不正直的人，德在当政者那里有特别的意义。

正直是政治人物的基本品格。政治人物正直，民众才能心悦诚服，才能构成和谐的社会。"哀公问曰：'何为则民服？'孔子对曰：'举直错诸枉，则民服；举枉错诸直，则民不服。'"（《为政》）孔子之所以再三强调"举直错诸枉"，在于春秋时代已经是偏邪悖乱，枉道横行，如臧文仲为鲁国司寇，柳下惠在鲁国作士师，他明知柳下惠是个贤才，却故意废置而不用，孔子批评臧文仲的行为为"窃位"。柳下惠为士师，竟然遭遇三次被罢免的命运，有人劝他离开鲁国，柳下惠竟然发出了"直道而事人，焉往而不三黜"（《微子》）的感叹。"直道"在春秋末期已是十分难能可贵的品质，这是孔子强调"举直错诸枉"的真正原因。在孔子看来，德性优先于才智。

德性优先于才智，但不等于才智不重要。"直"是美德，但仅有美德是不够的，从政者必须具备才智。"季康子问：'仲由可使从政也与？'曰：'由也果，于从政乎何有？'曰：'赐也可使从政也与？'曰：'赐也达，于从政乎何有？'曰：'求也可使从政也与？'曰：'求也艺，于从政乎何有？'"（《雍也》）以子路之果决，子贡之通达，冉求之多才多艺，才是他们从政的资具。对于贤才，孔子主张量才使用。"子曰：'君子易事而难说也，说之不以道，不说也；及其使人也，器之。小人难事而易说也，说之虽不以道，说也；及其使也，求备焉。'"（《子路》）"器之"就是对人量才使用。

当然，在孔子看来，贤才既要有仁的品质，又要有相配的智慧，再加上良好的修养，才可以称其职，尽其责。"子曰：'知及之，仁不能守之；虽得之，必失之。知及之，仁能守之，不庄以莅之，则民不敬。知及之，仁能守之，庄以莅之，动之不以礼，未善也。'"（《卫灵公》）知即智，"知及"是说智慧或才智具备，"仁守"是说德行足守。"贤才"之所以为贤才，既需智及，也需仁守，二者缺一不可。即使智及仁守兼备，但不能以庄严的态度对待自己的职责与百姓，行为不受礼义规范，也称不上是完美。智及仁守，仁智双彰，是孔子对贤才的追求。

五、 德治主义与政治文明

政治说到底就是某一集团对社会、国家实行有效的控制与管理。古往今来，东西万国，或专制，或民主，或资本主义，或社会主义，虽然政治形态不同，但就其目的而言，则无不是为了实现对社会的有效控制与管理，达致社会和谐。无论东方，还是西方；无论古代，还是现代，只要人类社会还存在，就需要对人类群伍进行控制与管理，就有管理阶层存在，同时也有被管理阶层存在，可以说如何对人类群体进行有效控制与管理，如何实现管理阶层与被管理阶层的和谐相处，是人类的永恒话题。孔子的德治主义恰恰是为实现人类社会的和谐服务的，就德作为人区别与动物的最基本特性而言，德治主义是人类政治原则最普遍、最基本的要求，但作为治道，德治又是人类自身从事自我管理、自我调控的最高境界，以德行政对管理者与被管理者而言，可以说是永久的期盼。

德治主义不仅是一套治道，更是检验治道良善的标准。众所周知，自人类诞生以来，为了对人类社会进行有效的管理与控制，出现过种种制度。而什么样的制度才是最理想、最合理的制度呢？而理想、合理的标准是什么呢？我们认为孔子的德治主义给人类提供的就是这个标准。凡是接近或合乎德治主义的社会制度就是良性的制度，相反就是恶性的制度。显然，保护人类尊严，保护族群的公平、公正是人类的追求，也是检验一个社会制度优劣的标准。孔子的德治主义"以人治人"，"以德服人"，以德育人，最大限度地保护人类的尊严与价值，维护社会的公平与正义。应当说合乎人类德性要求，促进人类德性提高的制度就是良好的制度，而背离人类德性，败坏人类德性的制度就是坏的制度。由此我们说孔子的德治主义贡献给人类的不是社会的组织架构，而是社会组织架构的价值之源。

自人类进入阶级社会以来，法治是一切统治阶级治理国家不可或缺的工具。然而，法治背后的价值支撑不是法本身，而是法背后的"德"。法可以无情，但不能无义，更不能无道，法之良否取决于是否有德。凡合乎维护人类尊严，保障族群公正，代表族群正义，反映人类良心的法，即有德性的法，就是良法，否则就是恶法，恶法不如无法。徒法不能自行，法治一定经过人的解读、诠释、执行才能发挥作用，没有德性高尚的国民，没有德性高尚的执法队伍，任何良法也会流质变异。在孔子那里，良法与德治并不矛盾，相反，德与法相辅而行，宽与猛应时而用，德治并没有否认法治，而是认为法治不是人类的终极追求，也不是人类社会的理想之境。由"有讼"而入"无讼"才是孔子的用心所在。

进入 21 世纪，自由、民主、法制、人权等是人类的共同诉求。民主、法制是社会政治形态的组织架构及运作方式问题，自由、人权则体现着人类的价值观，是人类之"德"的两端或者两种德目。健全的制度性及良好的运行架构作为人类共享的政治资源，任何一个民族都可得而用之，然而无论怎样完善的政治制度及运行架构，都需要有德行的人加以执行。民主、法制固然重要，然而如果国民无德，在民主的旗号下就会造就无德之政府，就会是财阀、黑帮、政客三位一体，互交为用，贿选、打杀、蛊惑一齐上阵，玩弄选民。而有德性的选民，才能造就有德性的政府。政治人物参与选举既要有孔子所设想的那种"当仁不让"的担当，也要有"君子之争"的修养。

随着科技的发展，资讯业的发达，互联网的广泛使用，人们对政治文明的要求越来越高。科技的发展，民主、法制的健全，并不是说德治不需要了，而是为德治提供了可能。人们对政治透明度、知情权的呼声越来越高，民众参与意识越来越强烈，对公平、正义追求越来越迫切，任何一个政党、任何一个政治人物都只能顺应这一世界性潮流，而违背这一潮流反向操作只能加速其灭亡或身败名裂。现代政治说明：一个政党只有修政党之德，才能得到民众的拥护；一个政治人物只有修为官之德，才能稳居政治的中心，否则，可以得逞于一时，但最终会被人民唾弃！

　　德治主义不是一套政治架构，而是一种治理方式。德治的用心不是将政治视为外在的客观对象、作为外在于我的物而治之，而是"以人治人，改而止"（《中庸》）。如果将政治架构比喻为计算机的"硬体"，而具体施政方针视为"软体"话，那么德治主义就是编码系统。"硬体"可以淘汰、更新、换代，"软体"可以不断开发、升级，但支配软体的编码方式则是恒定的。无论政治架构如何变换，也不管东西万国或任何时代，德治主义的原则都是有效的。无论什么"硬体"，都需要它，无论什么"软体"，都离不开它，它是将政治视为治己治人的过程。它要求管理者或当政者不能溢出被治之外，以人为对象而治之，从这个意义上说，德治主义是超政治的。

（原载于《纪念孔子诞辰 2560 周年国际学术研讨论文集》2009 年）

论孔子的仁礼合一说

仁与礼是孔子学说的两个重要范畴。透过这两个范畴，我们既能把握孔子思想系统的基本脉络，又能了解孔子在中国文化史上继往开来的历史作用。孔子的思想系统是以仁为本源，以礼为表征，仁礼合一的思想系统。在这一系统中，礼是孔子对传统的继承，仁是孔子的创辟。在礼乐文化传统中发现仁或曰显豁仁，以仁释礼，以礼释仁，仁礼互释，赋予礼乐文化以真实的意义和内在价值，是孔子对中国文化的划时代之贡献，是孔学的本质所在。在孔子那里，仁是绝对的，内在的；礼是相对的，外在的，孔子提出仁，"开辟了人的内在的人格世界，以开启人类无限融合及向上之机"①，进而言之，也开启了儒学乃至中国文化无限展开的可能性。仁开出了儒家人文文化发展和人文实践永恒的生命之源，是礼乐（人伦日用之常）不断完善的内在根据。以仁为价值本源，不断完善礼乐文化，使人类由文明走向更高程度的文明也许是孔子"虽百世可知也"的历史真意。

一

礼是孔子对中国远古文化的承续，仁是孔子的创造。孔子处春秋末期，作为在周礼陶冶下成长起来的一代文化伟人，面对礼坏乐崩，周文疲弊的客观情势，他以重建已行将崩解的西周以来的人文秩序，承续远古以来的礼乐文化为己任。他说："周监于二代，郁郁乎文哉，吾从周。"②（《论语

---

① 徐复观. 中国人性论史［M］. 台湾：商务印书馆，1994.
② 诸子集成［M］. 北京：中华书局，1986.

·八佾》，以下凡引该书，只注篇名）孔子在匡地被围，处境危急，他说：
"文王既没，文不在兹乎？天之将丧斯文也，后死者不得与于斯文也；天之
未丧斯文也，匡人其如予何！"①（《子罕》）这里的文就是礼乐。朱熹注谓：
"道之显者谓之文，盖礼乐制度之谓。"孔子以文自任，就是以承续礼乐文
化自任。在孔子看来，周礼是综合了夏礼、殷礼两者的优点因革损益而来，
是礼乐文化最完备的表现形态。

　　然而由西周降至春秋，周公所形构的一套礼乐制度开始崩解，一方面，
礼被绝对化、泛化，另一方面，礼的规约在实践中又不断遭到践踏。子大
叔见赵简子，简子向子大叔问"何谓礼"？子大叔回答说："吉也闻诸先大
夫子产曰：'夫礼，天之经也，地之义也，民之行也。'天地之经，而民实
则之。""礼者，上下之纪，天地之经纬也，民之所以生也"②（《左传·昭
公二十五年》）。当礼成为天之经，地之义，民之行，物之则（《国语·周
语》有"昭明物则，礼也"一语）时，显然，礼被普遍化、绝对化、泛化
了，礼冲决了它自身的界域，由社会学范畴泛化为哲学概念。之所以如此，
是因为当时的思想家还没有发现概括自然秩序和社会秩序比礼更恰当的范
畴。礼的绝对化和泛化，一方面使礼本身获取了根源意义与形上安立，在
中国历史上开启了礼治主义的先河，另一方面也使礼日益遭遇形式化的
危机。

　　春秋时代是华夏民族礼的崇拜时代。许多权贵利用礼在人们心目中的
地位刻意追求礼的外在表现形式，而忘却了礼之所以为礼的本质，礼正遭
遇日益形式化的危机，故当时的贤人君子，力图透过礼的外在表现形式重
新发现礼的内在本质。《左传·昭公五年》载：鲁昭公前往晋国，在欢迎仪
式上，"自郊劳至于赠贿，礼无违者"，晋平公十分欣赏，以为他"善于
礼"。女叔齐认为鲁昭公只是"屑屑焉习仪以亟"，不知礼之本，不足言知
礼。赵简子问子大叔揖让周旋之礼，子大叔认为揖让周旋只是仪即外在表
现形式，而不是礼的本质。从鲁昭公到赵简子，他们可能都十分注重礼的
仪节、仪式，但由于对礼的外在表现形式的刻意追求从而减杀甚至放逐了

---

　　① 诸子集成 [M]．北京：中华书局，1986．
　　② 十三经注疏 [M]．北京：中华书局，1980．

礼的真实意义。这说明礼的绝对化和泛化是一利弊同在的双刃剑，它在提高了礼的权威的同时，也造成了礼日益形式化的危机。

礼日益形式化、工具化的危机使礼越来越沦为空洞的没有意义的形式，而任何形式化的东西都会沦为统治者装饰自己而束缚他人的工具。孔子对此有深切的感受，他强烈地批判礼的形式化，要求礼实现内容与形式的统一。他说："人而不仁，如礼何！人而不仁，如乐何！"①（《八佾》）"礼云！礼云！玉帛云乎哉？乐云！乐云！钟鼓云乎哉？"②（《阳货》）正是"居上不宽，为礼不敬，临丧不哀，吾何以观之哉。"③（《八佾》）宽民是为官之本，恭敬是为礼之本，哀戚是举丧之本，而今是不宽，不敬，不哀，一切礼仪都沦为徒有其表的外在表现形式，观之令人痛心，不如不观。克服礼的形式化危机，使礼具有真实的意义是孔子思考问题的重要出发点。

更令人痛心的是，一些渐渐变得强大的诸侯国国君和新兴的权贵已不能接受旧礼的束制，揭下形式化的伪装，开始公然践踏礼法。孔子指出："天下有道，则礼乐征伐自天子出"，④（《季氏》）然而降至春秋，王室衰微，不绝如线，诸侯自作礼乐，专行征伐，轻慢王室；公室衰微，大夫自作礼乐，专行征伐；卿大夫家衰微，陪臣执国命。天下失序，礼坏乐崩。

周礼被践踏的另一表现是当政者不守礼规，肆意逾越礼的限定。"季氏八佾舞于庭"，"季氏旅于泰山"等等，都是无视周礼的极端表现。季氏作为大夫，公然在家庙中演奏天子之八佾舞，其蔑视周礼，于斯极矣！故孔子愤然而起："是可忍也，孰不可忍也！"⑤（《八佾》）同样是季氏，僭越诸侯之礼，祭祀泰山，其家臣冉有不能阻。大概春秋时期，随着生产工具的改进，经济的发展，人口的增加，执政者私欲膨胀，已不能安于周礼对他们身份的限定，追求侈奢，讲究气派，向往豪华，于是在保存周礼最好的鲁国，像八佾舞于庭这样的事情也发生了，周礼在其他地区之情形，可以想见。

孔子怒斥当政者对周礼的践踏，反对礼的形式化，要求回到礼之本，

---

① 诸子集成［M］．北京：中华书局，1986.
② 诸子集成［M］．北京：中华书局，1986.
③ 诸子集成［M］．北京：中华书局，1986.
④ 诸子集成［M］．北京：中华书局，1986.
⑤ 诸子集成［M］．北京：中华书局，1986.

同样他也反对礼的绝对化，即将礼泛化为一天、地、人、物无所不涵的宇宙论范畴。他认为礼是相对的，是可变的，周礼本身就是由夏礼、殷礼因革损益而来，同样它也会因革损益而去。"子张问：'十世可知也？'子曰：'殷因于夏礼，所损益可知也；周因于殷礼，所损益可知也。其或继周者，虽百世可知也。'"①（《为政》）在孔子看来，"周"也不是江山永固，万古长存的，相应地，周礼也不是永恒的不可变更的绝对存在，也同样在因革损益的发展旅途中。这一旅途有规律可循，故礼之未来发展"虽百世可知也"。

礼固然可变，但孔子并不是无条件地接受礼的一切变化。对于礼的变化，他自有取舍之道。如："麻冕，礼也；今也纯，俭，吾从众。拜下，礼也；今拜乎上，泰也。虽违众，吾从下。"②（《子罕》）麻冕是麻制成的帽子，纯冕是丝制成的帽子。麻冕制作起来费时费料，不如丝冕节省，孔子认可并接受礼的这种变化。至于礼由拜下变而为拜上，孔子认为这是臣下傲慢的表现，故虽违众，他仍然"拜下"。像季氏八佾舞于庭当然是泰，旅于泰山仍然是泰，孔子皆非之。俭则认可之，泰则非之，俭泰是孔子对礼之变化的取舍标准。大概俭，易于礼成，礼易成则易于以礼化民成俗，泰则表现出人之傲慢与不恭，这可能是孔子以俭与泰作为礼之取舍标准的缘由吧。

"俭"与孔子"节用而爱人"的精神正相吻合，孔子视其为礼之本。"林放问：'礼之本？'子曰：'大哉问！礼，与其奢也，宁俭；丧，与其易也，宁戚。'"③（《八佾》）孔子的学生子游也说"丧致乎哀而止"④（《子张》）。《礼记·檀弓上》也有类似的思想："子路曰：'吾闻诸夫子：丧礼，与其哀不足而礼有余也，不若礼不足而哀有余也。祭礼，与其敬不足而礼有余也，不若礼不足而敬有余也。'"⑤俭、戚、哀、敬是礼之本，是礼之内在精神，这种内在精神比外在揖让周旋更重要，更根本，更真实。而这些内在精神的本源就是仁。

---

① 诸子集成［M］. 北京：中华书局，1986.
② 诸子集成［M］. 北京：中华书局，1986.
③ 诸子集成［M］. 北京：中华书局，1986.
④ 诸子集成［M］. 北京：中华书局，1986.
⑤ 杨天宇. 礼记注译［M］. 上海：上海古籍出版社，1997.

孔子没有将礼绝对化、泛化，而是将礼严格限定在社会人生领域。对社会而言，"道之以政，齐之以刑，民免而无耻；道之以德，齐之以礼，有耻且格"①（《为政》）。对人而言，"不学礼，无以立"②（《季氏》）。孔子十分重视礼的人文教化意义和这种人文教化意义所透显出的政治作用，淡化其宇宙论（天之经，地之义，物之则，民之行）的色彩，将春秋时期礼的绝对化发展路向扭转为相对化发展路向。

二

礼是孔子对传统的继承，但不是简单的继承，其中有因革损益；仁是孔子的创造，但也不是凭空而造，而是渊源有自。《诗》《书》中已出现仁字，如《诗·郑风·叔于田》有"询美且仁"，《诗·齐风·卢令》有"其人美且仁"，《书·金縢》有"予仁若考"，等等。匡亚明先生统计，在《国语》中，仁凡二见，基本含义是爱人。《左传》中仁凡三十三见，③ 除爱人外，其他几种德行也被称作仁。孔子以前，"仁"字一般作"仁爱""仁厚"解，没有更多、更深的含义。孔子深化了仁的内涵，拓展了仁的意义界域，丰富了仁的内容，在肯定仁者爱人这一基本意义的前提下，开出了仁更为广阔的发展空间，在中国文化发展史上开创了渊远流长的仁学传统。

大多数学者认为，孔学的本质是仁学。在孔子那里，仁既是一种"不安""不忍""不容己"之道德情感及心理状态，又是一种客观的实践活动，更是一种主观的修养境界。它贯通着天，联结着人，润及万物。它既与礼、义、忠、信、孝、悌、知、勇等德目相通，又与刚、毅、木、讷即刚强、果断、质朴、慎言等品格相连。孔子在不同场合，针对不同人对仁的发问，随机作答，丰富了仁的含义。

仁是人之所以为人的本质，仁是人本身。当然，这个人本身不是自然躯壳或生理情欲本身，而是道德理性本身。《中庸》引孔子的话说，"仁者，

① 诸子集成［M］. 北京：中华书局，1986.
② 诸子集成［M］. 北京：中华书局，1986.
③ 匡亚明. 孔子评传［M］. 济南：齐鲁书社，1984.

人也"，这句究竟是否为孔子所亲说并不十分重要，重要的是《中庸》对仁的这一界定合乎孔子的仁学本质。孟子也有"仁者，人也，合而言之，道也"①（《孟子·尽心下》）。孟子这里所说的道就是《中庸》"率性之谓道"的道，人依其道德本性的自我成长就是率性，就是成仁的过程，成仁的过程也就是为道的过程。

仁是一种推己及人的胸怀。孔子说："夫仁者，己欲立而立人，己欲达而达人。"②（《雍也》）又说："出门如见大宾，使民如承大祭。己所不欲，勿施于人。在邦无怨，在家无怨。"③（《颜渊》）牟宗三先生指出："仁以感通为性，以润物为用"。④"己欲立而立人，己欲达而达人"，"己所不欲，勿施于人"，就是人与人之间的一种感通，是人与人之间的一种同情共感。这种同情共感，旨在以道德生命之感通，使人与我互伸援手，相依并进。这种推己及人的胸怀，客观地讲可归结为《大学》的"絜矩之道"，主观地说，它是"不忍""不安"之道德情感的呈露与落实。

仁是客观的实践活动。樊迟问仁，孔子回答："居处恭，执事敬，与人忠"⑤（《子路》）。恭、敬、忠呈现在不同的实践形态中，使这些实践活动成为道德的实践活动。孔子又说："仁者，先难而后获。"（《雍也》）孔安国解释"先难而后获"谓："先劳苦而后得功"。"先劳苦而后得功"指的就是实践活动。子张问仁，"孔子曰：'能行五者于天下，为仁矣。'请问之？曰：'恭、宽、信、敏、惠。恭则不侮，宽则得众，信则任人焉，敏则有功，惠则足以使人'"⑥（《阳货》）。"子贡问：'如有博施于民而能济众，何如？可谓仁乎？'子曰：'何事于仁！必也圣乎！尧舜其犹病诸。'"⑦（《雍也》）这里的仁所体现的实践主要是政治实践，是仁在政治领域的客观落实。孔子对仁在政治领域的落实极为关注，当子贡、子路等以道德标准衡度管仲，认为管仲不仁时，孔子一再肯定管仲"如其仁，如其仁"。当然

---

① 朱熹. 四书章句集注 [M]. 台湾：鹅湖出版社，1984.
② 诸子集成 [M]. 北京：中华书局，1986.
③ 诸子集成 [M]. 北京：中华书局，1986.
④ 牟宗三. 中国哲学的特质 [M]. 台湾：学生书局，1994.
⑤ 诸子集成 [M]. 北京：中华书局，1986.
⑥ 诸子集成 [M]. 北京：中华书局，1986.
⑦ 诸子集成 [M]. 北京：中华书局，1986.

孔子也曾批评管仲"器小""不俭""不知礼"，但在这里孔子十分肯定地称许管仲"如其仁"，这是否意味着孔子的思想自相矛盾呢？其实并非如此。显然，子贡、子路对管仲的评判主要是道德评判，且以道德评判淹没了管仲对政治的贡献。孔子称许管仲"如其仁"，是暂时搁置对管仲的道德评判，从政治、历史、文化的角度或者说从事功的角度定位管仲。当然，这并不意味着说"仁者"可以违礼，无德。作为一位政治历史人物，德可分个人生活之私德和政治理想所体现出的公德两种，子贡、子路乃至孔子批评管仲之"器小""不俭""不知礼"全为管仲个人生活之私德，以政治之德或者说以孔子所谓的"博施于民而能济众"作为仁者的标准衡量，"管仲相桓公，霸诸侯，一匡天下，民到于今受其赐"，管仲当仁，无可疑矣。后世儒者不仅视道德评判高于政治评判，而且将道德评判等同于个人私德之评判，而对社会公德即政治实践所体现出道德品格不加考究，遂致对孔子称许管仲"如其仁"大惑不解。从孔子既批评管仲"不知礼"，又称许管仲"如其仁"来看，正体现出仁与礼的差异，说明仁是比礼更宽泛、更具根源意义的范畴。

仁是道德主体的自觉活动，是一种修己功夫，是人生境界不断向上超升的不竭动源，甚至是人之尊严的象征。"颜渊问仁。子曰：'克己复礼为仁。一日克己复礼，天下归仁焉。为仁由己，而由人乎哉？'"①（《颜渊》）"为仁由己"是说实践仁，实现仁，是内在的，是无待于外的，仁与非仁，行仁还是不行仁，完全出于道德主体的自我选择。道德主体选择仁，"仁远乎哉？我欲仁，斯仁至矣"②（《述而》）。"有能一日用其力于仁矣乎？我未见力不足者也。"③（《里仁》）仁并不远人，它是人之内在生命，任何人只要愿意呈现它且认真地践履它，仁就实现了。仁是一种修养的功夫，这种功夫是在内在"克己"与外在"复礼"的双向入径中实现道德主体的不断向上超升。这种不断进取，不断超升的过程正是道德主体在内在自觉中确证仁为自己的生命本质的过程。仁作为人之生命本质，是高于人的自然生命之第二序生命，是人的尊严。故"志士仁人，无求生以害仁，有杀生以

---

① 诸子集成［M］．北京：中华书局，1986.
② 诸子集成［M］．北京：中华书局，1986.
③ 诸子集成［M］．北京：中华书局，1986.

成仁"① （《卫灵公》）。"君子去仁，恶乎成名？君子无终食之间违仁，造次必于是，颠沛必于是。"② （《里仁》）

在孔子那里，仁具有多重意蕴。其多重意蕴是孔子在不同场合，针对不同性格、志趣、学识、根器的学生和人物，随机作答，方便权说呈露出的。这些回答，有时轻松，有时凝重；有时浅显，有时艰深；有时就内圣而言，有时就外王而论。回答樊迟，直说"爱人"，回答司马牛，竟说："仁者，其言也切。"通观《论语》，我们不能不说仁既平常，易能；又艰深，难能。仁是这样的易能，"吾欲仁，斯仁至矣"；仁又是如此的难能，孔门弟子三千，身通六艺者七十余人，唯颜回"其心三月不违仁，其余日月而至焉"。仁是这样平常，不过为"居处恭，执事敬，与人忠"而已；仁又是那样高远、艰深，"若圣与仁，则吾岂敢？抑为之不厌，诲人不倦，则可谓云尔已矣"③ （《述而》）。"极高明而道中庸"正显出仁之真实品性。唯其平常，所以高深；唯其简易，所以难能。仁之高深，正在于它永远的平常；仁之所以难能，在于它普遍的简易。"君子无终食之间违仁，造次必于是，颠沛必于是。"视听言动，启口容声，举手投足，无不表现出仁与非仁的区别。由是之故，仁充斥、弥漫一切，它比礼更根本，更具有纲维性和笼罩性。

三

仁是孔子全部理论的基石，是孔学的本质，是孔子之所以为孔子处，是孔子对中国文化划时代的贡献。从某种意义上说，没有孔子一再诠释的仁就没有孔学，也就没有以后成为中国文化主流的儒学。孔子点出仁，传统的礼乐文化或曰周公所规范的礼乐文化才有了根源意义和形上安立，才获得了因革损益的内在根据和发展目标，"虽百世可知也"才有可能。孔子发现仁，引仁入礼，不仅拯救了正日益形式化、工具化的礼乐文化，同时也使整个礼乐文化系统悄悄地发生了一次根本性革命，即礼乐文化形态的

---

① 诸子集成 ［M］．北京：中华书局，1986.
② 诸子集成 ［M］．北京：中华书局，1986.
③ 诸子集成 ［M］．北京：中华书局，1986.

转变。它将礼乐文化提升到一个新境界，新层次。

孔子划时代的贡献是引仁入礼，以仁释礼，复以礼释仁，在仁礼互释中，赋予礼以内在本质。他说："人而不仁，如礼何！人而不仁，如乐何！"①（《八佾》）"居上不宽，为礼不敬，临丧不哀，吾何观之哉?"（同上）"能以礼让为国乎何有? 不能以礼让为国，如礼何?"②（《里仁》）在孔子看来，礼不是无内容的干枯的外在表现形式，不仅仅是展示出来供人观看的揖让周旋之仪式，也不仅仅是器物（礼器）的数量及其大小、质地之组合，礼有礼之所以为礼之根本。哀、戚是临丧之本，宽、让、恭、敏、惠是居上之本，忠、敬是与人交往之本。哀、戚、宽、让、信、敏、惠、恭、敬、忠、信等具体的道德德目都根源于仁，是仁这一本质在不同场合和不同社会关系网状结构中表现出的不同形态。失去仁作为礼之本源，礼就会沦为无灵魂的外在表现形式，这种无灵魂的外在表现形式一旦在当政者的推崇下获取绝对和至高无上的权威，就会沦为束制人性的工具。

在孔子看来，仁比礼更具有优先性或曰优位性，仁先礼后，仁质礼文是孔子思想的重要内容。孔子说："君子以义为质，礼以行之。"③（《卫灵公》）这是说君子应以义即公正、合宜作为立身处事之内在根据，以礼作为自己行为的外在表现，即自己的立身处世应合乎礼节。这里的"义"是仁之一端，以义为质即是以仁为质。在仁礼关系中，孔子认为仁比礼更根本。"子夏问曰：'巧笑倩兮，美目盼兮，素以为绚兮，何谓也?'子曰：'绘事后素'。曰：'礼后乎?'子曰：'起予者，商也。始可与言诗已矣。'"④（《八佾》）韦政通先生认为："孔子以'绚'喻仁之质，以'素'喻礼之文，子夏竟然能由这个比喻中领悟'礼后'的道理。礼后者，质先礼后，因仁为礼之本，而礼使仁表现为行为。"⑤ 这就是说"礼后"的本义是仁先礼后，先质后文。当然，我们认为孔子的礼后之后不是时间上的先后，也不是逻辑上的先后，而是道德主体在道德实践活动中所呈现出的由内（仁质）而外（礼文）的态势，故这里的先后仅仅是说在道德实践活动中仁比

① 诸子集成［M］. 北京：中华书局，1986.
② 诸子集成［M］. 北京：中华书局，1986.
③ 诸子集成［M］. 北京：中华书局，1986.
④ 诸子集成［M］. 北京：中华书局，1986.
⑤ 韦政通. 孔子传［M］. 台湾：东大图书公司，1996：167.

礼更具有优先性、优位性。

　　仁是礼之本源，礼为仁之表征，仁礼合一是孔子仁礼观的基本趋向。先质后文，仁先礼后，并不意味着仁与礼的对立，恰恰体现了二者由内而外，由外而内的联系。棘子城与子贡的一段对话，清楚地显示出仁礼的这种关系。"棘子城曰：'君子质而已矣，何以文为？'子贡曰：'惜乎！夫子之说君子也，驷不及舌。文犹质也，质犹文也；虎、豹之鞟犹犬、羊之鞟也。'"① （《颜渊》）在棘子城看来，君子只要有好的本质（仁）就可以了，不必计较外在的仪节（礼仪），子贡认为内在的本质与外在的仪节同样重要，如果将虎、豹和犬、羊两类皮毛的文采去掉，两类皮革在外在表现上就看不出什么区别了。这就是说外在的文采是呈现内在本质不可缺少的条件。质与文，仁与礼是合一的，不可分离的，礼乐不能没有仁的浸润，但仁也不能失去礼乐的呈露和表现。我们认为，在孔子的仁礼思想中，仁是礼之本源，礼是仁之表征，仁礼本为一体，相依相即，不可分离。"颜渊问仁。子曰：'克己复礼为仁。一曰克己复礼，天下归仁焉。为仁由己，而由人乎哉？'颜渊曰：'请问其目。'子曰：'非礼勿视，非礼勿听，非礼勿言，非礼勿动。'"② （《颜渊》）在这里，复礼即是仁，视听言动合乎礼就是仁，不是说复礼之外还有仁。"仲弓问仁。子曰：'出门如见大宾，使民如承大祭。'"③ （《颜渊》）"樊迟问仁。子曰：'居处恭，执事忠，与人敬。'"④（《子路》）"见大宾""承大祭"诚然是礼，"居处恭""执事敬""与人忠"也是礼，正是"文犹质也，质犹文也"，仁与礼合一。

　　当然，仁礼合一，不是说仁礼完全等同，事实上，两个完全等同的东西无须说合一，只有两个存有差异的东西才能谈得上合一。仁是内在的道德生命，礼是德性生命的外在表征，作为道德主体，在其道德实践中是由内而外，一体呈现，本无内外之分，也可以说仁礼关系是分而不分，不分而分。然而，仁是德性的，可以当下呈现，而礼不仅仅是德性的，同时又是知性的。礼有礼制、礼仪、礼数、礼器，等等，没有对这些东西的知性

　　① 诸子集成［M］．北京：中华书局，1986.
　　② 诸子集成［M］．北京：中华书局，1986.
　　③ 诸子集成［M］．北京：中华书局，1986.
　　④ 诸子集成［M］．北京：中华书局，1986.

了解乃至实际的演练，就不可能视听言动"发而皆中节"。这也可以是仁与礼的差异。

在孔子那里，仁是内在的德性范畴，偏重于主观，礼是道德主体在不同的时空方位和价值方位中所体现的角色和关系范畴。仁是内在性原则，礼是外在性规范。杜维明教授指出："虽然人际关系对于'仁'来说是至关重要的，但'仁'主要地不只是一个人际关系的概念，而毋宁说它是一个内在精神的原则。这个'内在的精神'意味着'仁'不是一个从外面得到的品质，也不是生物的、社会的或政治力量的产物。……'仁'作为一个内在的品质并不是由于'礼'的机制从外造就成的。相反，'仁'是更高层次的概念，它规定着'礼'的含义。"[①] 杜先生的见解进而揭示了仁的先在性和优位性，仁作为内在性的原则，它只有通过外在规范的礼才能在人际关系、社会关系中呈露并实现。在人际关系中所体现的恭、敬、宽、敏、惠、忠、信、刚、勇、直等皆为仁之一端。无仁则礼失本源，无礼则仁难以显现。

当然，礼不仅仅是仁呈现或曰实现的方式，同时也是仁之显用的一种规约。孔子说："博学于文，约之以礼，亦可以弗畔矣夫。"[②]（《雍也》）"恭而无礼则劳，慎而无礼则葸，勇而无礼则乱，直而无礼则绞。"[③]（《泰伯》）恭、慎、勇、直都是仁之显用，都是仁之一端，然而无礼之节文即无礼之规约就会出现劳顿、畏惧、盲乱、急切等偏差。礼不仅表现仁，而且规约仁之发用，更准确地说，它是仁之缘饰。"凡礼，事生，饰欢也；送死，饰哀也；祭祀，饰敬也；师旅，饰威也。是百王之所同，古今之所一也。"[④]（《荀子·礼论》）荀子的这段话可视为孔子仁礼关系的注脚。

在孔子那里，仁是绝对的，它超越一切时空架构；礼是相对的，它随社会形态的变化而改易其内容。孔子认为，夏礼、殷礼、周礼本身就是一因革损益，不断发展、变化的过程，而且这一过程有规律可循，故"其或继周者，虽百世可知也"。仁是内在性原则，它可以表现为不同的德目而呈

① 杜维明. 人性与自我修养［M］. 北京：中国和平出版社，1988.
② 诸子集成［M］. 北京：中华书局，1986.
③ 诸子集成［M］. 北京：中华书局，1986.
④ 张岱年等. 荀子新注［M］. 北京：中华书局，1979.

现为不同的形态；礼是外在性规约，它弥漫在各种不同的人际关系中而成为人际关系的规范。仁作为价值之源，一切德目之源，一切礼之本源，是绝对的。礼在不同的时代，不同的社会人际关系中都具有相对固定的形式，然而它可以固定，却不能永定。一旦永定，礼就会由社会正常运转的人伦轨道变为束缚人性发展的桎梏。而孔子没有将礼绝对化，他对礼的变化当维护则维护，当损益则损益。

仁与礼是孔子学说中最基本、最原始的一对范畴，仁与礼的关系也是儒学最基本、最原始的关系。这一关系在孔子的理论系统中具有双重意义，从纵向上讲，仁礼关系是承续与创造的统一；从横向上讲，仁礼关系是内在原则与外在表现形式的统一。在孔子那里，仁是常道，是绝对的，礼是变道，是相对的。承续传统，因革损益传统，开出新统是仁礼关系的重要指向。仁是创生原则，是内在原则，是价值之源，是依据；礼是建构原则，是外在规约，是制度化、行为化东西的象征。根据仁道原则，不断调整和完善人文规范乃至外在社会制度，使之更加符合人性全面发展的需要是仁礼关系横向展开的重要启示。自两汉降至宋明，不少儒者视礼为理，乾嘉学者更以礼代理，而礼之主体又是三纲五常，从而减杀了仁的根源意义，使礼由陶冶人的性情的缘饰品变为束缚人性正常发展的桎梏。据仁以成礼，非设礼以限仁可能是孔子"虽百世可知也"的一种历史真意。

［原载于《山东大学学报》（哲学社会科学版）2001 年第 2 期］

正义何以保证？

——从孔子、墨子、孟子、荀子谈起

一

　　"义"在中国文化系统里与西方的正义大体相当。繁体字的"義"在甲骨文中已经出现，由"羊"和"我"两部分会意而成。在上古时代，羊并不是什么神圣之物，羊易得、易饲、温顺、味美。"我"是手持戈形的兵器，"義"是指手持兵器公正地向人们分配羊肉。由甲骨文中的"義"字造字结构可以推断：义字的出现与部落内部的利益分配密切相关。"正"，即不偏倚、直而不曲，如正当、正直、公正、清正，等等。正与义合成一词即"正义"，屡见于《荀子》，但将正直与遵义放在一起讨论，《尚书·洪范》就已经开始了。"无偏无陂，遵王之义；无有作好，遵王之道；无有作恶，遵王之路。无偏无党，王道荡荡；无党无偏，王道平平；无反无侧，王道正直。""无偏无陂""无有作好""无有作恶""无党无偏""无反无侧"，即以公正、客观、大公无私、没有个人主观情感的好恶等心态，去遵王之义、之道、之路，以实现王道之荡荡、平平、正直的政治生态。《尚书·洪范》篇的义已有道义、正义的基本意涵，开始了正义的论述与讨论。

　　在中国文化传统中，"义"有"仁义""道义""信义""忠义""公义""正义"等种种用法。孔子是中国历史上第一位对义进行系统讨论的思想家。在他那里，义具有了多重含义。"信近于义"（《论语·学而》），"义之与比"（《论语·里仁》），义即合理、公道；"见义不为，无勇也"（《论语·为政》），义即宜，就是应该或应做之事；"君子喻于义"（同上），"质直以好义"（《论语·颜渊》），"不义而富且贵，于我如浮云"（《论语·述而》），"见得思义"，"君子义以为上"（《论语·微子》），义即道义或精神价值、道德价值。孔子将义与理想人格的实现联系起来，认为君子应该"以义为上"，即将义放在第一位，在义与利发生冲突和对峙之时，君子应当毫不犹豫地选择义。"富与贵，是人之所欲也，不以其道，得之不处也。贫与贱，是人之所恶也，不以其道，得之不去也。"（《论语·里仁》）这里的"道"就是义，也可以说儒家的义就是道。孔子主张"士志于道"（同上），"守死善道"（《论语·泰伯》），"以道事君"（同上），等等，这些都告诉我们：对于有品节、有操守的读书人而言，必须具有超越物质财富和政治权势之上的精神价值追求，应该将捍卫人间正道或正义视为自己的使命，且将完成这一使命视为成就自己理想人格的方式。"义"体现了儒家的基本价值与追求。

然而，义是客观的，还是主观的？是内在的，还是外在的？义的根据是什么？人为什么要过合乎道义的生活？这些问题，在孔子那里可能是不言自明的，但在后世却成为思想家们关注的热点问题。

二

孔子以后，义向着两个向度发展：一是将义客观化，外在化，墨子及其追随者就是这一路向的代表；二是将义主观化、内在化，孟子及其追随者是这一倾向的坚守者。前者往往将义的根据与保证安立在外在超越的天之上，而后者往往将义的根据及保证安立在人的内在心性之中。

墨子以"贵义"而闻名，他明确指出，"万事莫贵于义"（《墨子·贵义》），将义放到世间一切事物的首要地位，这可能是罗尔斯正义论的先声。当然，罗尔斯的正义是"权利优先于善"的正义论，而墨家的正义不是要维护个人权利，相反，墨家认为只有维护他人的权利、天下人的权利，才能称为义，而一味强调个人的权利乃至"亏人自利"就是不义。后期墨家沿着墨子的理路，直接将"义"释为"利"。《墨经》云："义，利也。"当然这里的"利"不是自利，更不是个人权利，而是天下人之利。墨家将

"兴天下之利，除天下之害"视为自己理论的根本宗趣。

在墨子看来，"义"之所以高于一切，贵于一切，是因为义出自最高贵、最富智慧的天。在墨子的社会秩序链条中，庶人→士→大夫→诸侯→天子→天，是一层层递进，越来越尊贵、越来越智慧的塔式关系，天处于塔的顶端，故而天是最尊贵且最有智慧的。"是故义者，不自愚且贱者出，必自贵且知者出。"天为贵，天为知，"然则义果自天者出也"（《墨子·天志下》）。天是墨子义的最高根据。"天志"就是最高的义或者说最高的义就是"天志"。出于天的义是公正的、客观的、外在的。墨子认为这个"义"就像轮人之规，匠人之矩，可以作为衡量天下一切是非善恶的最高标准或最后标准。

虽然墨子的天、天志、天意保留了原始宗教的人格神的色彩，这一致思倾向与春秋以来的人文主义思潮的发展是不相应的，但是毕竟开始思考义的根据与保证问题。以形上学意义的天作为义的最终根据和超越保证深化了正义理论的思考。不过，墨子与孔子对义的理解不同，孔子的义是人之为人的尊严与价值，视为人的精神生命的追求，是目的，不是手段；而墨子的义恰恰是工具，是手段，是客观尺度。

三

以"天志"作为正义的根据和以"明鬼"的赏善罚恶功能作为正义的保证，既虚幻不实，又潜存工具化危险，孟子正是看到了这一点，才坚决反对告子的"仁内义外"说。通过争论，孟子将义的根据与保障由墨子的外在的天拉回到人的内在本性。他说：

> 恻隐之心，人皆有之；羞恶之心，人皆有之；恭敬之心，人皆有之；是非之心，人皆有之。恻隐之心，仁也；羞恶之心，义也；恭敬之心，礼也；是非之心，智也。仁义礼智，非由外铄我也，我固有之也，弗思耳矣。（《孟子·告子上》）

在孟子看来，仁、义、礼、智四端是人之所以为人的内在根据，这四端是内在的，非外在的；是与生俱来的，不是后天获取的。在孔子看来，义是人的追求，是君子的本质，潜存着内在化倾向，但义是内在的，还是外在的，并没有明言。孟子毫不犹豫地将"义"内在化，使之成为判断人与非人的标志。

孟子继承了孔子、墨子的贵义传统，认为义所代表的道德价值高于自己的自然生命。"生亦我所欲也，义亦我所欲也。二者不可得兼，舍生而取义者也。"（《孟子·告子上》）生命对所有人来说，都具有无上的价值，然而，当生存与公道、正义发生冲突时，"舍生取义"，这是有道之士的庄严承诺。中华民族无数优秀儿女正是在这一精神的鼓舞下为抵抗外侮，捍卫民族大义而前仆后继、慷慨赴死。

在孟子那里，义会凝聚成一种力量或者说它本身就是一种不可战胜的力量，这种力量孟子称之为"浩然之气"。他说："我善养吾浩然之气"，"其为气也，至大至刚，以直养而无害，则塞于天地之间。其为气也，配义与道，无是，馁也。是集义所生者，非义袭而取之者也"（《孟子·公孙丑上》）。这种"至大至刚""集义所生"的"浩然之气"就是天地正气，就是人间正义在个体生命中所呈现出的不可战胜的道德力量。自孟子始，正义一定会战胜邪恶，公理一定会战胜强权，已经成为国人的精神信仰，在危急时刻给人们以力量与希望。

孟子常常仁义并举，认为仁义是人们的精神家园。孟子认为，士之"尚志"不过"仁义而已矣。杀一无罪，非仁也；非其有而取之，非义也。居恶在？仁是也。路恶在？义是也。居仁由义，大人之事备矣"（《孟子·尽心上》）；"仁，人之安宅也；义，人之正路也"（《孟子·离娄上》）。仁义一方面是人之本性，另一方面又是人之精神家园，其实这意味着安于自己的本性就是安于自己的精神家园。精神家园在孟子那里就是精神信仰，有了这种精神信仰就会"穷不失义，达不离道"，而"尊德乐义"，成为"穷则独善其身，达则兼善天下"（《孟子·尽心上》），顶天立地的大丈夫。

在墨子那里，义是量度天下是非曲直的外在的、客观的标准，合乎这个标准就是义，否则就是不义。因此，义只能从贵且智者出，从而决定了代表公正、公道的义之权操之在上而不在下，整个社会系统的运作是"上同而不下比"。这样一来，在上者一旦有其位而无其德，这个系统的正义性、公正性马上就会失效。虽然墨子力图用"天志"作为义的最终保证，然而，"天志"对于有"天志"信仰的人来说是有效的，而对于没有"天志"信仰或者没有任何敬畏意识的人而言就失效了。孟子正是看到墨子由外在的、形上的、人格神的天保证义的危险性，从而将义建立在人的内在心性上。用人性、人格作担保，坚持正义、公道是人的道德生命的展开方式。在这里，义与非义的标准不取决于神仙皇帝，而取决于每一个人的内在良知自觉和良心发现。

<h1 style="text-align:center">四</h1>

墨子以有意志、人格神的天作为义的保证，孟子以人性、人格作为义的保证，两者都对中国民族的心理产生了莫大的影响。"人在做，天在看"，这里不能说没有墨家的遗风；而"公道自在人心"无疑有孟子的余韵。然而，正义为什么对人类社会是必需的？为什么我们要保证正义的存在？正义的合理与公正果真是不证自明的吗？荀子的正义理论对这些问题作了自己的回答。他说：

> 力不若牛，走不若马，而牛马为用，何也？曰：人能群，彼不能群也。人何以能群？曰：分。分何以能行？曰：义。故义以分则和，和则一，一则多力，多力则强，强则胜物，故宫室可得而居也。故序四时，裁万物，兼利天下，无它故焉，得之分义也。

> 故人生不能无群，群而无分则争，争则乱，乱则离，离则弱，弱则不能胜物，故宫室不可得而居也，不可少顷舍礼义之谓也。（《荀子·王制》）

这里有几个关键词：群、分、义。"群"，犹今言社会或团体。对"分"的理解有两种，一是位分，一是区分。"人何以能群？曰：分。"本人认为，这里的分是职分、名分之分，但"故义以分则和""得之分义也"的分既有区分意义，又有职分意义。在荀子那里，有时仁义并称，有时礼义并称，有时义独立使用。在这里，"义"独立使用，释为公正、公道、公平会更合乎"义"的原意。显然，礼作为"群"之初始秩序、结构是义的结果，而不是义本身。在荀子看来，人与动物的区别并非取决于仁、义、礼、智内在的善端，而是人能群，即人能形成一个协调有序的组织。人为什么能形成协调有序的组织系统而动物不能？荀子指出因为人有等级名分。而这些等级名分为什么行得通呢？荀子回答说："义"。"义以分则和"，即公正、公道地区分并给予每人适当的职分，这样社会就能保持协调一致。

与孟子强调仁义不同，荀子强调礼义。仁义是基于人格平等基础之"理想正义"，礼义是基于社会现实的"差别正义"。孟子的正义论类于罗尔斯正义论的第一原则，即平等自由原则；荀子的正义论则类于罗尔斯正义论的第二原则，即差别原则与机会均等的原则。①

荀子指出："礼者，贵贱有等，长幼有差，贫富轻重皆有称者也。"（《荀子·富国》）礼体现着差异，礼义者，差别正义之谓也。荀子所说的"分义"往往就是"礼义"。他说："有分义，则容天下而治；无分义，则一妻一妾而乱。"（《荀子·大略》）"故无分者，人之大害也；有分者，天下之本利也。"（《荀子·富国》）当然，有时荀子又将礼与分区别开来，认为礼义是分的标准，故"制礼义以分之"（《荀子·王制》）。人们想起正义，往往首先想到平等、公平，差别正义是怎么回事呢？荀子说：

> 分均则不偏，势齐则不一，众齐则不使。有天有地而上下有差，明王始立而处国有制。夫两贵之不能相事，两贱之不能相使，是天数也。势位齐，而欲恶同，物不能赡则必争，争则必乱，乱则穷矣。先王恶其乱也，故制礼义以分之，使贫、富、贵、贱之等，足以相兼临者，是养天下之本也。《书》曰：'维齐非齐'，此之谓也。（《荀子·王制》）

"分均则不偏"，王念孙谓，"偏，读为徧。言分既均，则所求于民者亦均，而物不足以给之，故不徧也。"长期以来，学者们将荀子的"分均则不偏"视为贵贱上下的政治原则进行解读，而王念孙别具慧眼，以利益分配原则视之，洞悉荀子思想的真谛！而钟泰进而指出：偏，即是平的平字，这里是说"分均"即均分，均匀地分配一切物质财富看似平等，其实是最大的不平等。"势齐则不一"，权势完全相等反而无法统一；"众齐则不使"，大众的地位完全一样，反而谁也无法指使谁了。"等贵贱，均贫富"只是人

---

① 罗尔斯在《正义论》一书提出了"正义"两个原则："第一个原则：每个人对与其他人所拥有的最广泛的基本自由体系相容的类似自由体系都应有一种平等的权利。""第二个原则：社会的和经济的不平等应这样安排，使它们（1）被合理地期望适合于每一个人的利益；并且（2）依系于地位和职务向所有人开放。"第一原则又被称为平等自由的原则，第二原则被称为差异原则。参见罗尔斯·正义论［M］. 何怀宏等，译. 北京：中国社会科学出版社，1988：56.

们的理想，社会上下等级没有了，财富完全均等了，好像是平等，而实质上是最大的不平等！看起来公正，其实是最大的不公正！因为社会上有的人勤劳，有的人懒惰；有的人有才能，有的人庸拙。荀子认为人为取消一切差别根本违背了天道。"夫两贵之不能相事，两贱之不能相使，是天数也。"（《荀子·王制》）天数，即天道，天道即宇宙根本法则。

礼义即差异的正义，故而荀子常常以"分义"来称谓这种正义。所谓"义者，分此者也"，"圣王在上，分义行乎下"（《荀子·君子》）。然而这种正义何以保证？首先，荀子主张国家管理权向全社会开放，以机会正义保证差异正义。在荀子看来，一个社会是否正义并不取决于它是否存有贵、贱、贫、富等差异，而在于这种富、贵、贫、贱是如何造成的，或者说造成贵、贱、贫、富的机会是否是公正的、正义的。社会的差异只有以机会正义作为保证，这种差异才是公正的、合理的。换言之，差异正义的实质是机会正义，没有机会正义作保障的差异正义就会不正义。荀子强烈反对非正义的世卿世禄制度，强烈地要求国家管理权向全社会各层次的人士开放，要求机会正义。他说："虽王公士大夫之子孙也，不能属于礼义，则归之庶人。虽庶人之子孙也，积文学，正身行，能属礼义，则归之卿相士大夫。""无德不贵，无能不官，无功不赏，无罪不罚。朝无幸位，民无幸生。尚贤使能而等位不遗，折愿禁悍而刑罚不过。"（《荀子·王制》）差异正义的基础就是机会正义，没有机会正义的差异正义就会沦为非正义的护符。其次，制度保证。荀子主张建立一套完善的制度保障社会正义，这套制度荀子称之为"王制"。这套制度包括"王者之人""王者之制""王者之论（论者，伦也，秩序之谓）""王者之法"，乃至达到人与自然和谐的"圣王之制"，以成就天人合一的"圣王之用"。荀子是中国历史上最重视制度化建设的思想家，他的制度化构想至今仍有启发意义。如他对弱势群体即"五疾"（指哑、聋、瘸、断手、侏儒）的社会保障制度的构想："上收而养之，材而事之，官施而衣食之，兼复无遗。"（《荀子·王制》）这一福利保障制度发自两千多年前，的确不同凡响。即使现代福利化国家，其残疾保障政策与荀子的设想也还有相当的距离。荀子认为有了配套的制度作保障，"则公道达而私门塞矣，公义明而私事息矣"（《荀子·君道》），差异正义才能真实落实。

荀子是对正义进行过认真、严肃思考的思想家。在他那里，"公道""公义""公平""正义"等词频频出现并大量使用，充分说明他是一位对人间正道、公道、公正、平等及其保证进行过冷静、深入地探讨的思想家。《墨子》一书虽然以正释义，但将"正"与"义"合成一词可能始见于《荀子》。如《荀子·儒效》："不学问，无正义，以富利为隆，是俗人者也。"《荀子·正名》："正利而为谓之事，正义而为谓之行。"《荀子·臣道》："正义之臣设，则朝廷不颇。"至荀子，中国正义理论的讨论进入务实时代。

荀子的思想当然是承孔子而来，但与墨子、孟子相比，他的理论富有更为浓厚的现实主义色彩。他勇于直面人性中的现实，社会中的现实，天地宇宙间的现实，指出"分"即上、下、高、低、贫、富、贵、贱等差异的存在是不可逃脱的"天数"，而"分"即社会秩序要得以保护与正常运作，其背后必须有"义"作为支撑。"正义"在荀子那里是社会的道德基石，是社会组织系统赖以运转的价值支撑。

我们认为，荀子的正义论是墨子、孟子正义论的综合。一方面，与墨子一样，荀子将正义的根据置定于外在的天，墨子认为这个外在保证是"天志"，荀子称之为"天数"。与墨子不同的是，荀子没有将天神秘化，人格神化，而认为天是自然的、现实的、客观的。"皇天隆物，以示下民，或厚或薄，常不齐均。""大参乎天，精微而无形。行义以正，事业以成。"（《荀子·赋》）从这个意义上说，荀子的义是外在的、客观的。

另一方面，荀子承认"人有气、有生、有知，亦且有义，故最为天下贵也"（《荀子·王制》）。从以义作为人区别万物且高于万物的根本属性来看，荀子与孟子并没有差异。所不同的是，孟子是人性一元论者，即性善论者，而荀子是人性多元论者，其人性论含义远非"性恶"二字所能穷尽。荀子没有否认义可以内化，人性甚至可以作为义的根据与保证，也不反对"义"可以转化为巨大的人格力量，"义之所在，不倾于权，不顾其利，举国而与之不为改视"（《荀子·荣辱》）。荀子高于孟子之处在于他看到正义的保障与实现除了内在的人性根据之外，外在的客观制度以及与之相适应的礼、法体系可能更重要。可以说，荀子的正义既内在又外在，既主观又客观，既理想又现实，他将中国正义论讨论推向了新的高度。

一切由伟大心灵所创造的、体现人类良心的文化传统无不追求社会公正和人间正义，可以说追求社会公正与人间正义是人类一切文化传统和善良之士的共同期望，东西万国，莫不如是。正义，不仅仅是社会美德，更是社会运转体系和规则体系的价值支撑。一个社会无论是贫，还是富，公正、公道、正义都是不可或缺的。正义固然重要，但如何保证正义的实现更为重要。在先秦，孔子、墨子、孟子、荀子等思想家在社会正义及其保证方面都做出了卓有成效的探讨，从而在中国文化中形成了一个"尚义""贵义""唯义所在"甚至"舍生取义"的文化传统和价值追求。这对于建设社会主义核心价值体系，对于树立民族正气，对于建设和谐社会都具有重要的参考意义。

　　　　　　　　　　　　　（原载于《孔子研究》2011 年第 1 期）

儒家：爱的艺术

国学之美就是国学之誉，也可以说是国学之真。孟子言"无恻隐之心，非人也"。恻隐之心，就是爱心。儒家文化告诉我们，爱是人的本质。

儒学是躬身修己之学。亲身实践，实现内在的道德价值。它又是生活的智慧学。儒学不是神学，是人学，告诉我们如何过有修养的生活。儒学是道德理想主义，解决一切问题的思考点落实为道德。德从天来，《中庸》说"天命之谓性"，德性是天给予的，人就应该效法天道，不负天德，要"自强不息"。地德博厚，效法地德，要"厚德载物"。"与天地合其德"，就是天人合一。儒学讲内圣外王。内圣是内在地成就自己；外王是"外往"，积极入世，通过立德、立功、立言来实现价值。

在中国文化史上，最重爱的是墨家，但最会爱的是儒家。爱是墨家解决一切社会问题的出发点，但我把墨家叫"爱的幻想主义"。儒家的爱能落实，它爱得艺术，爱得美，爱得不像墨家那么不近人情，所以能流传。儒家的博爱和墨家的兼爱在终极目标上是一致的，但在实践方法上不一样。

博爱就是仁爱的"仁"。孔子思想的核心是仁学。仁是人的本质。孔子讲仁者爱人。儒学就是告诉我们如何去爱的学问。

首先是自爱。自爱是人之所以为人的那点光亮，与生俱来的仁义礼智，是人之所以为人的本性。爱人，也是爱其德，"君子爱人以德，小人爱人以姑息"。

由自爱到爱人，由爱人到人爱，是由内及外的过程。反过来，由人爱至爱人，由爱人回归自爱，是由外而内的过程。这种爱双向回环，构成了儒家爱的逻辑。自爱是爱的起点，也是爱的终点。没有自知自爱，无论是爱人知人，还是知己爱己，都会落空。

仁的最高境界落实于自爱，而不是人爱或爱人。智的最高境界也不是人知知人，而是自知。不能自知，何以知人？儒家认为：认识自己，也就认识了所有的人。因为人同此心，心同此理。儒家不仅要自爱，还要爱人、爱家、爱国、爱天下、爱众生、爱天地。"亲亲而仁民，仁民而爱物"。"爱天地"今天叫爱护大自然。

中国人的爱分别得非常细致，很艺术化。如何爱家？家庭中有几种最基本的关系：父子、夫妻、兄弟。父母对子女的爱叫慈，子女对父母的爱叫孝。作为中国人，不仅要爱家，还要爱国。传统社会，在各种关系中处理好你的角色，就实现了爱，这是人的基本人文教养。

儒家文化是意义极为丰富的文化系统。《颜氏家训》说："父母威而有慈，子女则畏而生孝焉。""风化者，自上而行于下者也，自先而施于后者也，是以父不慈则子不孝，兄不友则弟不恭，夫不义则妻不顺矣。"颜之推认为良好社会风气的形成是"自上而行于下"，"自先而施于后"。"自上而行于下"是说社会风气是从上往下流播，上行下效；在政治上就是"惟仁者宜在高位，不仁者在高位，是播其恶于众也"。"自先而施于后"是说长辈流传下来的家风民规对后辈有深刻影响。这种教主要不是言传，而是身教，父母的行为对儿女起到潜移默化的作用。

《颜氏家训》讲《教子》："父子之严，不可以狎，骨肉之爱，不可以简。"父子之间有严格的界限，父母和子女永远血脉相连。"简"就是简慢粗暴，依恃是骨肉关系，不去培养、经营、护持，反而一味践踏这一关系。不讲求爱的艺术，要求对方必须慈或孝，这样一来，父子的感情就没了。不狎不简，就"威而有慈"。

处理社会问题则不同，"门内之治恩掩义，门外之治义断恩"。家庭关系重在感情。感情在，苦、累、贫、贱都可以共同走过，都心甘情愿。"门外之治"是处理社会问题。"义断恩"，公平正义放在第一位，感情要不得。公共领域讲私情，社会哪还有公平正义？

（原载于《南方周末》2012 年 12 月 20 日第 T02 版）

儒学与人格养成

荀子认为"学不可以已",但他说"学至乎没而后止也",这两句话放在一起理解,就是说在人的一生中,学习永远不可以停止下来,什么时候可以停止下来呢?只有当自己的生命结束的时候才可以停止下来,所以只要活着,我们就需要学习。我们一生不可以停止下来的学问是什么样的学问呢?我的理解是生命之学。

一

自孔子起,中国人认为学有两种方式:一种是君子之学,一种是小人之学。什么是君子之学?什么是小人之学?荀子说:"君子之学也,入乎耳,著乎心,布乎四体,形乎动静。端而言,蝡而动,一可以为法则。小人之学也,入乎耳,出乎口。口耳之间则四寸耳,曷足以美七尺之躯哉!"大家知道,古人所说的"心"相当于我们今天讲的大脑,所以,"入乎耳,著乎心,布乎四体"就是说一个人要让他所学的东西从耳朵听进去,牢记在心里,布满他的整个身体。至于"形乎动静"就是说通过你的一举一动、一言一行,在举手投足之间将你所学的东西体现出来。对于君子之学,荀子还说,"君子之学也,以美其身",所以君子之学是用来美化我们的身躯的。因此,《大学》有"富润屋,德润身,心广体胖。故君子必诚其意"。我们的德行和修为是用来涵养、美化我们的身躯的,这样我们的心胸自然就能够广大,身心自然感到舒坦,而我们总在一举一动之间透显出我们的学养,给人以优雅的感觉,即"诚于中,形于外",意思是只要你的内心存有诚,那么这很好的修养自然就能显露在你外在的行为举止之中。而孟子也曾说："君子所性，仁义礼智根于心。其生色也，睟然见于面，盎于背，施于四体，四体不言而喻。"孟子认为仁义礼智根源于我们的本心，只要涵养它们，就可以将它们在我们的面部、背部及四肢中体现出来。中国的学问首为君子之学，君子之学就是"为己之学"，为己之学就是变化自己气质之学，如果从功夫的意义上说就是变化气质之功，变化气质就是变化我们生命的气质。变化我们生命的气质就是养成良好、健康、完美的人格，这样我们就能成就自己为一个君子，而不是一个小人。小人之学的目的与君子之学的目的不一样，君子之学以涵养自身、成就完美的人格为目的，而"小人之学也，以为禽犊"，小人之学是用来卖弄的，是为了自己能够获利而卖弄的。贩卖学问的人就像荀子所说的："小人之学也，入乎耳，出乎口。口耳之间则四寸耳，曷足以美七尺之躯哉！"所以，小人之学又怎么能够美化我们的身躯，变化我们生命的气质呢？

二

我们的人格总是在不断地陶冶、成长、完善、完成之中的。大家现在经常在网上看到，很多年轻人因为人格的缺失而酿成一系列的人间惨剧，对自身、家庭、社会造成了无以挽回的伤害。北京大学法律系毕业的一个学生刚刚被执行死刑，大家知道，北大法律系毕业的学生绝对是高智商的，但他何以如此？我告诉大家，只有专业知识是不够的，还要有健全的人格。法律最大的作用只是让人不敢去作恶，但它不会教导人如何去行善；法律让一个人不敢去做坏人，但不能把人培养成好人。中国古代的圣贤早已教导过我们，他们认为法可以惩治不孝，但不能使人孝。孝是子女对父母的一种感情，这是一种什么样的感情呢？这是子女对父母的生养之恩、教化之恩的感激之情、尊敬之情。如果父母告子女不孝，然后将子女投进监狱，那么父母还能得到这样一份感情吗？当用法去处理感情问题时，情感就没有了，所以法可以惩治不孝，但不能使人孝。同样，法可以治贪，但不能使人廉。我们可以将一个贪官投进监狱，但是法律能够使官员自觉地廉洁奉公吗？孔子有一句名言："道之以政，齐之以刑，民免而无耻；道之以德，齐之以礼，有耻且格。"所以，用刑法来整治百姓，百姓虽然可以免于处罚，但是没有廉耻之心，因为这不能培养老百姓的道德意识。

昨天我从济南赶往济南机场，路上与出租车司机聊了很多。他说："传统的中国人非常好！在传统社会里面，一个素不相识的人跟你说饿了，你会把他领到自己家里款待他，非常好客。"所以，古代人非常朴实。而我们今天是一种什么样的生活状态呢？我们在座的同学都是食品安全专业和营养学专业的，这两个专业在我们今天非常重要。但在今天的中国，我们能吃得放心吗？我们能吃得有营养吗？因为在今天，我们很多人缺失了最起码的道德操守。我们老说"病从口入"，我们的身体所出的问题，大都是由食品造成的。我们今天的食品如此让人不放心，主要是那些奸商为了牟取暴利造成的。自从"三鹿奶粉事件"被曝光以后，其他食品安全问题也被连续曝光，现在连白酒都有问题了。以前我们用白酒来杀菌消炎，但现在白酒也都有问题了。所以，我们国民的素质需要提高。我要表达的意思是身体素质是基础，人格的健康是建立在身体健康的基础之上的。

我认为今天我们国民的精神面貌、精神素质、道德操守在世界上并不是很高，譬如钓鱼岛事件，现在不少年轻人都是愤青，但是我要说，一百多年前魏源就曾说过"师夷长技以制夷"。我们今天不能一味地盲目排外，要学会学习，只有把日本的那些长技学到手了，我们才能真正地制止日本对中国领土的野心。今天日本的长技不仅仅是丰田汽车所代表的这些科学技术。2013 年 5 月份，我从日本的南部走到北部，访问了好多所大学，我发现今天日本的国民素质整体上比我们高，他们的国民显得比我们有教养，显得比我们有秩序。反观我们，今天的中国人在国际上的形象总给人那种穷人乍富的感觉，出了国以后就疯狂地抢购奢侈品，或者在景点的景物上刻下"某某到此一游"，没有中国人不敢留名的地方，又或者在公共场合，旁若无人，高声喧哗，等等。这些都是不文明的行为，这样我们又如何能获得别人的尊重呢？所以，我们必须深刻地自我反省，我们今天还没有完全掌握到夷之长技。

近百年来，欧洲的思想文化不断地冲击中国，使得中国人在向西方学习的过程中迷失了自我。我们只是看到了别人的坚船利炮之长技，而没有看到民族精神、民族素质背后的那种"长技"，这是不够的。大家知道，我们是华人，"华"是文明的意思，"华"是花的意思，也就是说我们应像花一样美好，永远给人一种赏心悦目的感觉。我们是中国人，中国又称"华夏"，何为"华夏"？《春秋左传正义》指出：中国有礼仪之大，故曰夏，有服章之美，谓之华。中国向来有华夷之辨。"华"代表着华夏，它是文明的符号，有礼仪之大、服章之美，而"夷"代表着落后，它是不文明的象征。历史上，我们有很多东西传到韩国、日本和东南亚去，但是今天韩国、日本保留下来的东西比我们还要多，这是它们善于学习的表现。但我们今天在向西方学习的过程中，渐渐迷失了自我，丧失了我们固有的传统。

三

我们为什么要学习国学？我认为国学是用来培养我们健全人格的，让我们做一个堂堂正正的人，而不是去做动物。所以说，儒家千言万语只是教我们做一个人而已，这是儒家的全部精神所在。先秦儒家将人禽之辨，即人与动物的区别，放在基础性地位上，而使之成为儒家的核心辩题。孟子说"人之异于禽兽者几希"，用今天的话讲就是人和动物的区别非常小。我们常常听说"食色，性也"。所谓"食"，就是用来维持人的个体生命的，所谓"色"就是用来延续人的个体生命的，而"食色"在动物那里也有，所以"食色"并不能将人和动物区别开来。那人和动物的区别在哪里呢？荀子说，人与动物的区别在于一个"辨"字。什么叫作"辨"啊？他说，"禽兽有父子而无父子之亲，有牝牡而无男女之别"，所以"人道莫不有辨"。小狗肯定是母狗生的，小狗也有父母，也有兄弟姐妹，但是它长大以后不知道哪个是自己的爹，甚至不知道哪个是自己的娘，它也不知道自己的哥哥、姐姐、弟弟、妹妹，它们甚至可以乱伦，所以它们有父子而无父子之亲。因此，人和动物的区别在于人通人伦。金圣叹在点评《水浒传》的时候，说武松是108个好汉当中最好的好汉，说他"绝伦超群"，甚至发出"武松，天人也"的感叹。他对武松的评价为什么那么高？我给大家举个例子。武松在景阳冈打虎以后，就做了阳谷县的都头，与他的兄长武植及嫂嫂潘金莲生活在一起。潘金莲正值青春年少，长得如花似玉，还善于献媚，对武松是百般诱惑，但武松不为所动。他对潘金莲说："嫂嫂休要恁地不知羞耻，武二是个顶天立地、嚼齿戴发的男子汉，不是那等败坏风俗、没人伦的猪狗。"武松这句话说得多么有力，说明他是一位顶天立地的汉子，因为他知道何以为人。光想做好汉，不想做人，那只能做了猪狗中的好汉，并不可取，而武松是人中的好汉，这就是武松的伟大之处。武松之所以伟大，在于他懂得人伦之道，因为他有荀子所说的"有辨"。荀子还说过："水火由气而无生，草木有生而无知，禽兽有知而无义。人有气有生有知，亦且有义，故最为天下贵也。"意思是，水火由物质构成（即气），但是它们没有生命，草木有生命却没有知觉，动物有知觉却没有伦理，但是人有气、有生命、有知觉，同时还有伦理，所以在万物中最为尊贵。荀子认为人比动物贵在一个"义"字，如果一个人不仁不义了，那他就成禽兽了。所以，我们要守住自己的仁义，做一个讲诚信的人、有爱心的人、有礼貌的人、有是非之心的人、有良心的人。如果没有这些东西，我们就成禽兽了，就不是人了。我们中国人骂人的时候常说这个人不是人，因为这是我们中国人的价值标准。所以，儒家千言万语就是让我们去做一个人。

四

我们不仅要做一个有道德操守的人，还要做一个有才干的人，做一个有用的人。只知道做个好人是不行的，好人得有好人的表现，表现在什么方面呢？表现在对家庭有价值，对他人有价值，对社会有价值，对国家有价值，对人类有价值，对宇宙有价值。如果你的生命对宇宙都有价值，那你就达到天人合一的境界了。所以，儒家才说我们不仅要在学校里做一个堂堂正正的好学生，在社会上做一个堂堂正正的好人，还要在天地间做一个堂堂正正的好人。

我想说的是，只做一个好学生是不够的。学生只是我们生命成长过程中的一个过程，或者一个阶段，这个阶段对我们每个人来说都会过去。当我们走出校门，踏上社会，我们就成为一个完完全全的社会人，我们要对社会承担起我们的责任，尽到我们应尽的义务。也许我们出生的家庭不是那么令人满意，但这是我们不能选择的，这是天伦。天是什么？我们经常说天就是自然，但天又不仅仅是自然，它更是一种必然，而必然就是命。我们要理解好天和命。我之所以有这样一对父母，那是我的天命，我的父母之所以有我这样的孩子，也是父母的天命，这是谁也更改不了的事实。承认这种天命不代表我们可以无所作为，相反，承认这种天命就要顺应这种天命去完成这种天命，对我们的家庭尽到责任和义务。由此我们要不断地经营我们与父母的关系，做到父慈子孝，这样我们和父母在感情上就能融洽同乐，这就是古人所谓的天伦之乐。所以，古圣先贤说的道理并不难懂，它们只是在我们心中隐而未发的道理。现在我讲出来了，你就会发现它们离我们是如此亲近，正所谓"道不远人"。我们需要做一个有用的人、一个对家庭有用的人、一个对社会有用的人，将自己的才干贡献给社会。

什么是才干？"才"就是才华、才能，"干"就是执行力、决断力。才是一种能力，干就是笃行。我先说才。才在儒家那里可称之为智，智就是智慧。智慧从哪里来？这又回到我开头说的好学的问题上去了，所谓"好学近乎知（智）"。我认为儒家文化说到底是一种学习型文化。儒家的创始人孔子是一位老师，他在中国文化史上最大的贡献就是提出"有教无类"的教育方针，并且培养了一大批的弟子，而我们的文化正是由他的弟子及再传弟子传承和发扬下来的。要想有智慧，就需要学习，而且需要终身学习。

我们前面说要处理好我们和父母的关系，处理好我们和社会的关系，处理好我们和自然的关系，处理好这些关系需要什么？可概括为两个字：仁和智。一个人要想成就自己，就要做到仁；而一个人要想事业成功或者说"成物"，就需要有智慧。"成物"的"物"就是事物，具体到人就是事业。要想成就一番事业，要想在社会上建功立业，就需要有智慧。孔子说："知（智）及之，仁不能守之，虽得之，必失之。"所以，我们不仅要有智慧，还要有道德，这样我们才能守住我们靠智慧所获得的一切。古今中外，不少人都是"知（智）及之"，"仁不能守之"而身败名裂。大到家、国、天下，小到个人生活细节，无不如此。大家知道，秦始皇以其雄才大略，扫平东方六国而建立秦帝国，但是结果如何？秦朝首尾不足15年，便"一夫作难而七庙隳，身死人手，为天下笑者"。何也？"仁义不施而攻守之势异也"。仁义不施，这是天下土崩瓦解之根本原因，是"虽得之，必失之"的最好证明。再者就是秦始皇或者说秦王朝不知道打天下和守天下的方式不同，唯施以严刑峻法，可以奏效一时，但绝对不能让一个政权长治久安。

有一位很有名的企业家说过：道德可以弥补智慧的不足，但是智慧不能补偿道德的缺失。总之，要想成就一番事业，先要有德行。最近，习近平总书记说过一句话：打铁还需自身硬。无论你成就什么事业，首先要自身硬，自身哪里硬？就是要挺起自己的脊梁骨，锻造健全的人格，做一个有德有才的人。所以，《大学》说："德者，本也，财者，末也。外本内末，争民施夺。"根本性的东西最后还是要还原到个体的德性上面。我们应该用品德去驾驭智慧，而不是用小聪明来玩弄德性。一个人良好人格的养成，需要仁智双全：既要有仁，也要有智，两个方面缺一不可。所以，我们一方面要成己，另一方面要成物，这样才能成就儒家的内圣外王之道。

走进我们国学院，看到墙上挂着一条横幅：好学近乎知，力行近乎仁，知耻近乎勇。"勇"在这个地方起到什么作用呢？勇代表着一种决断力，一种判断力，体现出来就是才干的"干"。曾子说过："士不可以不弘毅，任重而道远。仁以为己任，不亦重乎？死而后已，不亦远乎？"什么叫作弘毅？就是那种坚毅不屈的品格，就是勇。一个真正胸怀天下的人是以实现仁道于天下为自己的历史使命的，而这需要勇的精神，也就是弘毅的精神，或实干精神。不管我们成己，还是成物，不论我们要成就好人，还是要成为对社会有用的人，我们都不能不弘毅，也就是说我们不能没有勇的品质。大家知道，很多人不是不聪明，但是到头来却一事无成，因为他们往往缺乏一个"勇"字，他们没有那种刚直、浩大、坚毅不屈的品质。大家都知道《三国演义》中的袁绍，他曾经是当时最大的割据势力，但结果还是被曹操灭了。何哉？因为袁绍有一个致命的弱点，史家说他"多谋而寡断"，想得很多，但是缺少决断力、判断力，就是少一个"勇"字。所以，完美的人格最起码需要三个字，即智、仁、勇，三者缺一不可。

要养成完美的人格，不仅需要良好的环境，更需要自己下切己省察的功夫。曾子说过"吾日三省吾身"，孔子说过"内省不疚，夫何忧何惧"？所以，一个人一定要学会自我反省。当代大儒熊十力先生曾说过，"先圣贤之学，广大悉备，而一点血脉，只是'反求诸己'四字"。所谓"反求诸己"，就是在自己身上找原因，在自己身上找问题，在自己身上下功夫，而不是怨天尤人。孔子还说过，"不患无位，患所以立。不患莫己知，求为可知也"。我们考察自身的时候，往往看到自己的强项，考察别人的时候，则往往看到别人的短板，并且常常用自己的强项与别人的短板相比较。我们为什么不反过来用别人的强项来与自己的短板相比较呢？这样做当然不是为了让自己自卑，而是为了找出自己的短板，完善自己，这就是"反求诸己"，知道我们自己尚不完美，知道我们自己还需努力。最后，借用孙中山先生说过的话"革命尚未成功，同志仍需努力"来结束今天的讲座。同学们，我们人生的修为也是尚未成功，在座的各位朋友，也包括我本人，都还需要继续努力！

（原载于《城市国学讲坛》第六辑）

儒学·灵根·圣贤人格

——兼与刘泽华先生商榷

近读刘泽华先生《对弘扬国学、儒学若干定位性判断的质疑》一文，大受裨益。刘先生是我一向敬重的学界前辈，我一方面为刘先生思维敏捷、创造力旺盛而感到高兴，另一方面，刘先生对国学、儒学若干定位性判断的强烈质疑又开启了我的思考。为助于问题的深入讨论，本人仅就刘先生提出的文化主体、"根论"、圣贤人格等几个问题，谈点个人浅见，求教于刘先生及学界朋友。

儒学与中华文化的主体

我们完全赞同刘先生的高见，"说到中华文化的主体性，同样必须用历史的观点来看待"。中华文化如长江大河，浩浩荡荡，从远古走到今天，由今天还会走向未来，它是发展的、变化的、生生不息的开放系统，从而决定了它的主体性是一个内涵不断丰富、充实，外延不断延展的过程。那么，中华文化究竟有没有主体，如果有，其主体究竟落在何处？

其实，刘先生并不否认中华文化有主体，否则其"主体性"就无从谈起，但他反对以国学或儒学为中华文化的主体。他说："如果用国学、儒学来给中华文化的主体性定位或硬要将两者挂钩，不仅不符合事实，在社会功能上也必定是一种误导。""当前扬儒者都以儒学为传统文化的标志"，"是不符合中华多民族的历史的"。"现在有些人强把国学、儒学当成中华文化的标志或中心或形象，是绝对不可取的。"

然而，两千多年的历史事实向人们说明，国学、儒学一直是中华文化的主体，不啻今之扬儒者以儒学为传统文化的标志，两千多年来，凡儒者无不以儒学为中华文化的主体、标志。孔子以周文自任，直追尧、舜，光大夏、商、周三代因革损益的文化系统，坚守了华夏文化的主体性。孟子"五百年必有王者兴"的历史循环观，同样是在捍卫华夏文化的主体性。《中庸》作者称孔子"祖述尧舜，宪章文武"，既揭示了儒学的由来，又告诉人们何者是当时的文化主体性。至西汉"罢黜百家，表彰六经"，旨在恢复华夏文化的主体性，司马迁称孔子为"至圣"，唐代韩愈"道统"说之完整表述，不过是在强化这种主体性而已。历宋、元、明、清，儒家学者无不以儒学作为中华文化的主体、主干、标志与核心。

　　何止儒者，非儒人物如墨子认为孔子之言，"当而不可易"，《庄子·天下篇》直称"邹鲁之士"即儒者门徒传承"古之道术"，代表着"内圣外王"之道，而其他诸子如墨、老、名等皆"一曲之士"。韩非称儒学为世之"显学"，"仲尼，天下圣人也"。王弼亦有"圣人体无"之说。诸如此类之说，并没有怀疑儒学的主体性，甚至是彰显儒家在华夏文化中的主体性。

　　近代以来，谭嗣同猛烈批判"三纲五伦"，然而，他以捍卫儒学尤其是孔学在中华文化中的主体地位而拼死努力，故而他的著作名之曰《仁学》，希望出现新时代"孔教之路德"。严复是中国自由主义的鼻祖，他批判君主专制，然而对孔子、儒学崇敬有加。他说："往自尧、舜、禹、汤、文、武，立之民极，至孔子集其大成，而天理人伦，以其所垂训者为无以易。"

　　中国共产党创始人之一、新文化运动的巨匠李大钊亦曰："吾民族思想之固执……言必称尧、舜、禹、汤、文、武、周公、孔子，义必取于诗、礼、春秋。"又说："盖尧、舜、禹、汤、文、武、周公、孔子之所以承后世崇敬者，不在其法制典章示人以守成之规，而在其卓越天下示人以创造之力也。"这是李大钊高于五四诸公，富有远见卓识之处。

　　吴虞，这位对儒学批判最为激烈的学者，有这样一段话，发人深省："太西有马丁路德创新教，而数百年来宗教界遂辟一新国土……儒教不革命，儒学不转轮，吾国遂无新思想，新学说，何以造新国民？悠悠万事，惟此为大！"在吴虞眼里，儒教、儒学作用如此重要，它何止是中华文化的标志、主体、象征，而且是根本、枢要、关键！凡此种种，举不胜举，都告诉我们：儒学作为中华文化的标志、象征、中心，绝非现在扬儒者之新见解，而是历史上大多数有识之士的共识。

在刘先生看来，儒学作为传统文化的标志，作为中华文化的标志、中心、象征，"不合乎中华多民族的历史"。诚然，中华民族是一个多民族共同构成的大家庭，中华文化由多民族共同创造，这是历史事实。然而，汉民族占人口的百分之九十以上，儒家文化系同样为多民族共同创造也是历史事实。就居住在中国北方的民族而言，匈奴、乌桓、鲜卑、突厥、回纥、契丹、党项、女真及元代之蒙古、清代之满族，在其居住地大都过着游牧为主的生活，然而一旦进入中原，无一不改变旧俗，"一以汉法为政"，修仪文制度。"征服者被征服"，即武力征服中原者最终被中原文化所征服，是中华民族发展史上独特的风景。

诚如刘先生所言，"中华文化就是中华各民族共同创造的古今文化的综合"，但是，如果问在这个综合体中其主要成分是什么，那当然是汉语言所表述的文化系统；如果进一步问汉语言文化系统的特质在哪里，那国学、儒学可以说是这个文化系统的最重要的特质。汉语言所表述的文化不仅仅是汉民族创造的，同时也是蒙、满、藏、回等不同的民族共同创造的，元好问、脱脱、曹雪芹、纳兰性德，乃至康熙、乾隆等等，对汉语言表述的文化系统都做出了杰出贡献。因而，国学或儒学作为中华文化主体并没有否认中华文化是多民族共同创造的事实。

刘先生发问："传统文化包括历史上的多民族吗？""多民族能用儒家来概括吗？"这种发问让人忍俊不禁！因为民族概念与儒家根本不是同序列上的概念，根本不存在谁包括谁的问题。是的，"儒家之外还有诸子及多种宗教"，历史上出现过的"诸子、宗教是传统文化"，但承认儒学是中华文化的主体、标志与承认诸子、多种宗教为传统文化并不矛盾。中华文化是以儒学为主体，以诸子及佛教、道教为辅翼、为补充的有机综合体。当然，民俗文化不能全包括在儒家文化之中，但不要忘记"在朝则美政，在野则美俗"，而儒者在朝者少、在野者多，化民成俗是儒者的重要使命，在古代社会中，"风近邹鲁"是中国许多乡土的追求。

儒学与中华 "灵根"

刘先生指出，把儒家说成"中华民族发育、成长的根"，"这种'根论'有极大的片面性"。诚然，从"根"上说，儒家不仅不是中华民族发育、成长之根，相反，儒家的每一步发展恰恰植根于中华民族的有机体之中。我们认为，中华民族有两个"根"，一个是血缘之根，我们称之为"身根"；一个是文化之根，我们称之为"灵根"。"身根"是说中华民族都是"龙的传人"、炎黄子孙；"灵根"是说中华民族自本自根有着自己独特的文化传统，其精髓今天称之为"民族精神"。

中华"灵根"在哪里？我们认为，中华民族的"灵根"体现在博大精深的中华文化之中，体现在中华民族的每一个子孙身上，并通过其身体力行的人生实践体现出来。就思想文献看，中华文化源头在"六经"或"六艺"，而先秦诸子兴起，百家并作皆"六经"之支或流裔。"六经"经过孔子整理得以流传下来，通过孔子的创造性理解而化为诗教、书教、礼教、乐教、易教、春秋教，有人称孔子乃经学之祖，是有道理的。从经学传承与诸子学开启的角度讲，历史学家吕思勉先生指出："孔子者，中国文化之中心也。无孔子则无中国文化。自孔子以前数千年之文化，赖孔子而传；自孔子以后数千年之文化，赖孔子而开。……要为历史上不可磨灭之事实。"

孔子，只是以周文自任，只是顺应中国文化的大流、主流而来，上承"六经"，下开诸子，只是尧、舜、禹、汤、文、武、周公、孔子圣圣相承，孔子岂可以诸子之一子而言之？孔子不与诸子并，儒家不与百家同，这是《庄子·天下篇》已认可的事实。司马迁以"至圣"赞孔子，列孔子于"世家"之中，而不是诸子的"列传"之类，自有深意存焉。儒家代表着中国文化的大流、主流，而墨、道、名、法等都是这个大流、主流的支流。在孔子那里，一方面"斯文在兹"，另一方面"生民未有"。"斯文在兹"是从灵根上说，"生民未有"仍然是从"灵根"上说，"至圣"也好，"先师"也罢，无不是从"灵根"上说。儒学是中华民族的"灵根"，不是"身根"。

儒家代表着中华文化的大流、主流，锻造了中华民族刚健有为、厚德载物、勤劳勇敢、艰苦创业的民族精神，培育了中华民族居安思危、防患未然的忧患意识和富贵不淫、贫贱不移、威武不屈的大丈夫操守，培养了中华民族杀身成仁、舍生取义的民族气节，等等，这些都是中华民族的"灵根"，这种"灵根"的培育、滋长不正是拜儒学所赐吗？

（原载于《中国社会科学报》2010年1月28日第4版）